[서울대와 인문학]

김세환 지음

하나. 서울대의 환상과 사라진 성균관

둘. 개화기에 매몰된 국문학

셋. 한국을 반도라고 부르는 이유

넷. 역학관이 철학관으로 된 사연

다섯. 정부가 학문(인문학)을 말린다

여섯. 박사는 왜 시집가지 않나

신아사

서언

"인문학의 위기"를 떠들어 온지도 이미 10년이 넘었다. 그동안 무엇이 바뀌었나? 여기저기에서 인문학 강좌 팻말이 보이고 한국연구재단의 인문학 관련 연구비 지원이 대폭 늘어났다. 우리의 인문학은 그만큼 발전하고 있는가? 결과의 하나만 보자.

한국연구재단은 교육과학기술부 산하의 기관인데 연간 약 3조원의 예산으로 우리나라 학술연구지원을 총체적으로 관장한다. 이 재단의 분석에 따르면 학술지(KCI)에 등재된 인문 사회과학 분야의 5만 건이 넘는 논문(2006년~2007년)에서 76.7%가 본인을 포함하여 아무도 참고하지 않았다고 한다. 같은 기간 같은 분야의 어느 두 학술지에 실린 110편의 논문이 2008년 논문에서 한 번도 인용되지 않았다 한다. 아무도 보지 않는 이 논문들은 과연 쓰레기와 무엇이 다른가? 여기에 지원된 연구비는 우리가 낸 세금으로 조성된 것이다. 우리가 이런 사실을 안다면 분노하지 않을 수 있는가?

인문학은 무엇이며 왜 인문학이 필요한가? 우리의 역사를 더듬어보면 금방 알 수 있는 문제다. 지금 성균관대학교 교정에 남아있는 옛 成均館 유적은 약 1,500년이 훨씬 넘는 우리 전통교육기관의 유산이다.

성균관의 중심 건물은 文廟와 學舍다. 문묘는 "大成殿"이라 하고, 학사는 "明倫堂"이라 한다. 이 두 명칭 속에 성균관의 건립 목적이 담겨 있다.

대성전은 孔子와 先賢들의 神位를 모시고 제사를 올리는 곳이다.

孔子는 중국의 역사에서 가장 완벽한 "大成"을 이룬 성인으로 추앙받고 있다. 학문을 한다는 것은 곧 공자와 같은 성인을 본받기 위해 심신을 닦는 수양의 과정을 의미한다.

明倫堂은 문자 그대로 윤리를 밝히는 곳이라는 의미이다. 윤리란 夫婦로부터 시작하여 父子, 兄弟, 朋友, 君臣을 바탕으로 하여 형성되는 인간관계의 규범을 말한다. 행복은 각자가 추구하는 것이지만 원만하고도 아름다운 인간관계를 맺지 못하면 행복하기 어렵다. 이것이 예로부터 윤리를 중시한 까닭이다.

현대의 학교는 단지 외연적인 지식을 가르친다. 지식은 경이로운 문명의 발달을 이루어 왔지만 사람을 변화시키지는 못한다. 원만한 사회생활을 위한 안정되고 세련된 정서나 감각은 지식이나 문명과는 별 상관이 없다. 현대의 학교 교육에 대한 전면적인 반성이 필요하다.

우리의 현대 교육제도는 왜정시대에 시작된 것이다. 초등학교에서 대학까지의 16년이란 세월이 과연 적절한 것인지에 대한 검토를 해본 일도 없다. 인생에서 가장 생기발랄하고 즐거워야 할 이 시기를 학교나 학원이라는 폐쇄된 공간에서 암울하게 보내는 청소년들에 대해 우리는 진지한 관심을 가져 본 일이 없다. 학교에서 배우는 교과 내용의 필요성 여부는 아예 거들떠보지도 않고 강요만 한다. 개인의 적성과 인생을 무시하고 모든 학생에게 영어나 수학이라는 획일적인 교과목을 강요할 뿐이다.

우리는 세계에서 가장 높다는 교육열에도 불구하고 매우 부정적인 기록들을 많이 보유하고 있다. 우리의 자살 율은 세계에서 가장 높다고 한다. 하루 평균 42명(2010년)이 넘는 사람들이 스스로 생을 마감할 수밖에 없는 상황이 우리의 현실이다. 이는 2001년과 비교하면 2배가 넘는 수치로 해마다 크게 증가하고 있다.

2011년 우리나라는 33만 쌍 가까이 결혼하였지만 11만 6000쌍이 넘는 사람들이 이혼했다 한다. 이혼율 세계 최고, 미혼율 역시 최고, 그리고 출산율 세계 최저의 기록을 계속 유지하고 있다.

우리나라는 40%(2001년 40.5%, 2008년 36.3%) 가까운 아기들이 인공분만(제왕절개술)으로 태어난다. 세계에서 가장 높은 비율이다. 부득이한 상황에서가 아니고 별 이유도 없이 당연한 것으로 받아들인다. 이렇게 태어난 아이는 영문도 모른 채 병원에서 물려준 분유를 계속 먹으며 자라게 되는 경우가 태반이다. 이 비율도 우리가 세계에서 가장 높다 한다. 우리 과학이 아무리 발달해도 소젖으로 모유를 따라올 만한 조제분유를 만드는 것은 불가능하며 앞으로도 그럴 가능성은 없다. 이 세상에는 약 300종류의 포유동물이 있다 하는데 모두가 자기 새끼를 위한 젖을 만들어 자기 새끼에게 먹인다.

서울대학교 철학과 교수(17명)는 미국의 하버드대학 철학과(21명)보다는 적지만 부라운대학 철학과(15명)보다는 많다.

서울대 작곡과 교수(11명)는 미국 줄리어드 음악학교 작곡 전공교수(6명)의 두 배에 이르고, 영문과 교수(29명)가 국문과 교수(26명)보다 더 많다.

서울대는 왜정시대 경성제국대학의 간판만 바꾸어 매달고 둔갑하면서 일본의 서양 베끼기를 그대로 답습해 왔다. 우리나라 대학은 모두가 이와 같다. 그래서 대학은 우리의 전통학문이나 문화는 아예 배척한다. 가뭄에 콩 나듯 국악과 같은 학과도 있지만 실제로는 뒤늦게 겨우 명패를 걸었을 뿐이다. 국문학과나 국사학과라 해도 우리의 전통학문하고는 거리가 멀다. 우리의 고전을 바탕으로 창작을 배워야 할 국문과에 해괴한 이론만 무성하다. 역사의 계승 속에서 삶의 지혜를 보여주어야 할 국사학 관련 서적들은 연구랍시고 난도질된 史料만이 뒤섞여 있다. 학문을 빙자하여 역사위에서 군림하겠다는 역사학자들의 오만한 태도가 대학에 가득하다.

필자는 초등학교 때부터 고등학교를 졸업할 때까지 12년을 박박 머리에 왜정 때의 교복을 입고 다녔다. 대학에서도 이와 유사한 교복이 있었다. 광복이 된지 두 세대가 바뀌었지만 우리의 뇌리는 아직 왜정에 머물고 있다. 지금의 학제나 교과내용 또는 대학의 학문이 왜정으로부터 그렇게 멀리 있지 않다.

우리에게 필요하지도 않거나 긴요하지 않은 것을 배우고 익히는데 너무 많은 시간을 투자한다. 당장 쓸 일도 없는 영어를 초등학교 때부터 난리다. 초등학교 저학년에서 배우는 덧셈 뺄셈 곱셈 나눗셈의 四則演算만으로도 한평생 충분하다. 그러나 대부분의 학생이 평생 단 한 번도 쓸 일이 없는 수학의 공식에 매달려야 한다.

대학에서의 학문(특히 인문학)이란 학교라는 울타리 안에서만 통하는 독과점 사업이 되어 있다. 소위 순수학문이라는 명분으로 사회와의 공유를 거부하면서 철저한 보호막 속에서 학점으로 강매한다. 김남수 옹처럼 아무리 많은 환자를 고쳐도 그는 의과대학이라는 체제에 도전하는 범법자가 될 뿐이다. 수백만 명의 심금을 울린 소설의 저자라 하더라도 서울대의 교수는 되지 못한다. 현실에서 의미 있는 학문을 하지 못한 대학교수들은 정년퇴임과 동시에 할 일이 없어 목욕탕과 공원을 오간다. 사회의 어디에도 그러한 껍데기 학문을 받아주는 곳이 없기 때문이다.

이 책은『끝나지 않는 식민지 학문 100년』(2004, 박이정)을 고쳐 썼다. 우리의 식민지 학문에 대한 반성과 검토라는 의미에서 작성한 것이었지만 여러 가지 부족한 면이 많았다. 그래서 본래의 의도만을 살리고 책은 전체적으로 다시 갈무리했다. 학계와 사회의 다양한 분야에 대해 좌충우돌 식으로 끼어들다 보니 뜻하지 않은 결례나 착오가 있을 수밖에 없다는 점이 우려된다. 필자를 포함한 우리 교육과 학문의 현실에 대한 반성이라는 의미였다고 밝히고 싶다.

檀紀 4346년 孟秋

金井山 기슭에서 金世煥 謹書

목차

둘. 개화기에 매몰된 국문학

셋. 한국을 반도라고 부르는 이유

넷. 역학관이 철학관으로 된 사연

다섯. 정부가 학문(인문학)을 말린다

여섯. 박사는 왜 시집가지 않나

하나.

서울대의 환상과 사라진 성균관

1. 서울대는 경성제국대학의 유물이다

> 서울대가 28일 법인등기 절차를 마치고 '국립대학법인 서울대학교'라는 독립 법인으로 전환한다.
> 서울대는 앞서 지난 22일 설립준비위원회를 열어 법인 최고 의사결정기구인 이사회의 초대 이사 후보를 확정했으며 교육과학기술부로부터 이사 명단을 최종 승인받았다.
> 학내 인사 7명과 외부 인사 8명으로 구성된 초대 이사회는 오연천 총장이 이사장을 맡고 교육과학기술부 · 기획재정부 제2차관이 당연직 이사로 참여한다. 서울대는 다음 주중 법인 전환 이후 첫 이사회를 소집한다. (부산일보, 2011.12.28.)

국립법인 서울대학교! 이 대학의 두 번째 변신이다. 이 대학의 미래뿐만 아니라 나라와 학계를 위해서도 반드시 필요했던 변신이다.

그 첫 번째 변신에 대해『식민권력과 근대지식: 경성제국대학연구』라는 책에 비교적 생생한 현장의 기록이 소개되어 있다.

> 경성제대에서는 終戰의 날, 교수 직원 학생 약 200명이 모여 라디오 방송을 들었다. (……) 그 다음날에 대학 내의 조선인 직원들에 의해「경성대학자치회」가 결성되었는데 여기에 조선인 학생들도 참가했다. 그리고 야마가(山家信次) 총장에게 학내 경비, 문화재 관리책임의 이관을 요구했고, 학내 교실의 열쇠도 넘기라고 했다. 17일에는 대학정문에 태극기가 게양되었고, 본부의 현판에는 '경성대학'이라고 쓴 종이가 붙여졌다. 그리고 의학부의 현판은 '京城帝國大學'의 '帝國' 두 글자에 흰 종이를 붙여 경성대학이라고 읽도록 만들었다. (森田芳夫, 1964: 402)[1]

이는 경성제국대학 출신이었던 모리타 요시오(森田芳夫)가 묘사한 모교 최후의 나날들이었다 한다. 이 책은 이어 "1924년 제국대학의 관제가 공포된 이래, 식민통치와 영욕을 같이 했던 경성제국대학은 조선인 직원과 학생들이 덧댄 흰 종이와 더불어 역사 속으로 사라졌다." 고 했다.

경성제국대학에서 '帝國'이라는 두 글자를 흰 종이로 가려 '京城大學'으로 읽게 한 것이 '국립 서울(京城)대학교'의 탄생이었다. 즉 경성제국대학은 사라지지 않았다. '흰 종이'로 두 글자를 가리고 서울대학교로 다시 태어난 것이다. 그리고 경성제국대학이 식민지에서의 독점적인 권력과 현대 학문의 특권층을 형성했듯이 서울대학교도 이를 그대로 계승하여 대한민국의 권력과 학문을 독점하면서 초특권적인 지위를 누려왔다.

우리나라 40여 개소의 국립대학은 초등학교와 마찬가지로 모두가 국립학교설치령에 의거해 설립됐다. 다만 한국교원대학교와 서울대학교만은 그 대학 자체의 설치령에 의해 설립 운영되었다. 한국교원대설치령은 교원양성이라는 특수 목적을 위한 것이지만, 서울대학교는 단지 다른 국립대학과의 차별화를 위해 설치령을 따로 둔 것이다. 즉 모든 국립교육기관 가운데서 서울대만의 특수한 지위를 법으로 보장한 셈이다. 서울대병원은 아예 '서울대학교병원설치법'이 따로 제정되어 있다. 부속기관이 오히려 모체인 서울대학보다도 상위 법률로 설립 운영되는 것이다.

경성제국대학은 어떤 곳이었는가?

> 식민통치기간 동안 경성제국대학은 한편으로는 일본제국 전체 판도를 아우르는 식민지 고등교육체계의 정점頂點으로서 식민통치에 순응적인 기능적 지식인을 배출하는 식민지교육기관이었고, 다른 한편으로는 근대학문

(지식)의 권위를 바탕으로 식민통치의 대상으로서 조선을 위시한 '동양東洋'에 관한 담론을 생산하고, 이를 통해 식민권력의 문화적 헤게모니 형성에 기여하는 '학술권력'이었다.[2]

1924년 일본정부의 「京城帝國大學令」에 따라 관립종합대학이 설립되면서 먼저 2년제 예과만으로 개교한 것이 경성제국대학의 시작이었다. 이어서 1926년에 3년제 법문학부와 4년제 의학부를 설치하였고, 총장에는 조선총독부 政務總監정무총감이 취임하였다. 이로부터 경성제국대학은 이 땅에 지금까지도 사라지지 않는 '학술권력'의 튼튼한 뿌리를 내리게 되었다.

경성제국대학이라는 명칭은 1945년 침략자들이 물러가면서 눈가림으로 없어졌다. 그러나 이번에는 미군정이 우리의 대학을 좌지우지하였다. 사실상 주인이 바뀌었을 뿐으로 우리에게 주권이 없기로는 마찬가지인 상황에서 새로운 포장을 하게 된 것이다. 9월 19일 대학의 행정사무가 미군정으로 이양되고, 교명을 '서울대학'(京城大學)으로 개칭하였다. 이어서 해군 소령 크로프츠Alfred Crofts를 총장으로 임명하는 등의 임시조치가 있었고,[3] 1946년 7월 13일에는 서울 지역의 각종 전문학교들을 통합하는 '國立서울大學案'이 발표되었다. 이것은 '國大案'으로 약칭되었고 소위 '국대안 파동'으로 이어졌다.

즉 경성제국대학을 모체로 하는 국립대학을 세운다는 국대안에 대해 전국적으로 반대여론이 비등하였던 것이다. 당연히 성균관을 계승하는 국립대학을 창설해야 한다는 주장이 있었고, 이러한 여론은 곧 7월 31일 조선교육자협회와 전문대학교수단연합회가 공동으로 전국교육자대회를 열어 국대안의 철회를 요구하는 투쟁의 선언으로 이어졌다.

그러나 미군정청은 8월 27일 '국립 서울대학교 설립에 관한 법령'을 공포하여 본래 의도대로 국립서울대학교를 발족시키고, 이의 초대 총장으로 美軍 앤스테드Harry Bidwell Ansted: 1946.8.22-1947.10.25 재임 대위를 취임시켰다.[4]

이렇게 하여 경성제국대학은 국립 서울대학교로 탈바꿈되었다. 서울대학교가 왜정의 경성제국대학을 이어받은 것은 우리 민족의 돌이킬 수 없는 불행이 되었다. 경성제대로부터 시작된 우리 전통학문과 문화의 壓殺압살이 바로 이 대학교를 통해 지금도 계속되고 있는 것이다. 다만 왜정시대에는 일본을 거친 2차적 서양의 모방이 지금은 직접 서양을 모방한다는 점이 달라진 내용이다.

『경성제국대학 연구』[5]라는 책이 있다. 저자 정선이 교수는 식민지유산 극복을 위한 논의의 출발점을 서울대학교로 하였다. 그 이유로 국립 서울대학교는 설립과정에서, 경성제국대학의 부지와 건물, 해방 당시 재학생들을 그대로 흡수하였고, 경성제국대학 졸업생들의 다수는 서울대학교의 교수로 재직하였기 때문이라는 점을 밝혔다. 이러한 과정에서 서울대학교는 경성제국대학과의 고리를 철저히 단절하지 못했음을 지적하였다. 정 교수는 이 논문의 결론 즉 경성제국대학의 역사적 위상과 영향에 대해 세 가지로 요약하였다.

> 첫째, 오늘날 대학교육 체제 내에서 국립서울대학교가 갖는 독점적 지위를 들 수 있다. 서울대학교가 갖는 위상은 단순히 우리나라 최우수대학이라는 지위를 넘어서서 일종의 초특권적인 영역에 속해 있다고 할 수 있다. 서울대학교는 현재 한국의 대학체제 내에서 최고의 엘리트 집단으로 자부하며, 초특권적 지위와 대우를 요구하고 있다. 경성제국대학의 조선인 학생집단이 식민지 조선 사회에서, 같은 조선인이면서도 마치 조선인이 아닌 듯이 특별집단으로서 취급되었던 것과 마찬가지로, 서울대학교는 같은 한

국의 대학이면서도 다른 한국의 대학과 동렬에 놓일 수 없다는 왜곡된 특권의식을 가지고 있다. 이러한 특권적 의식이 최근 가장 극명하게 드러난 예는 1996년에 시작된 이른바 "서울대특별법" 논란[6]에서 볼 수 있다. 서울대학의 자율성을 확보한다는 명목으로 교육부가 아닌 국무총리 직속기관으로의 격상과 서울대를 위한 특별회계 설치 요구는 왜곡된 식민지적 엘리트주의의 유산을 그대로 드러내는 것이다. 이러한 왜곡된 엘리트주의와 특권의식이 빚어내는 서울대학교의 독점적 지위 구축은 한국 대학교육의 불균형적 발전과 서울대학교 자체의 발전을 가로막는 불이익을 초래하고 있다고 하겠다. 다른 대학과의 비교를 불허하는 이러한 특권적 엘리트주의가 갖는 더욱 심각한 문제는 식민지적 의식을 내포한 엘리트주의라는 것이다. 이러한 특성은 학문적 연구의 문화식민지적 경향으로 표출되고 있다. 오늘날까지도 주체적인 학문적 토양이 정착되지 못하고 있는 현실은 서울대학교 뿐만 아니라 한국 대학 학계 전반에 해당하는 것으로서 왜곡된 식민지적 엘리트 주의의 유산이 오늘날까지도 뿌리깊게 자라잡고 있음을 보여 주는 것이다.

둘째, 서울대학교 법과대학이 보여 주는 전통적인 '관료지향적 학풍'을 들 수 있다. 법과대학 학생들이 재학시절부터 고시합격을 위해 전념하는 풍조는 학문의 자주성과 주체성을 소홀히 하는 형태로 꾸준히 비판의 대상이 되어왔다. 그러나 오늘날까지도 지속되는 고시 열풍의 풍조[7]는 식민지 대학의 학풍에서 여전히 벗어나지 못했음을 보여 주는 일례라 할 수 있다.

셋째, 일제시대에 이미 경성제국대학의 입학자 수로 중등교육기관 학교들의 서열구조가 이미 형성되었듯이, 오늘날에도 서울대 합격생 숫자로 학교의 우열을 매기는 사회적 풍토는 일선고등학교 진로지도에서도 학과를 불문하고 서울대 입학생을 늘리는 것으로 나타나고 있다.[8] 이러한 고등학교의 병적인 '서울대 지상주의'는 중등교육의 정상적인 발전 역시 가로막아 왔다고 할 수 있다.

정 교수는 마지막으로 "우리의 대학교육과 나아가 중등교육의 정상화를 위해서는 서울대학교의 문제를 어떠한 형태로든 정리하지 않고는 한계가 있다는 점"을 지적했다. 아울러 "경성제국대학을 우리의 대학사에서 올바르게 해석하고 위치지우는 일이 식민지 유산극복을 위한 중요한 계기"라고 주장하였다.[9]

정 교수의 이러한 분석과 지적은 '서울대 망국론' 또는 '서울대 폐교론' 등의 비판이 무엇으로부터 비롯된 것인지를 매우 극명하게 보여 주고 있다.

서울대학교는 한마디로 관립 경성제국대학의 특권적 지위를 그대로 물려받아 지금까지 초특권적 특혜를 국가가 법으로 보장한 것이었다.

지금 서울대학교는 이러한 특권의 법적 지위를 내려놓았다. 비록 국립법인의 자격으로 국가의 지원을 받을 수 있도록 규정하고 있지만 그 지원은 매년 실적 평가를 거치면서 영향을 받게 된다. 다시 말하면 보장된 특권은 사라지고 단지 대학 자체의 실적과 경쟁력에 의해 스스로의 위상을 세워가야 한다는 의미이다.

이제 서울대는 위에서 정 교수가 지적한 서울대의 병폐를 고쳐나가면서 국립서울대학교를 경성제국대학과 함께 보내고 새로운 대학의 역사를 창조해야 할 것이다.

2. 서울대는 환상에 빠져 있다

서양을 꿈꾸는 서양의 학문

서울대학교 徽章휘장에 라틴어 몇 글자가 보인다. 서울대학교의 휘장은 말할 필요 없이 미국 하버드Harvard대학의 것을 모방한 것이다. 그 안에 쓰여 있는 라틴어 'Veritas Lux Mea진리는 나의 빛'가 바로 서울대학교의 창립 이념이며 교육목표라 할 수 있을 것인데, 이것은 하버드대학의 'veritas'에 'lux mea'가 더 보태진 것이다. 기독교 경전인 『바이블Bible』의 「시편Psalms」 27장 첫 구절이 "여호와는 나의 빛이며 나의 구원이니The Lord is my light and my salvation"로 시작한다. 이 구절과 연관이 없어 보이지 않는다.

아마도 서울대학교의 영향을 받아서일 것이다. 우리나라의 소위 명문으로 불리는 대학들이 표방하는 校是나 건학 이념이 대체로 이러한 서양 베끼기로 일관되어 있다. '자유', '진리', '봉사', '정의', '개척' 등을 내세우고 있는데, 이러한 구호들은 대부분 유럽의 종교와 관련되어 쓰이거나 또는 그들이 다른 대륙을 침략하여 원주민을 살상하고 노예 매매를 일삼던 역사에 대해 보상이라는 배경위에서 쓰이게 된 어휘들이다.

자유라면 어떤 자유인가? 남의 나라에 가서 자유라는 명분으로 그 나라의 풍속을 어지럽히고 종교의 자유를 내세워 그 나라의 토속 종교를 밀어내며 자신들의 종교를 주입하는 자유를 말함인가? 대학은 봉사단체인가? 봉사를 위해 학문이 필요한 것인가? 정의는 승리자의 정의를 말하는가? 그 속에 敗者패자의 정의도 있는가?

개척은 과거 유럽인이 지금의 미국에서 저질렀던 침략을 의미하는가? 진보된 무기를 들고 가서 원주민을 살상하고 그들의 땅을 빼앗는 그러한 행위를 개척이라 했다. 그들의 개척은 약 500만 명의 인디언들 중에서 겨우 약 25만 명만이 살아남은 참혹한 대학살을 의미하는 것이다.[10] 우리가 별 생각도 없이 이러한 용어들을 대학의 건학이념으로 내세우게 된 것은 맹목적으로 서양을 모방하면서 비롯되었다.

서울대학교의 서양 숭배는 실로 놀랄 만하다. 이 대학의 철학과 전임교수는 17명2012년 1월 서울대학교 홈페이지 기준인데, 이중 12인은 서양철학 전공이고, 5인은 동양철학 및 한국철학 전공으로 보인다. 이는 미국 하버드Harvard대학 철학과 교수faculty 21명에 거의 가까운 규모이다. 그러나 브라운대학Brown University 철학과의 15명보다는 많다. 이 두 대학의 연간 학비(기숙사비 포함)는 우리 돈 약 6,000만 원쯤 한다. 2011년 기준

윤리교육과는 교수 모두(5人)가 서양에서 박사학위를 한 학자들이다. 과거의 '東方禮儀之國'이 서양의 학문을 수입하여 '윤리'라 하며 우리의 전통 예법을 내던지고 있다. 동양학East Asian Studies도 미국의 박사학위이다. 그래서 서양의 학문이 우리나라 '윤리'의 내용이 되었다. 윤리는 선진 이론에 의존하는 것이 아니고, 어려서부터 자연스럽게 전통 속에서 익히는 것이다. 하지만 우리나라 대학의 윤리는 대부분 해외 수입에 의존하는 실정이다.

뿐만 아니라 교육학과의 교수는 모두 22명이 소개되어 있는데, 그중에서 20명의 학자가 오직 미국이라는 한 나라의 대학에서 박사 학위를 받은 학자들로 나타나 있다. 최소한 1600년이 넘는 우리나라 대학의 역사는 이 대학교에서 전혀 관심의 대상이 되지 못한다. 지금은 모두 서양에 의존해야 하는 줄 알고 있다. 교육학이 미국이 원조였던가?

참고로 하버드대학은 2010년 한 해에 37억 달러(우리 돈 약 4조에 달한다)의 예산을 집행했고, 발전기금은 276억 달러에 달했다. 이에 비해 서울대의 2010년 세출(2010년 서울대학교 통계연보)은 약 6,745억이었다(세입은 3,842억에 불과하였다). 하버드대학의 20%에도 미치지 못하는 금액이다.

서울대의 영문학과 교수는 29명인데 하버드대학 영문학과의 조교수 이상은 28명(Visiting Professor와 Lecturer 등을 모두 포함하면 44명)으로 파악된다. 서울대의 국문학과 교수는 모두 26명으로 영문학과보다 적다. 과연 서울대는 어느 나라 대학인가?

서울대학교 음악대학에는 성악과, 작곡과, 기악과, 그리고 국악과 모두 4개 학과가 있다. 국악과에는 겨우 7명의 교수가 등재되어 있는데 비해, 서양음악을 하는 다른 세 학과를 합하면 35명의 교수가 있다. 우리의 전통음악은 서양음악에 안방을 내어주고 간신히 더부살이하고 있는 것이다. 그것도 1946년 서울대학교에 편입된 서양음악에 비해 국악과는 1959년에야 신설되었다. 늦게라도 인정받은 것은 그나마 다행이다.

특히 작곡과(이론 포함)에 11명의 교수가 있는데, 미국의 쥴리어드 음악학교The Juilliard School의 음악과music division 작곡 전공교수(이론 포함)는 불과 6명으로 나타나 있다. 서울대학교 음대의 방만한 규모를 알 만하다.

음악대학은 이미 학과의 명칭에서부터 문제가 있다. 음악대학은 음악과와 서양음악과로 나뉘는 것이 균형을 이룬다. 우리에게 있어서 음악은 우리의 음악이 기준인 것이다. 따로 국악으로 지칭할 필요도 없다. 그러나 우리나라 대학의 대부분이 음악과는 서양음악을 지칭하고 우리나라 음악은 국악으로 따로 구별(사실상 차별)한다. 이는 서양음악을 음악의 기준으로 생각하는 것이다. 이로부터 오는 부작용은 실로 적지 않다.

예로 우리가 어려서부터 가장 많이 부르는 노래 중의 하나가 애국가이다. 그러나 이 노래는 매번 강요에 의해 어쩔 수 없이 부를 뿐 스스로 흥이 나서 부르는 경우는 없다. 우리는 초등학교에서부터 대학까지 그리고 학교 밖의 사회에서도 행사 때마다 이 노래를 부르지만 사실 가사도 제대로 외우지 못한다. 유치하고 지루하기 짝이 없는 가사의 내용도 그렇지만, 특히 이 곡은 우리에게 매우 생소하여 노래로서의 흥도 나지 않을 뿐만 아니라, 가사의 의미전달도 제대로 되지 않는다.

가령, 애국가의 처음 부분에서 '동해물과'는 '東의 海物해물'로 들린다. 즉 동해바다의 해산물로 들리는 것이다. '동'이 약박이고 '해'에 강박이 오기 때문에 그렇게 들릴 수밖에 없다. 우리가 말로 해도 될 것을 굳이 노래를 하는 이유 중의 하나는 음악을 빌려 가사의 의미를 더욱 효과적으로 전달하자는 것이다. 그런데 애국가는 오히려 그 의미를 왜곡시키고 있다.

이는 서양음악가(안익태)가 작곡한 서양의 곡에 우리말을 붙였기 때문에 일어나는 현상으로, 서로 다른 언어 습관의 충돌 현상이라 할 수 있다. 장송곡도 들어보면 슬픈 가락과 내용이지만 거기에는 음악적인 흥이 있다. 애국가는 더욱 흥이 있어야 하며, 우리가 언제라도 저절로 흥겹게 부를 수 있어야 하는 것이다. 이러한 부작용이 곧 서양 베끼기의 결과이다.

음악은 어느 특정의 문화권을 기준으로 하여 통일시킬 수 있는 것이 아니다. 노래의 곡은 그 민족의 언어로부터 자생되는 것이기 때문에 곡은 언어에 따른 특성을 지니는 것이다. 가령 서양의 언어는 단어의 앞에 허사가 오는 경우가 많은데, 허사에 강박을 주면 의미 전달에 혼동이 올 수가 있다. 그러나 우리말은 앞에 허사가 오는 경우가 없으니, 앞을 약박으로 시작하면 오히려 혼란이 오는 것이다. 우리나라 민요 모두가 강박으로 시작하는 이유도 이 때문이다.

우리는 이러한 음악의 배경이나 특성을 무시하고, 단지 서양음악으로 통일을 하겠다는 발상으로부터 흥미 없는 노래를 하게 된 것이다. 아리랑이나 우리의 오래된 민요들은 우리도 모르게 온 몸으로 부르는 노래들이다(어려서부터 이러한 노래를 배울 기회가 없었던 젊은 세대는 물론 다를 것이다). 그러나 우리나라 대학의 음악학과에서 하는 음악은 단지 머리로 들을 뿐이다. 그것은 우리의 음악이 아니기 때문이다. 음악의 본질은 보편적일 수 있지만 그 표현 형식이나 내용은 언어와 문화에 따라 다를 수밖에 없다.

예로, 우리가 어려서 배우던 「송아지」라는 노래에는 '얼룩소'가 나온다. 우리는 어려서 얼룩소를 본 적이 없었다. 당시 시골에 젖소가 없었기 때문이다. 우리는 알지도 못하는 허상의 소 타령으로 노래를 처음 배우기 시작했다.

대학에서 주최하는 오페라 공연이나 또는 대학에서 가르치는 서양음악에 대해 우리나라의 얼마나 많은 사람이 과연 음악적인 즐거움을 체험할 수 있을 것인가? 우리사회는 현재 三代가 함께 즐겁게 공유할 수 있는 노래가 사실 거의 없다. 우리는 막연한 서양동경으로부터 시작된 가식적인 음악 외에, 소박하고 진솔한 즐거움을 체험할 수 있는 우리의 음악을 잃었으며, 이러한 민족문화의 말살을 우리나라 최고의 국립대학인 서울대학교가 주도하였던 것이다.

한의학은 발도 못 붙인다

현재 서울대학교 의과대학은 1946년 경성대학 의학부와 경성의학전문학교를 통합하여 설립한 것이다. 이의 역사는 1907년 설립한 대한의원과 대한의원교육부로까지 소급된다. 즉 현재의 종로구 연건동 서울대학교병원과 의과대학은 바로 여기서부터 시작된 것이다. 대한의원은 일본의 강점에 따라 1910년 總督府醫院총독부의원 및 총독부의원 附屬醫學講習所부속의학강습소로 바뀌었다가, 1916년 다시 경성의학전문학교가 되었다. 그리고 경성제국대학이 설립되면서 1926년 이 대학에도 의학부가 설치되었다. 서울대학교 의과대학은 이 둘을 합쳐 제1부속병원(옛 경성제대 의학부 부속병원으로 현 서울대학교병원 자리)과 제2부속병원(옛 경성의전 부속병원으로 현 국군지구병원 자리)을 산하에 두면서 설립된 것이다.[11]

일본은 1875년 의사학술시험규칙을 공포하여 시험과목을 이미 서양의학에 국한시켰다. 따라서 일본은 서양의료 중심적 의료체계를 한국에 이식하고자 한 것이다. 총독부는 1913년 의생규칙을 공포하여 한의들을 '의생'으로 만들었다. 의생이란 자격미달의 의료인으로서 의사보다 낮은 신분을 의미한다.[12] 이때부터 국공립병원과 관립의학교에서는 서양의학만이 교수되었다.

1930년대 중반에 한때 한의학과 서양의학계 사이에 대논쟁이 있었고, 한의학계에서는 서양의학에 대한 비판과 더불어 한의학의 부흥을 논의하였지만 별 성과는 없었던 것으로 보인다. 또한 광복과 더불어 서울대학교 의과대학이 일본의 정책을 그대로 이어받아 서양의료체계를 중심으로 하였기 때문에 한의학은 민간에 그 명맥이 유전되는 정도를 벗어나지 못한 것으로 보인다.

따라서 현재 서울대학교에 한의학과가 없다는 것은 서울대학교가 우리나라 문화나 학술을 철저하게 배척하던 경성제국대학의 태도를 그대로 견지하고 있음을 입증하는 것이다. 서울대는 한의학계의 한의학과 설치 요구를 묵살했고, 그 덕분에 부산대학교에서 2008년 한의학전문대학원을 설치하는 기회를 잡게 되었다. 사립대학에는 이미 11개소에서 한의과대학이 있었지만 국립에는 하나도 없었던 것이다. 대한한방병원협회에는 약 178개의 한방병원이 회원으로 가입되어 있다. 특히 한의학과로 몰리는 학생들의 성적은 의학과보다도 높은 편이다. 이 현실만 보아도 우리나라에서 한의학이 차지하는 비중이 매우 크다는 것을 알 수 있고, 또한 이를 인정해야 한다.

한의학은 무엇보다도 우리 민족의 의학이다. 우리나라 유사 이래 임상과 연구를 통하여 검증된 결과의 축적이다. 우리가 과학을 주장할 때에는 스스로 이해하지 못하는 과학이 있음을 염두에 두어야 한다. 서양의학은 많은 발전을 하였지만 자연의 이치와 인체의 신비 앞에서 이제 100여 년의 역사로 교만을 부리기에는 아직 이르다. 적어도 몇 천 년을 헤아리는 역사를 이어온 한의학을 너무 안이하게 배척하거나 경시하는 것은 서양에 대한 맹목적적인 숭배로부터 비롯된 교만으로 보인다.

우리는 의학 자체에 대한 검증도 해보아야 한다. 일본이 만들어준 틀에서 벗어나본 일이 없는 상황에서 우리 전통 내몰기에만 급급할 일이 아니다.

전통의학에 대한 서양 의학의 헤게모니가 19세기 말 일본을 포함한 서구 열강의 제국주의적 침략 과정에서 이루어졌기 때문이다. 다른 식민지처럼, 전통 의학에 대한 서양 의학의 헤게모니는 크게 두 가지 방식으로 형성되

> 었다. 개화기에 들어온 서양 의학은 한편으로는 일본의 물리적인 강압을 통해서, 다른 한편으로는 구미 의료 선교사들에 대한 문화적 동의를 통하여 수용되었다. 일제에 의한 36년간의 식민 통치를 거치면서 우리는 서양 의학이 내세우는 보편적 합리성에 대해 문제 제기조차도 할 수 없는 지적 불능 상태에 빠지게 되었다. 해방 이후 지금까지 미국의 패권주의 앞에서 서양 의학과 미국 의학을 등치시켜 왔으니 우리가 언제 한번 서양 의학의 보편적 합리성을 제대로 따져 볼 겨를이 있었던가.[13]

1907년 설립한 大韓醫院대한의원의 시기에서부터 현재의 서울대학교 의과대학에 이르기까지 약 100년에 걸친 역사를 통해 과연 우리는 이 서양 의학에 대해 한번이라도 우리의 처지에서 그 타당성 여부를 새겨보고자 한 일이 있었는가?

이러한 점에서 위 引用書의 저자 이종찬 교수는 1930년대에 벌어진 '동서의학 대논쟁'은 오히려 지금의 지적 수준보다 한 단계 앞선 것으로 보인다고 했다. 적어도 서양의학이 모두 우리에게 그대로 적용된다고 볼 수 있는가 하는 정도의 문제는 제기되어야 할 것이다.

> 서양 의학 사전에 나와 있는 수많은 신체적 질병은 우리나라 사람의 그것이 아니라 서양 사람의 그것이다. 어떤 질병이 서양 사회에서 많이 발생한다고 해서 반드시 한국 사회에서도 똑같은 빈도로 발생하는 것은 아니다. 이것은 단순히 발생 빈도에만 해당되는 것이 아니다. 질병에 관한 다양한 양적 성분과 질적 구조에도 해당된다. 즉 질병의 의학적 구성은 사회에 따라 달라질 수 있다는 것이다. 따라서 서양 의학은 결코 '세계 의학 cosmopolitan medicine'이 아니다.[14]

우리는 경성제국대학 이래로 거의 모든 학문을 서양 중심으로 하면서 서양의 학문을 마치 보편적 진리처럼 받아들이고 있다. 의학은 인체를 대상으로 하는 것이며, 인체는 음식과 자연환경에 따라 크게 다른 체질적 조건이 있다는 것을 완전히 무시하고 획일적으로 적용하고 있다. 우리는 우리의 조건에 맞는 더 넓은 의미의 의학과 의료체계가 필요하다. 그러자면 우리의 전통 의학을 병행하는 것이 현재로서는 가장 현실적인 대안이라 할 수 있다.

서양 의학과 전통 의학의 병행은 이미 여러 대학병원에서 오래전부터 시행하고 있으며 그 효과도 매우 긍정적인 것으로 보인다. 무엇보다도 서양 의학이 완전하다는 맹신을 버리고 그 결함을 보완할 수 있는 방법을 찾아야 하는 것이다.

> 의학은 생명에 관한 과학이다. 생명을 이해하지 못하고서는 의학을 논의하지 못한다. 생명은 부분에 있지 않다. 질서 있는 전체적 변화와 통일현상이 곧 생명일 것이다. 인체에 깃들어 있는 생명이 세포 하나나 기관 하나에 부속되었으리라는 견해는 잘못된 견해일 것이다. 왜냐면 생명은 세포와 세포와의 관계, 기관과 기관과의 관계를 이해함으로써 비로소 명확하게 될 것이기 때문이다. 여기서 생명의 본질적 문제, 즉 생명의 본질이 唯心유심이냐 唯物유물이냐 하는 철학적 형이상학적 지식을 찾을 필요는 없다. 다만 의학을 논하자면 이 전체적 관계를 이해하여야 한다는 데 불과하다.[15]

현대 의학은 分科醫學분과의학이다. 이는 어찌 보면 전체를 이해하지 못하는 결함을 가지지 않을 수 없는 불구 의학을 의미한다. 질병이나 건강은 보다 더 종합적인 시각에서 살펴야 할 것이다.

> 세계보건기구World Health Organization에서 정한 건강에 관한 정의를 음미해 볼 필요가 있다.
> “건강이란 질병이 없거나 허약하지 않다는 것만을 말하는 것이 아니라 신체적, 정신적, 사회적으로 완전한 안녕 상태를 말한다.”

이 정의의 특징은 건강의 '신체적, 정신적, 사회적' 차원을 모두 지적하고 있다는 점이다. 건강이 이런 세 가지 차원을 포함한다는 것은 이에 대응하는 질병의 세 가지 차원이 존재함을 의미한다. 건강과 질병의 이런 세 가지 차원을 모두 아우를 수 있는 의학이 현실적으로 존재하는지 모르겠지만, 세계보건기구에서 정한 건강의 정의에 비추어 볼 때, 신체적 질병의 치료에 의존한 건강 회복의 방식에 한계가 있는 것은 자명한 일이다.[16]

이종찬 교수는 위의 글에 이어서 세계보건기구가 최근에는 위의 세 가지 차원에 '靈的영적' 차원까지 포함하는 방향으로 건강의 정의를 확대했다고 부언했다. 여기에 영적 차원을 포함시킨 것은 아시아나 아프리카와 같은 그들이 생각하는 제3세계의 건강 증진과 치유 방식을 인정하고 존중하기 시작했음을 의미하며, 다시 말하면 세계보건기구가 대체의료alternative health care를 공식적으로 선언한 것으로 볼 수 있다는 것이다. 이것은 향후 현대 의학이 나아갈 방향을 제시하는 것으로도 보인다. 이는 건강을 신체적 질병이라는 좁은 틀에서 벗어나 매우 넓은 의미에서 파악하겠다는 것이다.

한의학은 처음부터 종합의학으로 발전한 것이다.

한방의학은 上古 신농, 황제 시대로부터 오늘날에 이르기까지 오천년 되는 유구한 세월 동안 허다한 先哲과 석학이 고심 연구하여 경험에 경험을 쌓아 전래한 동양의 독특한 최고 임상의학으로서, 질병을 치료함에 있어 시대성·지방색·계급·유전·체질·기후·풍토·습관·생활 등을 먼저 참작하여 이것을 기초로 한 후에 병증의 陰陽虛實음양허실을 상세히 관찰하고 약성의 溫凉補瀉온량보사와 치료의 補和散攻보화산공을 종횡으로 배합 운용함으로써 영묘한 효력을 나타내고 혁혁한 불후의 공적을 남겼다. 그리하여 우리의 선조 이래로 모두가 이 의학에 힘입어 질병을 치료하여 신체의 피와 살이 되었다.[17]

우리의 의학을 한의학과 병행하여 한방과 양방의 협진 의료체계를 구축하는 것은 국민 건강을 위해 절실하고도 시급하다 할 것이다.

서울대학교에 한의학과가 없다는 것은 지탄을 받고도 남을 일이다. 양의학계는 세계적인 흐름에 더욱 적극적이고 개방적이어야 할 것이다. 세계보건기구의 넓어진 시야를 수용하면서 전통 의학의 가치를 살려야 한다. 전통 의학의 부활을 더 미루는 것은 국민 건강보다 내 기득권을 챙기겠다는 것 이외의 다른 것이 아니다. 우리나라 양의학계가 매우 폐쇄적인 것도 결국은 서울대학교의 영향이다. 수천 년에 걸쳐 집적된 민족 醫學은 아예 미신으로 간주되면서 지금까지도 서울대학교에는 근접도 하지 못한 것이다. 서양의학만이 유일한 세계의학이라는 의학자들의 종교에 가까운 믿음 때문이다.

지금 중 · 고등학교의 교육을 정상화시키고 대학의 학문과 문화를 올바르게 정립하기 위해서는 무엇보다도 서울대학교의 이러한 '문제'들이 '정리'되어야 한다. 서울대학교는 이제 법인화를 통하여 자연스럽게 이러한 '정리'가 진행될 것으로 보인다. 국가의 보호막이 없어진 상태에서 더 이상 시장을 외면하고 자신들의 아성만을 고집하기가 힘들 것이기 때문이다.

인문대학의 몇몇 학과 특히 철학과나 독문과 불문과 등은 머지않아 시장의 현실과 절충을 이루게 될 것이다. 이것이 학문의 위축을 뜻하는 것은 아니다. 독버섯처럼 자라나 학문을 독점하며 왜곡시킨 기득권층의 특권이 거두어지는 것일 뿐이다.

음악대학은 독립을 해야 할지도 모른다. 워낙 많은 돈이 필요하기 때문에 법인이 끌어안고 가기에는 재정적으로 부담이 클 것이다. 사실 예술이 종합대학의 틀에 묶여 있는 것은 예술의 특성에 부합하지도 않는다. 예술은 독자적인 학교로 독립하는 것이 합리적이다.

의과대학 역시 결국은 한의학을 수용할 것으로 예상한다. 한의학에 대한 세계적인 이해와 수요가 늘어나고 있으며, 특히 가까운 중국의 한의학 영향이 우리나라에 크게 미칠 것이기 때문이다. 양의사들이 한의학에 대해 경련을 일으키며 배척할 수 있었던 것은 우리의 의학계가 지금까지 매우 폐쇄적이었기 때문에 가능했다. 그러나 앞으로는 의학과 병원이 개방되어 외국의 대학과 병원이 우리나라 곳곳에 들어서게 되면 사정은 달라진다.

3. 서울대학교와 성균관대학교는 이복형제다

우리에게는 알쏭달쏭한 이름의 사립대학이 하나 있다. 바로 成均館大學校성균관대학교다. 현재 사립으로 운영되는 성균관대학교는 그 建學元年건학원년을 太祖 7년1398년으로 잡고 있다. 이는 현 위치에 성균관이 세워진 것을 기준으로 한 것으로, 현재의 이 대학교가 600년이 넘는 역사를 이어왔다고 말하는 근거이다. 다만 500년이 넘게 이어온 국학 성균관의 역사가 현대에 들어와 私學으로 바뀌었는데, 이것을 하나의 동일한 대학의 역사로 볼 수 있는가 하는 것은 다른 문제일 것이다.

이렇듯 성균관은 원래 조선시대 대학의 명칭이었는데, 여기에 다시 '대학교'라는 명칭이 중첩된 것이다. 그러나 이 명칭이야말로 우리나라 대학의 현실을 압축하였다고 볼 수 있다.

우리나라는 고구려 때부터 이미 대학이라는 교육기관이 있었다. 그

후 고려의 국자감을 거쳐 조선의 성균관에 이르기까지 대학의 전통은 왜정의 강점기 때까지 단절된 일이 없었다. 그러나 경성제국대학이 생기면서 두 종류의 전혀 다른 대학이 하나의 명칭으로 통일된 것이다. 즉 대학이 본시 우리말이지만 이제는 서양에서 들어온 대학을 지칭하는 뜻으로 쓰인 것이다.

성균관대학교라는 명칭은 두 가지의 의미가 있다. 즉 이 대학교 안에는 조선시대의 '성균관' 유적이 있음을 나타낸다. 다른 하나는 이 대학도 다른 대학과 마찬가지의 서양대학임을 나타낸다. 그러나 이 대학이 아니었으면 성균관의 유적조차 보존될 수 없었을지도 모른다.

우리나라 전통 국립대학의 역사는 1600여 년을 헤아린다. 그러나 이 역사는 일본의 강점기를 지나면서 더 이상 계승되지 않았다.

전쟁에서 이긴 美軍은 경성제국대학을 접수하여 '경성대학'으로 改稱개칭하였고, 1946년 8월 22일에는 美軍政廳미군정청 學務局학무국이 이 대학을 중심으로 하는 '국립서울대학교 설립에 관한 법령'을 발표하였다. 이것은 결과적으로는 일본의 '皇國臣民化황국신민화 교육'을 위해 세운 경성제국대학을 이 땅에 계속 존속시킨다는 것과, 그리고 우리나라 국학으로서의 성균관의 역사에 대해 완전히 종지부를 찍는다는 것을 의미하는 것이었다.

그러나 성균관이 아주 없어진 것은 아니었다. 성균관의 유적은 그런대로 어느 정도 보존되어 있었으며, 1946년에는 전국 儒林大會유림대회가 열려 金昌淑김창숙: 1879-1962 선생을 儒道會유도회 총본부위원장으로 선출하고 성균관장을 겸임토록 했다. 이어서 선생은 성균관의 정통을 계승할 대학의 수립을 위하여 성균관대학 기성회를 조직하였다. 그 해 9월에는 독지가 李錫九이석구 선생으로부터 學鄰會학린회 재단의 토지재산을 기부 받아 이를 바탕으로 明倫專門學校명륜전문학교 재단과 병합하여 재단법인 성균관대학을 설립하고 초대학장에 취임하였다. 이로써 국학 성균관이 私學 성균관으로 바뀌어 그 나마의 맥을 유지하게 된 것이다.

서울대학교와 성균관대학, 이 두 대학의 설립을 주도한 사람들의 배경은 서로 매우 달랐다. 1945년 미군정청 학무국장인 로커드Earl N. Lockard 대위는 吳天錫오천석: 1901-1987으로부터 한국의 교육계 지도자 7인을 추천 받아 '한국교육위원회'(후에 10인으로 증원됨)[18]를 구성하였다. 이 위원회는 자문기구였지만 당시 교육의 중요한 문제를 실질적으로 심의 결정하였다. 미국을 그대로 모방한 6 · 3 · 3 · 4의 기간학제도 여기에서 제정된 것이었다. 아울러 서울대학교의 설립에도 주도적인 역할을 하였다.

오천석은 기독교 목사의 아들로 태어나 1919년 일본 靑山學院청산학원 중등부를 졸업하고, 도미하여 미국의 대학에서 학사 · 석사 · 박사 학위를 받고 돌아왔다. 그는 후에 문교부 차장, 부장을 역임하면서 당시 교육 정책에 주도적인 역할을 하였다.

당시의 위원들은 공통점이 있었다. 위원들의 대부분은 친일 경력이 있었고, 그리고 미국이나 기독교계의 학교에서 공부를 하고 교육에 종사하는 사람들이었던 것이다. 이는 미군들이 한국에 대하여 무지하였기 때문에 한국인의 도움을 받지 않을 수 없었고, 따라서 자연히 교육계의 원로들을 찾았는데, 이들은 결국 일제하에서 기득권을 누리던 친일파들일 수밖에 없었던 것이다.

이에 비해 성균관대학의 설립을 주도한 사람들은 유학자들이었다. 성균관에는 孔子를 비롯한 훌륭한 韓 · 中 유학자들의 위패가 모셔져 있는 大成殿이 있고, 강학당인 明倫堂에서는 이러한 분들을 본받고자 공부하던 오랜 전통이 배어있었다. 이 역사를 계승해야 한다는 사명의식이 결국 지금의 성균관대학교를 설립하게 된 것이다. 이를 주도한 인물은 金昌淑김창숙 선생이었다.

선생은 유학자의 집안에서 태어나 郭鍾錫곽종석: 1846-1919 · 李承熙이승희: 1847-1916 선생 문하에서 수학하였고, 1905년 을사늑약이 체결되자 이 스승들과 함께 상경하여 乙巳五賊을사오적을 처단하라는 상소를 올리면서 구국의 길을 모색했다. 선생은 한국 독립을 호소하는 유림단의 진정서를 만국평화회의에 제출하기도 했으며, 중국 등지에서의 독립운동으로 형무소에서 복역하다가 고문으로 양다리를 못 쓰게 되자 앉은뱅이의 뜻으로 躄翁벽옹이라는 별호가 생기기도 했다. 이승만 대통령 때도 이승만의 하야경고문 사건으로 옥고를 치르기도 했다. 선생의 한 평생은 유학자로서의 배움을 굳은 의지로 실천한 지조 높은 선비의 생애였다.

김창숙 선생이 아니었으면 지금의 성균관대학교는 없었을지도 모른다. 朝鮮 500년과 흥망을 함께한 성균관의 역사가 그대로 殄滅진멸될 뻔 했다. 그로부터 반세기가 지난 지금까지도 우리는 이 역사에 대한 논의가 아직도 없다. 국립대학으로서 500년의 역사를 이어온 성균관이 사라질 운명에 처했다가 순수 민간인들에 의해서 그 명맥을 私學사학으로 유지하게 되었다. 우리는 이에 대해 좀 더 적극적인 관심을 가져야 한다. 성균관의 전통을 명실상부한 국학으로 계승하는 방법을 찾아보아야 한다.

서울대학교는 본시 우리의 대학이 아니다. 왜정의 식민통치를 위해 설립된 대학이 우리나라 최고의 권위를 내세우면서 지금까지 왜정 때의 기득권을 누려온 것이다. 우리의 문화와 학문을 압살하면서 우리나라의 정계와 재계 학계 등 거의 모든 분야에서 특권을 행사해 왔다. 이제 법인으로 바뀌었으니 그 국학으로서의 권위와 위상은 상당부분

삭감될 것이다.

그러나 나라는 국립대학을 필요로 한다. 현재의 일반국립대학도 물론 서울대학보다 더 나을 것이 없다. 명실상부한 국학으로서의 국립대학을 세우는 것이 필요하다.

하나의 방법이라면 성균관대학교를 나라에서 인수하여 국학으로 재정립하는 것이다. 이의 의미는 가장 크게는 우리나라 국학의 전통이 이어진다는 것이고, 그리고 서울대학교의 국적이 없는 사이비 학문에 대한 자성의 계기가 마련될 수 있다는 점이다. 세계와의 경쟁력을 끊임없이 강조하는데, 사이비 학문으로는 아무리 많은 돈을 투자해도 아무런 경쟁력도 가질 수 없다. 남과 다른 자신의 것이 있을 때 경쟁력도 있는 것이다.

우리가 서양의 것으로 경쟁을 하고자 한다면 과연 서양을 이길 수 있을 것인가? 간혹 서양을 능가하는 업적이 없는 것은 아니지만 이러한 업적 뒤에는 석연치 않은 구석이 지적되기도 한다. 가령 최근 세계를 떠들썩하게 한 황우석 교수의 업적이 그러하다. 만일 우리가 인간의 난자를 연구 목적으로 채취할 수 있다면 연구자는 아마도 인간위에서 군림하는 존재가 될 것이다. 우리 주변에 인간을 연구대상으로 하는 인간이 있다는 것은 그리 기분 좋은 일은 아니다.

우리는 현재 대학이라는 의미를 영어의 'university'나 'college'의 의미로 사용하고 있다. 그러나 이들의 의미와 우리 대학의 의미는 사실상 다른 것이다. 우리가 대학의 기능을 말하거나 교수의 업적 평가를 할 때 흔히 도입하는 세 가지의 기준이 있는데, 즉 제임스 퍼킨스James A. Perkins의 이론인 교육, 연구, 봉사라는 것이다. 퍼킨스의 '연구research'는 새로운 지식의 탐구a search for new knowledge로 설명되고 있다. 따라서 이 지식의 전달을 의미하는 것이 곧 위에서의 교육인 것이다. 대학의 유래가 학생연맹a union of students과 교수연맹 사이의 대립된 관계로부터 찾아지는 것도 이러한 전달과정에서의 마찰로 생긴 것이다. 대학에서 추구하는 진리의 주요 내용이 획득되고 전달될 수 있는 지식이라면 이는 우리의 교육내용과 매우 다른 것이다.

우리의 전통 대학이 추구하는 것은 진리를 획득하는 것이 아니고, 진리를 체험하면서 익히는 것이다. 즉 이의 체험을 통해 자신을 변화시키는 것이 곧 修己수기이며 修身수신의 과정인 것이다. 仁義禮智인의예지는 우리가 연구를 통해서 획득하는 것이 아니고, 先賢선현들이 이루어놓은 학문을 몸소 체험하면서 스스로를 변화시켜가는 것이 우리가 하는 학문의 목적이었다.

따라서 깨달음을 전제로 할 뿐 전달해 주는 것이 아니기 때문에, 교육의 의미는 타자에 대한 교육보다는 스스로의 체득에 더 많은 의미를 두었다. 아울러 특별하게 봉사와 같은 것을 강요할 필요도 없었다. '修己수기' 자체에 이미 그런 것을 강요할 필요가 전혀 없을 만큼 충분한 덕성이 포함되어 있기 때문이다.

우리에게 있어서 학문의 목적은 자신의 인격 도야와 아름다운 사회 그리고 건전한 국가를 이룩하는 것에 있다. 지식을 바탕으로 하여 산업을 발달시키고 그로부터 부를 축적하는 것은 우리 전통 학문의 주요 목적이 아니었다. 우리는 우리의 전통을 계승하여 부유한 개인보다는 행복하고 아름다운 사회를 지향해야 한다.

대학에 대한 논의는 대학의 의미가 東西間에 이렇듯 크게 다르다는 것을 염두에 두고 이루어져야 한다.

4. 우리 처음 대학은 太學이었다

우리나라는 삼국시대부터 젊은이의 인격을 닦고 나라의 인재를 양성하는 교육기관이 있었다. 이것이 우리나라 大學의 역사가 된다. 그 기원은 고구려의 太學으로 거슬러 올라간다.

지금으로부터 1600여 년 전, 고구려 小獸林王소수림왕 2년372년에 "太學을 세워 子弟를 가르쳤다(立太學, 教育子弟.)"[19]라는 기록이 『三國史記』에 전해진다. 다만 너무 간단한 기록이어서 太學의 구체적인 면모를 알기가 어렵다. 그런데 중국의 史書 『舊唐書구당서』에 태학이 아닌 고구려의 '扃堂경당' 관련 기록이 있다.

> 세속에 서적을 좋아하더라. 초라하고 빈천한 마을까지도 각기 대로에 큰집을 지어 扃堂이라 부르면서, 미혼의 자제들이 주야로 여기에서 책을 읽고 활을 익히더라. 책으로는 五經과 『史記』, 『漢書』, 그리고 范曄범엽의 『後漢書』, 『三國志』, 孫盛손성의 『晉春秋진춘추』, 『玉篇옥편』, 『字統자통』, 『字林자림』이었고, 또한 『文選문선』도 있어 이를 더욱 愛重애중하였다.[20]

우선 경당을 私學으로 보는 견해가 많은데,[21] 이들 모두 명백한 근거를 제시하고 있지는 않다. 오히려 경당은 지방 官學의 성격이 뚜렷하다.

먼저 경당은 위에서 언급한 교과내용으로 보아 태학에 비해 하급학교로 보이지 않는다. 여기에서의 오경은 『周易주역』·『詩經시경』·『書經서경』·『禮經예경』·『春秋춘추』를 말하는 것으로, 모두 당시 최고학부에서 쓰이는 교재였다.

특히 『文選』은 梁양: 502-557나라의 太子였던 蕭統소통: 501-531이 先秦

선진시대로부터 梁에 이르기까지의 작품을 모은 시문선집이다. 워낙 名文을 모았기 때문에 唐에 이르러서는 과거시험 준비에 필독서인 문장교본으로 읽혔다 한다. 필사에 의존해야 하는 당시에 이러한 책이 사람들의 '愛重'을 받을 만큼 '초라하고 빈천한 마을까지' 널리 보급되었다면 官의 도움이 없이 과연 가능한 일이었겠는가 하는 생각을 해볼 필요가 있다.

고구려는 태학과 경당이라는 두 종류의 교육기관이 있었으며, 태학은 중앙의 국학이었고, 경당은 지방의 관학이었을 것으로 추정할 수도 있다고 본다. 따라서 경당은 도처에 산재해 있었으며, 여기에서 학문과 무예를 함께 익힌 것이다.

이 당시의 교육 관련 기록으로는 우선 『孟子 · 滕文公등문공 · 上』을 참조할 수 있다.

> 庠상 · 序서 · 學학 · 校교를 설립하여 가르쳤습니다. 庠이란 養老양로하는 곳이며, 校란 가르치는 곳이고, 序는 활쏘기를 익히는 곳입니다. 夏하나라는 校라 했고, 殷은나라는 序라 했으며, 周나라는 庠이라 했으나, 學은 三代에 걸쳐 있었으며, 이는 모두 인륜을 밝히고자 한 것이었습니다. 군왕이 인륜을 밝히면 아래의 백성들은 서로 화친하게 될 것입니다.

이에 대해 朱子는 이렇게 설명했다.

> 庠은 養老를 義의로 하였으며, 校는 백성을 가르치는 것(教民)을 義로 하였고, 序는 활을 익히는 것(習射습사)을 義로 하였으니, 이 모두가 鄕學향학이다. '學'이란 國學이다. (三代에 걸쳐) 모두 있었다라고 하는 것은 (學이라는 명칭 외에) 다른 이름이 없었던 것이다. 『孟子集註』

孟子의 기록에 대해 朱子는 당시의 교육기관을 이처럼 향학과 국학으로 나누어 설명했다. 그런데 국학은 三代에 걸쳐 변함이 없었으나, 향학은 각 朝代별로 위와 같은 서로 다른 특징이 있었던 것이다. 이는 시대에 따라 중점을 두는 내용이 달랐을 뿐으로, 교육의 내용이 완전히 바뀌는 것을 의미하지는 않는다. 향학은 전국에 산재해 있는 지방학교이며, 아울러 신분이 비교적 낮은 계층을 대상으로 하는 교육기관이기 때문에 현실의 여건, 특히 시대적인 상황에 따라 교육 내용이 쉽게 바뀔 수 있었을 것으로 여겨진다.

즉, 위에서의 '養老(여기에서의 養老란 卿大夫경대부 이상을 지낸 퇴직관리가 교직을 맡는 제도이다.)', '敎民', '習射' 등의 내용은 시대의 필요에 따라 나타난 변화이며, 이는 향학이 국가의 정책에 따라 그 기능을 달리하는 지방 관학이었음을 의미하는 것이다. "당시의 王들은 나라를 세우고 백성을 다스리는 데에 敎學을 가장 우선으로 하였다"[22] 하였으니, 이처럼 조직적인 향학의 설립 운영이 전국에 걸쳐 상당히 갖추어져 있었을 것으로 짐작할 수 있다.

국학은 이러한 지방학교로서의 성격을 지닌 향학과는 달리 중앙의 교육기관이었다. 이는 다시 입학 연령과 정도에 따라 大學과 小學으로 나뉘었다.

대학은 다시 天子의 대학과 제후의 대학이 있었다. 제후의 대학을 泮宮반궁이라 했고, 천자의 대학은 辟廱벽옹이라 했다.[23]

태학의 어원에 관한 자료는 보이지 않지만, 벽옹에 관해서는 班固반고의 『白虎通백호통』에 비교적 상세하게 언급되어 있다. 즉 '辟벽'은 둥근 '璧벽'의 뜻으로 하늘을 나타내며, 또한 '積적'과 같은 의미로 천하의 도덕을 쌓는다 하는 것이다. '雍옹'도 두 가지의 뜻이 있는데, 하나는 '壅옹'의 의미로 물을 채웠다는 뜻으로 해석된다. 이는 벽옹의 주위는 둥근 연못의 형태로 되어 있기 때문에 마치 璧玉벽옥 같으며, 또한 물이 그 주위를 돌고 있는 것처럼 王道가 나라 안에 퍼진다는 의미를 담고 있다. 다른 하나는 '雍和옹화'의 뜻으로 천하의 儀則의칙을 나타낸다.[24]

고구려는 문헌이나 교육제도 관련 문물을 중국으로부터 받아들이면서 중국의 國學국학과 鄕學향학의 제도를 도입한 것으로 보인다. 경당에서 위와 같은 많은 문헌을 공부하였다면, 태학은 이보다 더 완비된 체제 속에서 더 많은 학문을 하였을 것으로 생각해 볼 수 있다. 이는 고구려가 문자를 포함한 중국의 문물과 학교 제도를 받아들여 일찍부터 학교 교육을 시행하였음을 의미하는 것이다.

新羅신라에서도 국학의 제도가 있었다. 神文王신문왕 2년682년 禮部예부에 '國學'을 설치하였으며, 입학자격에 연령 제한을 두어 15세에서 30세 사이로 하였다. 교과내용은 고구려의 태학과 유사하지만 儒學科유학과와 기술과로 두 科를 두었다. 특히 元聖王원성왕 4년788년에는 이의 수학 능력의 정도를 시험하여 관리에 등용하는 讀書三品科독서삼품과를 실시하였으니, 골품제도를 벗어나 학문의 기준을 뚜렷이 하고자 한 의도이다.[25]

신라의 花郞화랑 제도 또한 고구려의 경당과도 같은 성격의 학교 교육이라 할 수 있다. 즉 나라의 지원과 정책에 의해서 운영되는 지방의 청소년 교육이었다.

百濟백제는 학교 관련 기록은 보이지 않지만, 近肖古王근초고왕: 346-375 때의 王仁 博士가 일본에『論語』와『千字文』을 전하였으니 당연히 고구려와 다르지 않은 교육기관이 있었을 것이다. 특히『三國史記 · 近肖古王』에도 '博士高興박사고흥'이라는 명칭이 있으니, 이는 신라의 국학에 박사와 조교가 있었음을 보면 백제에도 이러한 국학이 있었다고 볼 수 있다.

삼국시대의 이러한 교육제도는 고려에 이르러 보다 더 다양한 발전을 한다. 우선 고려의 제6대 成宗성종 11년992년에는 국립고등교육기관으로 國子監국자감을 창설하여, 國子學·太學·四門學, 그리고 律學율학·書學서학·算學산학 등의 나이와 신분에 따라 다른 다양한 학교의 유형이 있었던 것으로 보인다. 강의는 박사와 조교가 담당하였고, 학생의 숫자는 각 과정마다 300명이었다는 기록이 있다.

국자감은 忠烈王충렬왕 元年1275년에 국학이라 하였다가, 1298년에는 成均監성균감이라 했고, 1308년에는 成均館성균관이라 하여 조선시대에 이어졌다.

지방에는 삼국시대 보다 더욱 완비된 鄕校향교가 있었다. 향교는 곧 향학의 뜻이다. 이는 중앙의 국자감을 축소한 지방의 관학이다. 文廟문묘를 중심으로 하여 明倫堂명륜당이라는 講學堂강학당이 있었고, 東齋동재와 西齋서재로 불리는 일종의 기숙사를 두었다. 이밖에 중앙에 국자감 외에 學堂학당이라는 것을 두었으니, 처음에는 東·西 두 학당이었다가 후에 五部學堂으로 확충되어 조선시대에도 유지되었다.

고려시대에는 관학 외에 사립교육기관이 창설되어 국립의 국자감과 국가의 교육을 상호 보완하는 기능도 하였다. 崔冲최충 선생의 文憲公徒문헌공도를 위시한 十二公徒의 설립은 이 당시의 교육에 크게 기여했다고 볼 수 있다. 한때 과거시험의 합격자가 관학을 앞질러 배출하기도 했던 것으로 보인다. 조선시대에 왕명으로 이를 폐지하였다.

5. 조선 성균관은 1500년 전통의 대학이었다

'成均館'의 '成均'은 태학이나 국자감과 마찬가지로 그 유래가 中國에서 시작되었다. 중국의 周나라 때에 '大學'을 '成均'이라 했다. 周나라의 官制관제를 설명한『周禮』에 이 이름이 보인다.

> 大司樂대사악은 成均의 法을 管掌관장하니 王國의 學政학정을 다스려 國子公卿大夫의 子弟를 모아 교육을 시행하는 직책이다.『周禮 · 春官宗伯下』

여기에서 '成均'은 곧 '大學'을 말한다. 鄭玄정현: 127-200의 注에 따르면, '成均'은 五帝 때에 이미 대학의 명칭이었으며, 따라서 여기에서 '成均之法'이라 함은 五帝 때의 '成均'을 계승한다는 의미로 보인다.[26]

周代의 대학에는 五學, 즉 辟雍벽옹 · 成均성균 · 上庠상상 · 東序동서 · 瞽宗고종이 있었는데, 벽옹은 天子의 대학이고, 이 외의 四學은 國子를 위한 대학이었다. 四學 중에서는 五帝 때부터 있어왔던 성균을 가장 존귀하게 여겨 이로 대학을 통칭하게 되었고, 아울러 위에서의 '成均之法'으로 당시 대학의 오랜 전통을 계승함을 나타냈다고 볼 수 있다.[27] 周나라의 찬란했던 문화는 사실 이러한 오랜 학문의 전통 속에서 가능했을 것으로 보아야 할 것이다.

우리는 명칭과 의미를 중국으로부터 취하였지만 이는 고구려의 태학에서 비롯된 전통을 이어받은 것이다. 중국의 앞선 문물을 수용하여 우리 대학의 전통을 이룩한 것이다.

얼핏 보면 서명이『朝鮮朝 成均館의 校園과 太學生의 生活像』[28]으로 보이는 책이 있다. 明倫堂명륜당에 앉아 수업을 듣거나 大成殿대성전 앞 은행나무 밑을 책에 눈을 박고 산책하는 당시 대학생들의 모습이

연상된다. 이 책의 본명은 『完譯완역 泮中雜詠반중잡영』이다. 만약 이대로 하면 무슨 책인지 알아볼 수 있는 사람이 얼마 없을 것을 걱정하여 이의 譯者가 비교적 알기 쉬운 副題부제를 달았다고 생각된다. '泮中'이란 성균관 안(內)을 의미한다. 이는 周代에 이미 대학 주변으로 냇물이 흐르도록 되어 있었는데 이로부터 대학을 泮宮이라 칭하기도 했다. 이 냇물을 泮水라 한다. 우리가 지금 대학촌이라 하는 곳을 당시에는 泮村반촌이라 했다. 조선시대 '泮'은 곧 성균관을 의미했다.

'雜詠'은 '雜歌잡가'나 '雜詩잡시'와도 같은 의미라 하겠다. 詩의 내용에 대해 특별한 구속을 받지 않고 자유로이 썼음을 겸손하게 말한 것으로 보인다. 즉 泮中의 여러 가지에 대해 가벼운 마음으로 읊은 詩歌 모음집이라 할 수 있겠다.

이 책의 내용은 '泮中'으로 지칭되었듯이 성균관의 모든 내용을 포괄하고 있다. 성균관의 건물과 그 배치에서부터 주변의 泮村을 포함하고 있고, 성균관의 제도와 관행, 그리고 학생들의 의례 절차와 학교생활 등이 생생하게 묘사되어 있다.

저자 尹愭윤기 선생에 대해서는 이 책의 譯註者 서문에 그 후손의 발문을 인용하여 소개하였다. 1741년에 태어나 5 · 6세에 이미 시를 지을 줄 알았고, 1773년 증광 생원시에 합격하여 성균관에 들어가 1791년 庭試정시에 壯元장원할 때까지 약 20년 가까이 泮宮에 머물렀다. 그는 여러 벼슬을 거쳐서 戶曹參議호조참의를 끝으로 1826년 86세에 작고했다 한다.

저자의 自序에는 저술 동기가 나타나 있다.

> 내가 泮中에 왕래한 지 아마도 수십 년이 되는 것 같다. 옛 노인들의 말을 들으며, 成典성전이라는 책을 보니 先王께서 선비를 대하신 뜻이 참으로 융

숭하시었다. 그러나 時代가 점차 멀어지면서 풍속도 점차 떨어지고, 법도는 오래 될수록 폐단이 생겨났다.

선비된 사람이 옛날의 선비처럼 자신을 갖지 못하고, 아랫사람들은 또한 모두가 속이고 능멸하는 것만 일삼으며, 官長이 된 자는 대충 땜질하는 데만 힘쓴다. 심지어는 아랫사람들의 요청에 따라서 선비들의 기개를 꺾어누르고, 유생에게 供與공여되는 물자도 삭감한다.

빠르게 달이 바뀌고 해가 달라지면서 이에 길들여져 오늘에 이르게 되었으니, 百事가 有名無實하게 되었음은 더욱 여지없는 것이다. 다소라도 스스로를 아낄 줄 아는 사람은 성균관에 들어오기를 부끄러워하니 마음이 아플 뿐이다.

근래 일없이 한가하여 때로 雜詠을 적었으니 이백 이십 여 수에 이르렀다. 이를 반복하여 읊어보니 故事에서는 그처럼 융성하였는데 末路말로에는 수습할 수 없음을 족히 알겠더라. 옛 현인들이 옛일을 깨달으며 지금을 아파하는 뜻에 잠시 스스로를 붙여보면서, 後人들이 물길을 따라 근원을 찾아가는 자료를 삼으려 함이라.[29]

서문의 전체적인 어투가 상당히 비판적이다. 그러나 지금의 학생들이 학교나 기숙사에 대해 갖는 불만과 유사해 보여서 오히려 생동감이 느껴진다. 序頭서두에서 수십 년이라고 쓴 과장에서 이미 그의 성균관 생활에 대한 불만이 묻어난다. 그는 33세에 司馬試사마시에 합격하여 성균관에 들어가 51세에 대과에 급제하여 성균관을 떠났으니 거의 20년을 성균관에서 보낸 것이다. 충분히 지루할 만한 세월이다. 이 세월에 220여 수의 시는 많다고 할 수 없다. 따라서 마음먹고 지었다고 하기 보다는 한적한 시간에 심심파적으로 썼다고 보아야 할 것이다.

이때는 성균관이 설립된 지 이미 350여 년이 되었다. 본래의 취지가 다소 퇴색되고 私學의 書院서원이 전국적으로 역사에서 가장 흥성할 때였다. 肅宗숙종: 재위 1674-1720 때에는 서원이 한 도에 8·90을 헤아렸다 한다. 때문에 성균관에 대한 불만은 서원의 흥성으로 인한 상대적인 요인도 있을 수 있다.

『泮中雜詠』은 史書가 아니다. 가장 중요한 성균관 관련 正史資料정사자료는 『太學志』가 될 것이다. 이는 王命으로 成均館大司成 閔鍾顯민종현 선생이 1785년正祖 9년에 완성했다. 태학은 성균관을 의미하며, 역대 학교의 문물제도 중에서 빠진 것을 보충하면서 가장 훌륭한 성균관의 章程장정을 보이고자 한 것이 이 『太學志』이다. 이 책의 첫머리에는 廟묘·宮궁·祀사를 게재하여 도덕이 教化의 근본임을 보였고, 성균관 관련의 상세한 문물제도를 기록하였으며, 향교와 서원 관련까지 부록으로 달았다.[30]

그러나 『泮中雜詠』은 이러한 正史 자료와는 다르다. 성균관을 소재로 하여 220여 수의 시로써 읊고, 대부분의 詩마다 뒤에 간략한 附記부기를 달아 설명을 보탰다(이하 '附記'는 이를 뜻함). 시는 모두 七言絶句칠언절구의 형식을 하고 있지만 平仄평측의 聲律성률에는 그렇게 크게 구애받지 않은 듯하다. 20년 가까이 생활하면서 지은 것이기 때문에 일반적인 史料와는 달리 누구에게나 흥미를 줄 수 있는 생생한 역사의 활력이 바로 느껴진다. 더욱이 많은 시에서 다소 불만이 묻어나는 諷諭풍유는 이러한 생동감을 더해준다. 여기에서 이들 詩를 통해 성균관의 옛 모습을 몇 군데 찾아본다.

學舍학사와 **文廟**문묘

명륜당 아래 동재와 서재,
二十八개 방 창이 양쪽으로 마주하고,
진사·생원은 上齋상재에 있으며,
下齋하재에는 스무 명이 함께 하네.

明倫堂下東西齋명륜당하동서재, 卄八房窓互對排입팔방창호대배.
進士生員居上舍진사생원거상사, 下齋二十自相偕하재이십자상해.

명륜당은 學舍이다. 태조 7년1398에 문묘의 북쪽에 세웠는데, 좌우에는 협실을 두고 가운데는 스승과 학생의 강학당으로 삼았다. '明倫'은 곧 인륜을 밝힌다는 뜻으로 학문의 목적을 뚜렷이 한 것이다.

이와 관련된 학사로는 尊經閣존경각과 丕闡堂비천당이 있다. 成宗성종 6년1475 韓明澮한명회: 1415-1487가 藏書閣장서각 건립을 건의하여 명륜당의 북쪽에 세우면서, 尊經閣이라 命名명명하였다. 이는 지금으로 말하면 도서관으로, 임금이 궁궐 소장 도서 중에서 五經四書오경사서 각 100件과 諸子百家書제자백가서 수만 권을 하사하니, 성균관의 관리와 유생들 모두가 춤을 추며 경축하였다 했다.[31]

顯宗현종 5년1664에는 別堂별당과 小齋소재 둘을 지어 그 堂의 이름을 丕闡堂이라 하고 학생회 활동을 위한 공간으로 제공하였다. 그 뜻은 朱子가 말한 聖上께 大賢대현의 뜻을 밝혀 사악함을 누르고 바름을 드러낸다는 의미이다.

동재와 서재는 학생들의 숙소다. 附記에서는 모두 28개의 방이 동서로 나뉘어 있으며, 양쪽의 가장 아래 두 칸은 하재라 하여 각 10명이 거처한다는 설명을 하였다. 『太學志 · 卷一 · 學舍』에 의하면 건국 초기에는 200명의 유생을 수용하였는데 뒤에 경비가 부족하여 75명으로 감축하였다가 英祖 때 100명으로 증원되었다 한다.

명륜당 앞에는 大成殿대성전이 있다.

대성전은 명륜당 앞에 있고,
夫子와 顔子, 曾子가 모셔져 있네.
東西에 동 · 서무의 配享배향이 있으니,

祭器제기가 오래도록 억년을 가리라.

大成殿在倫堂前대성전재륜당전, 夫子顔曾宛後先부자안증완후선.
東西從享東西廡동서종향동서무, 俎豆長存萬億年조두장존만억년.

大成殿은 廟宇묘우이다. 『太學志』에는 태조 6년1397에 태학의 설립을 명하고 다음해 가을 7월에 문묘를 완성하니 서울의 東部동부 崇敎坊숭교방에 있다 했다.

附記의 설명은 이러하다. 즉 殿內전내에 孔子의 위패는 主壁문에서 바라볼 때 방안의 정면 벽에 모셔져 있고, 顔子안자 · 曾子증자 · 子思자사 · 孟子맹자, 四聖位사성위는 大聖位(孔子) 앞에 東西로 서로 마주하고 있다. 또한 동서의 벽에 從享종향으로 十哲과 宋朝 六賢이 각각 八位씩 나누어 모셔져 있다. 대성전 앞 동무에는 55位, 서무에는 54位가 모셔져 있는데 여러 弟子 및 역대의 儒賢유현과 우리나라의 역대 유현이 모셔져 있다.

대성전과 관련된 건물로는 祭物제물을 관리하는 典祀廳전사청과 獻官헌관 및 執事집사들이 거처하며 심신을 淸齋청재하는 장소인 享官廳향관청 등이 있다.

처음 태학에 들어온 사람은 반드시 先聖先師선성선사께 釋奠석전을 봉행하게 하였으니 이는 성인의 도덕을 지키고 正學을 높여서 선비로 하여금 미혹되지 않도록 하고자 함이었다.

학생과 식사

성균관은 위에서 말했듯이 적게는 75명에서부터 많게는 200명에 이르기까지의 학생이 함께 기숙사 생활을 하는 곳이었다. 이는 성균관의 재정 상태에 따라 달라졌다. 성균관의 財源재원은 養賢庫양현고이다. 즉 여기에서 성균관의 물자를 공급하는 것이다.

양현고에는 養賢에 쓰일 재물이 쌓였으니,
그 저장 규모가 성대할지라.
우리나라 八方에서 오는 供物공물,
절반은 이곳으로 운반되리라.

養賢庫貯養賢需양현고저양현수, 設置規模盛矣乎설치규모성의호.
我國八方惟正供아국팔방유정공, 也應半向此中輸야응반향차중수.

附記에는, 양현고란 고려 때부터 설치되어 지금은 벽송정 동북쪽에 있으며, 많은 선비의 생활을 위한 것인데, 세간에서는 우리나라 재물의 절반이 이곳으로 들어간다고 한다는 설명을 했다. 그러나 이는 학생의 시각으로 본 현상으로, 몇 년씩을 성균관에서 보내는 학생들을 만족시켜주는 것은 어려운 일이었을 것이다. 실제로 여기저기에서 불만이 묻어난다. 가령 매달 6일은 大別味대별미, 24일은 小別味가 있으며 명절이면 別供이 있어 과거에는 盛饌성찬이 나왔다 하는데, 이때에는 단지 돈 몇 푼을 주어 有名無實해졌다는 탄식도 있다.

식사는 절차와 예절이 따랐다. 먼저 '到記도기'라는 '圓點원점' 제도가 있었다. 아침과 저녁 두 끼를 출석하면 1점을 주고 하나를 빠지면 半點반점을 주는 제도인데 일정한 기준 점수가 되어야 과거에 응시할 자격을 주는 것으로 그 기준점은 시험의 종류에 따라 달랐다.[32] 그래서 식사 때가 되면 우선 이 到記를 받았다. 食鼓식고를 세 번 치면 동 · 서재의 상 · 하재 학생들이 서로 열을 지어서 揖禮읍례를 행하고 식당으로 들어가 질서 있게 앉는다. '八簋팔궤'라 불리는 여덟 가지의 그릇에 밥과 반찬이 모두 담겨지면 '勸飯권반'이라는 口令구령에 따라 일제히 수저를 든다. 물을 올릴 때에는 '進水진수'라 하고, 床상을 물릴 때는 '退床퇴상'이라 하며, '起坐기좌'라는 호령에 동시에 자리를 뜬다.

三伏삼복의 더운 날에는 저녁에 주먹크기 만한 얼음덩어리도 주어졌으며, 초복에는 개고기 한 접시가 나왔다 한다. 중복과 말복에는 각각 참외와 수박이 따랐다. 매월 초하루와 보름에는 술도 나왔다.

식사와 관련하여 '捲堂권당'이라는 학생들의 시위 방식이 있었다. 이는 식사를 거부하면서 문제 제기를 하는 것이다. 公議공의나 신조를 지키기 위하여 권당을 하고자 하면 食鼓가 울려도 식당에 들어가지 않는다. 성균관의 長官(大司成)은 명륜당으로 유생들을 불러 모아 그 연유를 물은 후에 각자의 뜻을 적도록 한다. 장관은 이를 기초로 하여 '草記초기'를 작성해서 임금께 올린다. 임금의 批答비답에 따라 장관은 聖教성교로써 유생들을 설득하게 되고 유생들이 이에 응하지 않을 때에는 계속 草記초기와 임금의 교서가 반복된다. 유생들이 굽히지 않으면서 동·서재에서 나와 근처 泮村반촌에서 머물며 시위를 계속하기도 한다. 이를 '空齋공재'라고 하며 이와 유사한 말로 '空館공관'도 있는데 자진 퇴학과도 같은 것이다.

釋菜석채·釋奠석전 의례

처음 태학에 들어온 사람은 반드시 先聖先師선성선사께 釋奠석전을 봉행하였으니 이것이 享祀향사의 始原이었다.[33] 성균관에 대성전과 東·西廡서무가 있음은 이러한 先聖先師의 도덕을 지키고 바른 학문을 높여서 선비로 하여금 미혹되지 않게 하려 함이다. 학문을 한다는 것은 결국 훌륭한 사람을 본받는 것이다. 때문에 이 釋菜禮석채례는 엄숙하면서도 성대한 것이었다.

이·팔월의 初丁日초정일이면 석채가 열리니,
미리 뜰과 廟宇묘우를 깨끗이 청소하니라.
묘의 기물을 모두 정갈하게 닦는데,
호·예조의 낭관이 번갈아 살피네.

二八初丁釋菜恒이팔초정석채항, 預敎庭廡廓淸澄예교정무곽청징.
廟中器物渾修潔묘중기물혼수결, 戶禮郎官遞照憑호례낭관체조빙.

附記의 설명은 자못 생동감이 있다. 매년 仲春과 仲秋의 上丁日 즉 그 달 天干천간의 처음 '丁'이 든 날에 석채의 예를 행한다. 삼일 전에 안팎의 뜰과 층계 모두를 깨끗이 청소하고 '入淸齋입청재'를 하는데, 이는 別廳별청을 따로 마련하여 외부 사람들을 불러들여 음식을 제공하는 행사를 말한다.

석채 전날 새벽이 되면 조정의 祭官제관 30여 명이 들어오고, 掌樂院장악원의 典樂전악은 여러 樂生악생들을 인솔해 와서 기다린다. 初獻官초헌관은 禮曹判書예조판서가 하고, 亞獻官아헌관은 大司成대사성, 終獻官종헌관은 司成이 하는 것이 관례이다. 오후에 명륜당에 위패를 설치하고 예행연습을 한다. 어두워지기 전에 대성전에 陳設儒生진설유생이 제물을 올린다.

밤 12시가 조금 지날 무렵 齋鼓재고가 울리면 모두는 의관을 갖추고 전체 대열에 참여한다. 조정의 관리와 유생은 두 시가 지나서 예를 거행하기 시작하는데, 뜰에는 큰 횃불을 두 줄로 나열하고, 동·서무 앞은 대낮처럼 밝게 하며 실내에는 촛불을 켠다.

이때에 각종 음악이 연주되고 초헌·아헌·종헌례가 거행된다. 마당에서는 36명으로 구성된 춤 단이 六佾舞육일무[34]를 추는데 文舞에 이어 武舞를 춘다. 이렇게 하여 예전에는 보통 해뜰 때가 되어서야 끝난다고 하였는데, 尹愭윤기 선생은 守僕수복들이 일을 서두르기만 하면서 罷漏파루; 새벽 4시경가 되기도 전에 끝낸다고 탄식을 한다. 또한 유생에게 飮福음복으로 돌아오는 음식물의 내용이 매우 부실함을 탓하기도 했다.

석채의 궁극적인 의미는 聖賢성현의 덕을 높여 학문의 방법과 목적을 구체화 시키자는 의도라 할 수 있다. 예로 明倫堂이 의미하는 '人倫'을 밝히는 것(明倫)은 곧 성현의 덕을 본받는 것과 같다. 때문에 배움을 추구하는 곳이라면 講學堂과 더불어 文廟문묘를 갖춘다. 즉 지방의 官學인 鄕校향교가 모두 그러하다. 다만 書院은 다소 다른데 이는 선현을 제사하는 祠사와 자제를 교육하는 齋재가 합하여 설립되었다고 본다. 선현을 제사하는 것은 사실상 같다고 할 수 있지만 서원은 구체적으로 中國이 아닌 우리나라의 특정 선현을 모시는 곳이다.

즉 1542년 周世鵬주세붕 豊基풍기 郡守군수가 세운 우리나라 최초의 白雲洞書院백운동서원은 고려의 安珦안향 선생을 모시는 사당을 먼저 짓고 시작된 것이다. 그러나 그 취지는 대성전과 마찬가지로 학문을 통하여 성현의 문화를 계승하고자 하는 점에서 같은 것이다. 석채의 의례가 위에서처럼 성대한 것은 바로 이러한 목적에서 그만큼 중요하기 때문이다.

『泮中雜詠』에서는 임금의 '謁聖알성; 석전을 의미함'의 모습에 대해서도 여러 수의 시로 묘사하였다. 『太學志』에서는 '釋奠視學석전시학' 條에서 임금이 친히 석전을 행하고 명륜당에서 과거를 베푼 사례를 서술하였는데, 대체로 『泮中雜詠』의 내용과 다르지 않다.

『泮中雜詠』에서는 임금의 석전 거행이 3년 또는 4 · 5년 만에 한 번 올리는 것으로 되어 있는데, 이는 시대에 따라 달랐던 것으로 보인다. 의식과 예절은 모두 석채 예와 같지만 臣民을 격려하는 특별한 의미가 있다. 謁聖알성의 명령이 내리면 각 관청의 관원과 百工이 모두 바빠지는데 성균관의 문 · 담 · 지붕 · 벽이 모두 새로워지고 마당과 계단도 정리되어 홰나무와 은행나무도 생기가 감돈다 했다. 泮橋반교 근처에 이르기까지 흰 장막과 軍幕군막이 무수히 설치되고, 상서로운 기운이 성균관에 영롱한데 임금은 명륜당 뜰에서 群臣군신과 더불어 소채와 소금 반찬(祭禮제례에 참석하는 모두는 사실상 齋戒재계 중에 있다)의 음식을 받는다.

임금의 석전 예가 끝나면 곧 이어 丕闡堂비천당에 과장이 설치되고 임금께서 科題과제를 내리면 전국에서 몰린 선비들이 시험을 친다(간혹 명륜당과 비천당의 뜰을 함께 과장으로 사용하기도 했다). 임금은 다시 下輦臺하련대에 어거하여 무과를 시험한다. 문과와 무과 모두 특별히 정한 시기와 정원이 없이, 임금이 석전의 알성의식을 행할 때 유생들에게 베푸는 과거라 하여 이를 謁聖科알성과라 한 것 같다. 이는 당일에 급제자를 발표하고 급제자에게는 여러 가지 행사가 있었다고 한다.

과거시험

성균관에 들어와 공부하는 유생이라면 모두가 과거에 급제하여 나라에 충성하고 아울러 가문의 영예를 빛낸다는 현실적인 목적을 가지고 있다. 이는 대부분 과거라는 관문을 통해 이루어진다.

尹愭 선생은 위의 알성시 외에도 여러 유형의 과거시험에 대해 시

를 쓰고 附記를 했다.

節製절제: 이는 節日에 과시를 여는 것을 말한다. 즉 人日의 1월 7일, 上巳의 3월 3일, 七夕의 7월 7일, 重陽의 9월 9일에 과시를 열어 대개 初試초시 시상만 내린다. 圓點數원점수가 모두 찬 유생만 입장을 할 수 있으니 그 점수를 검사하여 미달된 자는 奚아낸다고 하였다. 간혹 大輪次대륜차를 행하기도 하는데 이는 과거에 낙방한 사람에게 다시 보이던 시험으로 이의 壯元장원에게는 급제와 같은 자격을 주었다 한다.

柑製감제: 濟州제주에서 특산물 감귤 진상이 올라 왔을 때 여는 科試를 말하는데 참으로 특이한 과거라 하겠다.

> 황감이 탐라에서 세 번째 오면,
> 太廟와 景慕宮경모궁에 올린 후 科場을 여니라.
> 架子가자에 담아 붉은 보자기로 덮었는데,
> 궁중의 中使중사가 성은을 담아 메고 오네.
>
> 黃柑三運自耽羅황감삼운자탐라, 薦廟薦宮更設科천묘천궁경설과.
> 木架以盛紅帕覆목가이성홍파복, 領來中使帶恩波영래중사대은파.

제주의 黃柑황감 진상은 初運초운, 再運, 三運 세 차례가 있는데, 세 번째 올라오면 먼저 太廟(宗廟)와 景慕宮에 올리고 나서, 泮宮(성균관)에 과장을 열고 임금은 황감 一架일가를 보낸다. 유생들이 입장하고 科題과제가 걸리기 전에 감귤을 먼저 나누어 주는데, 소년배와 시중드는 무리들이 서로 잡고 차니 나라에서 감귤을 나누어주는 본뜻이 어디에 있는지 尹愭 선생은 한심하다는 탄식을 한다.

到記科도기과: 봄과 가을에 도기과를 실시한다. 도기의 圓點원점이 일정 점수 이상인 유생한테만 자격이 주어지기 때문에 이렇게 부른 것이다. 먼저 승지가 성균관에 들어가 아침 도기나 혹은 저녁 도기를 거

둔다. 製述제술과 講經강경을 시험하여 각 한 사람을 뽑아서 급제의 자격을 준다. 이는 곧 성균관의 출석 점수를 근거로 응시자격을 준 것이다.

旬頭殿講순두전강: 매년 陰月짝수 달의 旬頭순두: 11일에 임금이 落點낙점된 유생들을 便殿편전으로 불러 講經(후에는 경서 암송으로 대체 됨)을 시험하기 때문에 이렇게 불렀다.

不時引見親試불시인견친시: 이는 불시에 유생을 불러 임금이 친시를 보이는 것이다. 이 또한 임금이 유생들을 격려하는 의미인데, 임금이 春塘臺춘당대에 어거하고 대사성이 유생들을 인솔하여 入侍입시한다. 춘당대 위에는 식당을 차리고 東軒동헌과 西軒서헌에서 寄齋所기재소에 이르기까지 앉을 만한 곳은 모두 자리를 편다. 유생들의 식사가 준비되면 侍臣시신들의 식사가 平盤평반; 다리가 없는 쟁반 류으로 나오는데 임금도 평반이다. 음식의 品數품수도 같은데 여러 사람을 거쳐 임금의 탁자위에 오를 때 모든 사람이 임금의 미소를 우러러보면서 신기해한다.

식당이 파하면 강론과 제술을 시행하는데, 이름을 부르면 앞에 나아가 경서의 뜻을 강론하고 대답한다. 이것이 끝나면 자리에 내려와 글을 지어 올린다. 잠시 후 급제자를 불러 상을 주고 마친다. 유생이 물러나면 임금은 술과 음식을 내려 보내고, 유생들은 다음날 감사의 글을 써서 대궐문 밖에 나아가 올리고 물러난다.

이상에서 볼 때 성균관에서의 과거시험은 단순히 인재를 뽑기 위한 목적만이 아니고 유생들을 격려하기 위한 의미에서 시행되는 경우도 많았다. 이는 나라에서 인재를 양성한다는 의미가 언제나 중시되었다고 보는 것이다. 즉 성균관에서 시행되는 교육의 직접적인 수혜자가 개인 보다는 우선적으로 국가라는 시각을 견지해 온 것이다. 때문에 학생들의 숙식을 포함한 성균관의 모든 재정을 국고에서 부담했으며, 재정 형편에 따라 학생들의 숫자가 줄기도 하고 또 늘기도 한 것이다. 이는 국립대학으로서의 면모가 매우 확실하고 아울러 구체적인 행정적 지원의 제도가 사실상 완비된 것이었다.

성균관의 중심 건물은 문묘와 명륜당이다.

문묘는 우리가 공부하는 이유와 목적을 나타낸 것이다. 즉 우리가 공부하는 것은 사람으로서의 인격을 갖추고자 하는 것이며, 이를 위해서는 목표 즉 본보기가 있어야 한다. 우리의 역사에서 가장 훌륭한 삶을 살았다고 검증된 사람들을 학문의 이상형으로 하여 그들을 본받고자 하는 것이다. 성균관에 들어와서 가장 먼저 석전을 행하는 것은 이러한 목적의식을 분명히 하는 것이다. 대성전은 孔子공자를 중심인물로 모신 곳이다. 즉 학문의 최고 이상형은 孔子인 것이다. 그의 인품이나 덕망을 배우는 것이 공부의 궁극적인 목적임을 드러내는 것이 석전의 취지가 되는 것이다.

다음으로 명륜당은 인륜을 밝히는 곳임을 의미한다. 대성전에 공자를 비롯한 훌륭한 옛 분들을 모시고 그분들이 밝혀놓은 윤리를 우리 스스로도 밝혀가는 것이다. 이는 『孟子 · 滕文公上등문공상』의 "夏 · 殷 · 周 三代에 걸쳐 국학이 있었으니 모두 인륜을 밝히고자(明人倫) 함이다."에서 연유하였다. 즉 여기에서는 이를 '五倫', 즉 '父子有親부자유친' · '君臣有義군신유의' · '夫婦有別부부유별' · '長幼有序장유유서' · '朋友有信붕우유신'으로 집약하였다. 이 다섯 가지의 덕목은 곧 가장 중요한 인륜의 常道상도이며, 이것을 밝혀 실천하는 것이 우리 교육의 이념이었다.

예로, '父子有親'의 의미를 우리가 모르지는 않는다. 그러나 이를 실천하는 것은 父子 각각의 깊은 修行수행을 전제로 하는 것이다. 부모와 자식은 가장 가까운 혈연임에도 불구하고, 세대가 서로 다른 만큼이나 서로 다른 시대적 배경에서 살고 있다. 따라서 서로가 극복하기 어려운 차이가 없을 수 없으며, 때로는 이를 감내하지 못하여 개인적인 불행은 물론 사회적 문제를 초래하기도 한다. 이는 지식으로 극복되는 문제가 아니며, 오히려 지식을 많이 쌓은 전문가들이 더욱 이러한 부분에서 취약하다. 개인적으로나 사회적으로 이러한 규범이나 덕목의 함양은 반드시 필요하다. 때문에 국학이나 지방의 官學에서 모두 이를 배움의 목표와 방향으로 설정한 것이다.

---

1. 정근식 외 著, 『식민권력과 근대지식: 경성제국대학연구』, 서울, 서울대학교 출판문화원, 2011. 1면에서 재인용.
2. 상게서, 8면.
3. 서울대학교50년사 편찬위원회 편, 『서울대학교 50년사(상)』, 서울대학교출판부, 서울, 1996. 6면.
4. 참고, 상게서, 9-10면.
5. 정선이 지음, 『경성제국대학 연구』, 서울, 문음사, 2002. 저자는 자신의 박사학위 논문을 부분적으로 수정 보완하여 이 책을 엮었다고 하였다.
6. 「서울대특별법 제정 필수다, 특혜다(논쟁)」, 『중앙일보』, 1996년 4월 20일.
7. 「사시 열풍의 현장」, 『문화일보』, 1999년 11월 30일. 「서울대 개혁-인문, 사회대생도 절반 이상이 고시에 매달려」, 『한겨레신문』, 2002년 2월 13일.
8. 「대학 선택 본인 뜻 존중해야」, 『경향신문』, 1996년 12월 7일 사설.
9. 인용 및 참고, 『경성제국대학 연구』, 184-187면
10. 스벤린드크비스트 지음, 김남섭 옮김. 『야만의 역사』, 한겨레신문사, 서울, 2003. 183면.
11. 참고: 서울대학교 의과대학 홈페이지(2011.12.31).
12. 참고: 조헌영 외 지음, 『漢醫學의 批判과 解說』, 소나무, 서울, 1997. 10-18면.
13. 이종찬 지음, 『한국에서 醫를 論한다』, 소나무, 서울, 2000. 44면.
14. 상게서, 40면.
15. 『漢醫學의 批判과 解說』, 59면.
16. 『한국에서 醫를 論한다』, 41면.
17. 신길구 저, 「한의학계의 새 기운」(1936년 동아일보에 실렸던 내용), 『漢醫學의 批判과 解說』, 206면.

18. 이들 위원은 이와 같다. 초등교육담당; 金性達, 중등교육담당; 玄相允, 전문교육담당; 兪億兼, 고등교육담당; 金性洙, 교육전반담당; 白樂濬, 여자교육담당; 金活蘭, 일반교육담당; 崔奎東 이상 7인이었는데 후에 다시 의학교육담당; 尹日善, 농업교육담당; 趙伯顯, 학계대표; 鄭寅普 3인을 추가함. 참고: 교육인적자원부 인터넷 홈페이지 홍보센터, 교육 50년사.
19. 金富軾,『三國史記』, 卷第十八. (여기에서 태학은 대학과 같은 의미이다.)
20.『舊唐書』卷一百九十九上, 列傳第一百四十九上, 東夷, 高麗.
21. 韓基彦의『韓國教育史』(13면), 孫仁銖, 李元의『教育史新講』, 金英宇 등의『教育史. 教育哲學)』(12면)에서 扃堂을 私學으로 여기거나 단정을 하였는데, 모두가 이와 관련된 근거를 제시하지 않았다. 위의 기록은 경당이 지방학교의 기능을 하고 있었음을 의미하며, 특히 중국의 교육제도를 참작한다면 경당의 이러한 기능을 비교적 구체적으로 이해할 수 있다. 사학으로 여길만한 뚜렷한 근거는 없는 것으로 보인다.
22. "古之王者, 建國君民, 教學爲先."『禮記 · 學記』.
23. "天子命之教, 然後爲學, 小學在公宮南之左, 大學在郊, 天子曰辟廱, 諸侯曰頖宮."『禮記 · 王制』.
24. 여기에서는 '雍'으로 쓰였다. 班固,『白虎通疏證. 辟雍』, 陳立 撰, 中華書局, 北京, 1994, 259면.
25. 참고;『한국민족문화대백과사전』, 제23책, '학교'條.
26. "成均五帝之學, 成均之法者, 其遺禮可法者." 상게서. 특히 賈公彦은 疏에서 鄭玄의 注 '五帝名大學曰成均則虞庠近是也.'를 인용하였는데,『禮記 · 文王世子』에서 나타나는 주를 인용한 것이다. 이는 모두 鄭玄이 董仲舒(B.C.179?-B.C.104?)를 따라서 설명한 것이다.
27. 參考, 林尹 註譯,『周禮今註今譯』, 233면.
28. 尹愭 著, 李敏弘 譯註,『朝鮮朝 成均館의 校園과 太學生의 生活像』, 성균관대학교 출판부, 1999, 서울.
29.『朝鮮朝 成均館의 校園과 太學生의 生活像』, 295-296면. 이 책의 譯註者 李敏弘 교수의 번역과 註가 이미 매우 상세하고 훌륭하여 그대로 따르고 싶었으나, 한편으로는 남의 力作을 훔치는 것 같기도 하고, 다른 한편으로는 표현 방식에 있어서 다소 취향의 차이가 있어서 이 교수의 번역을 참고하면서 필자가 번역을 하였다. 아래에서 인용하는 詩文도 이와 같다.
30.『국역 太學志』, 成均館, 서울, 1994.
31.『太學志 · 卷之一』, 1134면.
32. 참고,『太學志』, 제6권-5 圓點.
33.『太學志』, 1135면.
34. 天子의 나라에서는 八佾舞를 추고 제후국에서는 六佾舞를 추었다고 한다. '佾'은 가로줄인 列과 세로줄인 行의 인원이 같은 숫자로 구성됨을 의미한다.

즉 팔일무는 여덟 사람씩 64명으로 구성되며 육일무는 여섯 사람씩 36명임을 말한다. 조선은 건국 초에 팔일무를 하다가 숙종 연간에 육일무를 추었다 한다. 참고,『朝鮮朝 成均館의 校園과 太學生의 生活像』, 107면 譯註.

둘. 개화기에 매몰된 국문학

1. 망국의 청년들 일본 학습기

최남선의 습작

처……ㄹ썩, 처……ㄹ썩, 척, 쏴…….
때린다, 부순다, 무너 버린다,
泰山같은 높은 메, 집채 같은 바윗돌이나,
요것이 무어야, 요게 무어야,
나의 큰힘 아느냐, 모르느냐, 호통까지 하면서,
때린다, 부순다, 무너 버린다.
처……ㄹ썩, 처……ㄹ썩, 척, 추르릉, 콱…… 下略하략

1908년 10월, 19세의 소년(崔南善최남선: 1890-1957)이 『少年』이란 잡지의 창간호(11월호)를 발간하면서 「海에게서 少年에게」라는 일종의 습작을 발표하였다. 이 글은 사실 습작이라고 하기에도 너무 유치하고, 더욱이 詩라고 이르기에는 글도 되지 않는 치기어린 장난에 불과한 것이었다.

그러나 이 습작은 우리나라 최초의 신체시로 일컬어지면서 근·현대시의 서막이자 祖宗조종으로 평가되었고, 이로부터 우리 시가의 전통은 매몰되어버린 계기가 되었다. 이것은 우리나라 문학계에 변혁을 몰고 왔다. 유치한 습작이 이러한 결과를 가져온 것은 단지 당시의 時流시류에 의한 것이었다. 즉 일본을 따르기 위한 것이었다.

趙演鉉조연현: 1920-1981[35]은 그의 『韓國現代文學史한국현대문학사』에서 이 시가 우리의 "千有餘年의 詩歌傳統"을 타파하고, 일본에서 이미 사용하는 신체시(산문으로 쓰는 시)를 답습함으로써, 주로 "日本을 通통해서 歐羅巴구라파를 모방하여 이 땅의 어쩔 수 없는 近代的인 課

業과업"을 수행하였다고 여겼다. 따라서 그는 아예 여기에 '革命的혁명적인 意義의의'를 부여하였다.[36]

한 걸음 더 나아가 김용직 교수는 이 시가 한국 고전시가의 막을 내리게 하고 본격적인 근대시의 발판을 마련했다는 평가를 했다.

> 이 작품(「海에게서 少年에게」)은 한국 개화기시가의 대단원에 해당되는 신체시의 효시로 손꼽혀지기도 한다. 범박하게 셈쳐도 한국의 개화기시가는 그에 선행한 고전시가와 그 이후에 형성, 전개를 본 근대시들 사이에서 그 촉매제 내지 징검다리 구실을 했다. 바꾸어 말하면 이들 유형의 시가는 낡은 양식으로서의 한국 고전시가에 한 막을 내리게 한 것이다. 그리고 그에 대체해서 본격적인 근대시가 형성, 전개되도록 일종의 정초 작업을 시행해 주었다. 그런데 신체시는 이와 같은 한국 개화기시가가 원숙한 모습을 띠게 된 양식이었다. 그리고 '海에게서 少年에게'는 이와 같은 신체시의 첫 작품에 해당된다. 따라서 한국 근대시사에서 차지하는 이 작품의 의의는 크고 뚜렷하다.[37]

여기에서 말하는 '낡은 양식'과 '근대시'의 차이는 그 시의 '형식'을 두고 하는 말이다. 우리나라 고전시가는 엄격한 형식을 요구하는 정형시였다. 신체시는 이러한 정형을 필요로 하지 않는 산문체를 의미한다. 이 시의 작품성은 전혀 논의하지 않는다. 다만 "낡은 양식으로서의 한국 고전시가의 한 막을 내리게 한 것"만이 중요한 초점이 되어 있다.

우리의 전통을 깬 것이 무엇 때문에 그렇게 중요한지는 설명이 없다. 白鐵백철 또한 古代詩인 定型詩정형시를 깨뜨리고 자유스러운 신체시를 썼다는 것을 新詩의 功績공적으로 들었다.[38]

이들 세 사람은 모두 공통적으로 이 습작시가 두 방면에서 큰 업적을 이루었다고 하였다. 하나는 우리나라 고전시가의 전통을 타파하였다는 것이며, 다른 하나는 외국의 시를 잘 모방하였다는 것이다. 그러나 이 시 자체에 대해서는 한결같이 부정적인 평가를 했다. 조연현은 「海에게서 少年에게」에 대해 사실 韻文운문이 아닌 散文산문으로 쓰였다는 이외의 어떠한 문학적인 감흥도 발견할 수 없다 했을 뿐만 아니라, 아예 '稚氣滿滿치기만만'[39]하다는 혹평을 했다. 김용직 교수도 이 시가 목적의식이 앞선 작품이며, 의도 내지 열정이 앞선 나머지 말씨부터 거칠다 하면서 어쩔 수 없는 과도기의 한국 시가로 치부했다.[40]

그러나 이러한 평가와는 상관없이 「海에게서 少年에게」는 우리나라 시가뿐만 아니라 문학의 역사를 다시 쓰게 했다. 우리는 우리의 역사를 부정하고 전통을 타파한 사람을 우리 문학계의 태두로 간주하였고, 문학과 관련된 논의는 이로부터 다시 시작하는 것을 당연시했다. 즉 '千有餘年'의 역사는 멀리 내던지고, 새로 시작하는 시가이고 문학이 된 것이다.

이광수의 자유연애

조연현은 이광수1892-1950 拉北의 「無情1917」이 한국 최초의 근대소설을 대표한다고 보았는데, 그 이유는 크게 두 가지로 집약된다. 우선 이 소설은 형식과 내용 및 방법에 있어서 未熟미숙한대로 구라파 근대소설의 특질을 가지고 나타났다는 것이다. 특히 '國文專用국문전용'으로 거의 완전한 '言文一致體언문일치체'를 이루었다고 크게 평가했다. 다른 하나는 신소설에서 극복하지 못한 봉건잔재를 청산하였다는 것이다.[41] 한상무 교수도 이러한 점에서 「無情」이 한국 근대소설사상 최초의 가장 중요하며 결정적인 공헌을 하였다고 보았다.[42]

이들의 평론 기준은 매우 단순하다. 최남선에서와 마찬가지로 전통의 타파 즉 우리 역사의 부정이다. 대신 그 빈자리에 외국의 모방 즉 일본을 통하여 들어온 서구의 것으로 채우는 것이다.

이광수의 전통 부정은 철저하다. 「無情」은 처음부터 끝까지 자유연애가 줄거리의 전부를 차지했으며,[43] 여기에는 우리의 전통적인 관습이나 풍속이라면 무조건 매도하는 내용들이 인물들의 주된 대화로 서술되었다. 김현은 이광수의 개화 의식 비판에 대한 여러 논자들의 소론을 몇 가지로 종합을 했다. 이를 간추려 본다.

> 1) 이광수에게는 역사의식이 없었다.
> 2) 이광수의 역사의식의 결여는 자기기만의 결과이다.
> 3) 역사의식의 결여는 이광수를 친 체제적(친일적 · 반민족적)인 사고방식으로 몰고 간다.
> 4) 이광수는 역사의식의 결여를 은폐하기 위하여 사회적 윤리와 개인적 윤리를 혼동시킨다.[44]

김현은 또한 "이광수의 민족 개조는 '과거의 것은 모조리 나쁜 것이다'라는 과거 혐오증과, '새로운 것은 무조건 좋은 것이다'라는 새것 콤플렉스에 그 기반을 두고 있다."고 했다.[45] 이광수는 불안한 정서로 출발하여 저지른 반민족적 행위를 당시에 유행하기 시작한 서양의 문물로 포장한 것이다. 이광수의 창작 목적은 소설에 있다기보다는 자신의 이러한 구호를 적어내는 것이었다. 그는 문학을 하나의 수단으로 했을 뿐이다.

이에 대해서는 『國文學全史』에서 보이는 백철의 분석결과가 비교적 명쾌하다.

> 그는 처음부터 自己가 생각하는 政治的인 것을 啓蒙하기 위해서 文學을 하기 시작한 것이다. 그 점에서 春園을 文學者로서만 본다 해도 그는 처음

> 부터 啓蒙主義的인 사람이다. 그리고 이 啓蒙主義的 傾向은 그 뒤 春園이 비교적 作家生活에 專心한 시대의 모든 作品에도 基調되어 있는 것이다. 一言해서 春園의 文學은 金東仁의 評言과 같이 하나의 說教文學이다.[46]

여기에서 계몽이란 이광수가 가지고 있던 신지식으로 우리나라 사람의 의식을 바꾸겠다는 것을 의미한다. 이는 곧 개화와 통하기도 한다. 낡은 것을 버리고 진보된 것을 받아들인다든지, 人智가 열려 사상이나 풍속 따위가 좋은 방향으로 흐르게 되는 것을 개화라 할 수 있다. 그러나 당시의 개화는 우리의 것을 버리고 외국의 것을 받아들이는 것을 의미했다.

당시 많은 사람들이 이러한 개화에 들떠 있었다. 우리의 역사는 낡은 것이었고, 일본이나 서양문물은 진보된 것이었다. 사상이나 풍속도 이를 따라가게 되었다. 이것이 곧 개화를 이끌어내는 계몽이었다. 이광수의 문학 활동은 바로 이러한 것을 목적으로 하는 것이었다.

신문학계에서 최남선과 이광수는 泰斗로서의 영향을 떨쳤다. 국어나 국문학에서 말하는 문학이라는 것은 마치 이들 두 사람이 만들어 놓은 것처럼 떠들어온 것이 사실이다. 이들 두 사람이 아직까지도 우리의 국문학자들이나 지식인들 사이에서 차지하고 있는 위상은, 다소의 저항은 있었지만 그렇게 흔들리는 것 같지는 않다. 오히려 더욱 강화되는 면도 없지 않다.

『六堂이 이 땅에 오신 지 百周年』이라는 책이 있다. '六堂崔南善先生紀念事業會'에서 1990년 간행하였다. 서명으로 보아서는 어느 종교 조직에서 발간한 책 같다. 책 위에 副題부제처럼 붙어있는 '六堂崔南善先生 誕辰百周年紀念文集'으로 이미 충분한 書名이 되는 것이며, 이처럼 狂的광적인 너스레가 필요하지는 않은 것이었다. 제목부터

심상치 않은 이 책의 내용은 일반적인 존경의 정도를 넘어서서 사뭇 교조적이다. 이 책의 권두언부터 이미 그러하다.

> 한때 선생의 志操에 대한 世間의 오해도 없지 않았다. 그러나 선생의 本意가 어디까지나 이 민족의 운명과 이 나라 문화의 消長에 있었음은 오늘날 이미 사실로서 밝혀진 바요, 巷間에 떠도는 妖童浮女들의 臆說과는 전연 그 軌를 달리 하는 것이다. 사람을 赦하는 법이 없고 인재를 자기 눈동자 같이 아낄 줄 모르고 사물을 널리 생각하지 못하는 옳지 못한 風潮 때문에, 우리는 해방된 후에도 선생에게 榮光을 돌린 일이 없고, 그 勞苦를 致賀한 일도 없었을 뿐만 아니라 도리어 辱욕된 일이 적지 아니하였다. 이것은 실로 온 민족의 이름으로 부끄러워해야 할 것이다.[47]

이 글은 1957년 『思想界』의 권두언으로 이미 실렸던 글이다. 1953년 張俊河장준하: 1915-1975가 창간한 월간지 『思想界』는 최남선이 작고한 1957년의 송년호를 六堂 기념호로 발간하면서, 장준하의 「六堂 崔南善先生의 逝去를 哀悼함」이라는 글을 권두언으로 실었다. 위는 이 글을 다시 올린 것이다.

이 글은 최남선과 관련된 일체의 반대 논의를 배척하고 있다. 사실 최남선은 그의 친일적인 행위로 적지 않은 지탄을 받기도 했다. 그런데 이러한 지탄들은 모두 '妖童浮女요동부녀'들의 '臆說억설'이 되어 버렸다. 최남선을 현대문학의 태두로 모셔놓은 것도 모자라서 '민족의 이름으로 부끄러워해야' 함을 역설한 것이다.

차라리 이 책에 있는 김동길의 「시대와 인물」이라는 글은 오히려 온건한 호소력이 있어 보인다.

> 여기서 육당 선생의 발자취를 살펴보면, 1925년에 일본총독부안에 '조선사편수위원회'가 생겨서 편수위원이 되셨으며, 1938년에는 「만몽일보」의 고

> 문이 되셨고, 뒤에 중추원 참의, 만주 건국대학 교수직을 지내셨습니다. 이렇게 우리나라 사전들에 나와 있지요. 또 1943년 12월에 도일하시어 재일 조선 유학생을 학병에 가도록 지원 · 권고하는 강연을 하기 위해 가신 일도 있다. 이렇게 기록이 되어 있습니다. 그래서 선생님은 그런 사실 때문에 1949년에는 반민특위의 조사를 받으시고, 친일 반민족 행위자로 수감, 병보석이 되셨다는 기록이 있습니다.
>
> 한 시대의 인물을 볼 때, 오늘의 시각에서 보기는 쉽습니다. ……그것은 그 시대를 산 사람만이 아는 것입니다.[48]

그는 최남선이 비록 위와 같은 친일행위의 기록이 있지만 이것은 그 당시의 상황에서 어쩔 수 없는 선택이었을 수도 있다는 점을 생각해야 한다는 뜻으로 보인다. 한 시대의 인물을 볼 때 오늘의 시각에서가 아니고 그 시대의 시각에서 보아야 한다는 주장이다. 그 시대를 살아 본 사람도 아니면서, 그 상황을 이해하고자 하는 노력도 해보지 않고, 돌을 먼저 던지는 것은 너무 안이한 태도라는 것을 지적하였다. 비교적 신중하면서 온건한 태도로 人之常情인지상정의 처지에서 최남선을 이해하려는 노력으로 보인다.

사실 당시의 친일행위에 대한 비방이나 논란은 이제 종식되어야 한다고 본다. 그것은 그렇게 생산적이지 못하기 때문이다. 그러나 그와 반대로 그 두 사람의 영향력에서도 이제는 벗어나야 할 때가 되었다고 본다. 우리는 현재도 그 두 사람의 신문학 운동과 습작에 지나치게 집착하고 있다.

최남선의 업적이라는 것은 사실상 매우 인정하기 어려운 것들이다. 그는 '민족'과는 비교적 민감한 관계에 있다. 그의 신문학 운동은 사실 민족 전통문학의 타파를 외치는 것이었다. 이것은 곧 민족의 역사를 부정하는 것이다. 그가 우리 문화의 계승을 거부하면서, 나중에

'朝鮮光文會조선광문회'를 결성하여 고서의 翻刻번각이나 간행을 하였다는 것은 단지 유물로서의 고서 수집을 한 것에 불과하다.

그러나 우리는 아직도 최남선이 득세하던 왜정시대의 그늘에서 벗어나지 못하고 있다. 고려대학교의 민족문제연구소 소장을 지낸 홍일식 교수는 이 책의 「先驅者로서의 六堂」이라는 글에서 최남선을 앞서간 선구자로서 우뚝했던 인물로 평가했다. 그래서 지금까지 일그러졌던 모습을 제 모습으로 復元복원해야만 한다고 주장했다.[49]

또한 홍 교수는 이 책의 「3 · 1獨立宣言書 硏究」라는 글에서 최남선과 관련된 민감한 문제를 짚었다. 우선 최남선이 민족대표로 서명하지 않은 이유로, 김성수와 咸台永함태영 목사를 예로 들면서 옥에 갇힐 서명자들과 그 가족의 뒷바라지를 위해 일부러 서명에서 제외되었을 수도 있다는 옹호론을 폈다. 그러나 최남선이 실제로 어떤 뒷바라지를 했는지에 대한 설명은 없다. 그는 또한 公約三章공약삼장을 포함한 선언서 全文을 최남선이 쓴 것이라 하면서 그의 위대성을 되풀이 강조하였다.[50] 뿐만 아니라 그는 또 다른 논문에서는 최남선이 아예 "자주적 민족주체의식을 성실하게 계승하였다"[51]는 주장까지 하였다.

그러나 우선 독립선언서는 최남선의 글일 수가 없다. 『六堂이 이 땅에 오신 지 百周年』이라는 이 책에는 朴鍾和박종화, 李丙燾이병도, 金允植김윤식, 李基白이기백, 梁柱東양주동, 李熙昇이희승, 金東里김동리, 金容稷김용직 등 수십 명의 글이 실려 있는데 모두가 글쓴이의 이름이 뚜렷하게 밝혀져 있다. 자신이 쓴 글에 자신의 이름을 써넣지 못하겠다면 그 글은 전혀 내용이 없는 낙서에 불과할 뿐이다. 독립선언서는 경우에 따라서는 목숨까지도 바쳐야 하는 책임이 따르는 문건이다. 이러한 중대한 책임을 스스로는 거부하고 남에게 미루었다면 그것은 이미 그의 글이라 할 수 없는 것이다. 이에 대해서는 논란의 여지도 있을 수 없다.

卍海만해 韓龍雲한용운 선생이 "독립운동에 직접 책임을 질 수 없다는 최남선으로서 독립선언문을 작성케 함은 불가한 일이니 선언문은 자기가 짓겠다고 주장한 일이 있었다"고 했다.[52] 이는 극히 상식적인 주장이다. 결국 당시의 급박한 상황이 卍海의 주장을 수용할 겨를이 없이 최남선의 문장연습으로 독립선언문을 작성하게 한 것으로 보인다. 그러나 독립선언은 '선언' 그 자체에 의미가 크기 때문에 선언문의 내용은 그렇게 문제될 것이 없었던 것이다.

최남선과 더불어 이광수의 친일행위도 논란이 많다. 그도 친일행위로 인하여 1949년 구금되었으나 그의 아들 李榮根이영근의 혈서로 된 탄원서에 의해 병보석으로 석방되었다. 그러나 그는 그의 친일 행위에 대해 다소의 애매한 변명을 하였다.

> 내가 조선신궁에 가서 절을 하고 香山光郞으로 이름을 고친 날, 나는 벌써 훼절한 사람이었다. 전쟁 중에 내가 天皇천황을 부르고 內鮮一體를 부른 것은 일시 조선민족에 내릴 듯한 화단을 조금이라도 돌리고자 한 것이지마는, 그러한 목적으로 살아있어 움직인 것이지마는, 이제 민족이 일본의 기반을 벗은 이상 나는 더 말할 필요도 말할 자격도 없는 것이다. 가장 깨끗하자면 해방의 기별을 듣는 순간에 내가 죽어버리는 것이지마는, 그것을 못한 나의 갈 길은 입을 다물고 가만히 있는 것이라고 나는 생각하였다.[53]

이광수의 이러한 변명은 그가 참회하는 심정으로 한 것이라고 받아들인다.

> 춘원은 日本 祖神을 모신 朝鮮神宮에 참배하고, 솔선 창씨개명을 하고, 內鮮一體를 부르짖어 한국민족을 日本天皇의 臣民化로 하는 시책에 동조하고 아울러 실천에 옮긴 죄과에 대하여 참회하고 있음을 볼 수 있다.[54]

참회하고 있는 사람에 대해 더 이상의 비방은 역시 바람직하지 못한 것이다. 그러나 최남선과 마찬가지로 이광수에 대한 우리의 태도는 지속적인 검토가 필요하다. 예로 전광용 교수의 견해를 보자.

> 春園은 종교적인 경지의 숭엄한 문학, 그리고 톨스토이의 예술론에 바탕을 둔 인도주의적인 문학, 인생에 위안은 주면서도 저급한 오락물로 떨어지지 않는 고상한 문학을 창작하려는 의도를 지녔음을 알 수 있게 한다.[55]

이는 구체적인 예시 하나 없이 단지 막연하고도 추상적인 수사의 나열이다. 과연 춘원의 어떤 것이 숭엄한 문학, 인도주의적인 문학, 그리고 고상한 문학인가? 그의 소설이라는 것은 공통적으로 우리의 전통이나 풍속을 버리고 소위 개화에 들뜬 자유연애 지상주의를 나타내고자 한 것들이 아닌가? 그것도 습작의 단계를 벗어나지 못한 매우 유치한 필치일 뿐이다. 全 교수는 그가 그러한 '문학을 창작하려는 의도를 지녔다'는 점에서 그를 높이 평가하고 있다. 이것은 매우 잘못된 것이다. 글을 쓰겠다고 생각하는 사람 중에서 도대체 좋은 문학을 창작하겠다는 의도를 가지지 않는 사람이 있을 수 있는가? 그는 이광수가 '넓은 의미의 문필가였으며, 또한 계몽적인 論客이요, 민족적인 선각자요, 사회적인 지도자이기도 했다'면서 그 기준은 이렇듯 애매모호한 것이었다. 이것은 '의도'로 평가할 일이 아니고 구체적인 업적으로 평가되어야 할 것이다.

최남선과 이광수는 14세경부터 이미 일본을 들락거리면서 일본을 공부한 사람들이다. 그들이 친일행위를 하게 된 것은 사실 자연스러운 인과관계에 의한 것이다. 그들이 개화를 주장하고 민족개조론을 펴고 하는 것들 또한 그들에게는 자연스러운 것이다. 당시 일본에 비해 힘이 없어 보이는 우리의 문명이 불만스러웠을 것이다. 우리의 역사의식이나 가치관이 확립되기 전의 이들 청년들에게 일본은 거대하게 다가왔고 상대적으로 우리의 것은 초라하였다. 이들의 습작은 이러한 우리의 것을 타파하고 일본을 배우자는 것에서 시작한 것이다.

우리는 이것을 가지고 아직도 "정말 이광수의 몸은 갔어도 이광수는 이 민족과 더불어 영원히 살 것이다."[56]라는 찬미를 하면서 우리 민족을 부정하고 있는 것이다.

지나간 역사에 대한 소모적인 논쟁은 의미가 없다. 당시의 상황에서 전혀 이해할 수 없는 것은 아니다. 그러나 중요한 것은 이제는 그 틀에서 벗어나야 한다는 것이다. 왜 아직도 이 두 사람에게 그렇게 매달리는가? 우리는 아직도 우리가 망했던 그 時空에 머물러 있는 것이다.

2. 신문학은 일본의 쓰레기였다

1950년을 전후로 해서 우리나라에 문학개론서나 국문학사 등의 서적들이 출판되기 시작하였다. 이는 신문학의 이론적 체계화를 의미하는 것이다. 아울러 이들 저서는 곧 우리나라 대학 문학 교재의 효시를 이루었다. 저자들은 대부분 왜정시대의 신진학도들로 광복이 되고서 곧 대학에서 강의를 하게 된 사람들이다. 바로 현대문학 교육의 선구적 역할을 했다고 할 수 있다. 사실 현재 우리나라 대학의 국문학 또는 문학의 틀과 기본 방향은 아직도 여기에서 크게 벗어나 있지 않다고 보인다.

초기의 문학개론서로는 우선 金起林김기림의 『文學概論문학개론』1946, 金東里김동리의 『文學概論』1952, 白鐵백철의 『文學概論』1954, 그리고 崔載瑞최재서의 『文學原論』1957 등을 들 수 있다.[57]

하나씩 개략적으로 살펴보면, 김기림은 127면 분량의 책에서 한국과 중국에 관련된 언급이 일체 없고, 단지 서양의 文章literature 중심으로만 기술하였다. 그가 추천한 50여 종의 '世界文學基礎書目'에서도 서양 서적으로 일관하면서 중국의 『詩經』, 『唐詩選』, 『阿아Q正傳』 세 가지와 조선의 현대 소설과 시집을 얼마간 끼워 넣었을 뿐이다.

다음으로 김동리도 거의 비슷한 내용이지만 다만 그는 序에서 한국에 대한 가벼운 언급을 두었다.

> 오늘날 吾人에게 있어서의 文學이란 觀念은 世界的인 性格을 띤 것이다. 이 觀念의 歷史的 主動體는 十八世紀 以後의 歐羅巴人이다. 따라서 오늘날의 所謂 世界文學으로서의 觀念의 體系는, 歐羅巴(小亞細亞를 포함한) 本位의 것이요, 그 가운데서도 特히 近代歐羅巴 文學이 그 對象인 것이다. 그런데 眞正한 世界文學의 空間的 對象이 世界 全域이어야 할 것은 더 말할 나위도 없는 常識이 아닐 수 없다. 特히 亞細亞 古代 文化民族(中國 印度 等)의 그것은 歐羅巴의 그것만 못 하지 않게 重視되어야 할 것이며, 또 筆者가 韓國人일 때 韓國民族의 傳統的인 文字가 끼치는 世界的인 意味의 位置와 重量도 알맞게 헤아려져야 할 것이다.

그는 한국이 포함된 세계문학을 염두에 둔 듯하다. 그러나 실제 책의 내용은 그가 序에서 다시 말한 것처럼 "그의 意圖의도와는 거의 相關상관없이" 쓰인 것으로 보인다. 즉 그는 매우 편파적인 시각으로 문학을 다루어 우리나라의 문학에 대해서는 간혹 한 번씩 서툰 언급이 있을 뿐이다. 더욱이 그도 부록으로 '世界代表的文人略記'를 달았는데, 서양의 문인이 15면 정도 차지하는데 비해 중국의 문인 소개에는 2면 정도를 할애했고, 그리고 특히 일본의 문인 26명을 소개하면서 한국의 문인은 단 한 명도 넣지를 않았다. 그가 말하는 문학의 내용은 일본을 거쳐 도달한 서양의 것일 뿐이다.

白鐵의 『文學槪論』은 위의 두 권보다는 훨씬 많은 내용을 비교적 체계적으로 기술하였다. 특히 그는 우리나라의 민족문학에 대한 언급을 했다.

> 우리나라 漢文文章의 風을 읽을 수 있으나 이것이 우리나라 民族文學의 참된 전통일 쑤는 없다. 차라리 그 盛行된 漢文文學 때문에 우리나라의 참된 民族文學의 스타일의 길이 매켜버렸다.
> 우리의 참된 文學은 결국 우리말과 그 글자의 創定이후 그 말과 글자의 表現으로써 된 것을 가르켜야 할터인데 그 文學은 以上의 支配的인 漢文學 때문에 一部 特殊한 詩人 作家와 婦女의 손에 依하여 겨우 그 命을 이어온 程度정도의 것을 新文學이후 現代作家의 微微한 努力에 依하여 그 面貌가 유지되어 온 것이다. 그러나 新文學이후에 있어서도 그 發達이 貧弱했든 때문에 우리 民族文學의 確固한 文章 文體의 傳統이 아직까지 樹立되지 못하고 있다. 오늘에 있어서도 우리의 文章은 옛날의 그 漢文章의 直譯과 日帝三十年間의 日本文學의 飜譯的인 文體 때문에 아직것 純粹하고 正統的인 스타일을 樹立하지 못한채 彷徨하면서 있다고 볼 수 있다.[58]

그는 우리의 민족문학에 대해 깊은 관심을 나타내면서, '漢文章'의 직역과 일본문학의 번역적인 문체를 청산해야 하는 것처럼 말하고 있다. 그러나 그는 그가 밀어낸 한문 문학의 자리에 그가 채우고자 하는 것은 민족문학이 아닌 것으로 보인다. 그는 민족문학이라는 어휘만을 사용했을 뿐으로, 우리나라의 문학에 대해서는 거의 다루지 않고 오직 서양의 것만으로 그의 이 책을 모두 채웠다. 그는 사실 우리의 전통과 역사를 몰아내고 그 자리에 서양의 것을 옮겨놓고자 한 것이다.

다만 그의 '文章論'을 주목할 필요가 있다.

> 먼저 우리는 文學의 形式을 論하고 또 創作의 表現過程을 말하였으나 결국 이 形式과 表現過程이란 具體的으론 文章이다. 文學의 形式이란 결국 言語와 문자로써 造成되는 것인以上 具體的으론 文章論으로 歸着될 것이오 그 表現過程도 먼저 말한 바 그 表現의 手段이 言語文字일 때에 그것도 實質的으론 文章論으로 돌아가게 된다. 그리하여 以上에서 論한 바 文學의 形式, 形態, 또는 그 技術 表現等의 文學의 本質인 形象性에 關한 모든 理論은 이 文章論에 와서 하나의 結論을 얻는 셈이다.[59]

이것은 그가 논술하고 있는 '文學'의 내용이 사실상 그의 '文章論'의 범주로 포괄될 수도 있다는 의미로 보인다. 문학의 형식과 본질에 관한 모든 이론에 대해 '文章論'으로 정리할 수 있다면 굳이 '文學'이라는 용어를 중복해서 쓸 필요가 없을 것이다. 실제로 그의 '文章論'은 '文章概論'이라 할 수 있으며, 이럴 경우 오히려 용어상의 혼란은 줄어들 것이다.

최재서의 『文學原論』은 백철보다 훨씬 확실한 방향을 설정하고 있다. 이 책의 '參考書目錄참고서목록'에서 우리나라나 중국의 문헌은 단 한 권도 찾아볼 수 없다. 그는 다만 글만을 우리의 글을 사용했을 뿐으로, 우리와 관련된 내용이 전혀 없다. 그는 서문에서 '30년의 文學生活을 한 卷 책 속에서 要約해 보고자' 했다고 하면서, "具體的인 文學體驗을 말하는데 온 노력을 집중했다" 하였다. 이것은 "文學의 생명을 전해 주는 가장 건전한 方法이라 생각했기 때문"이었다고 했다.[60] 그러나 결과적으로 그는 단지 '文學'이라는 어휘를 차용하여 서양의 특정 학술 분야에 대한 그의 체험과 방법을 기술하였을 뿐이다.

'文學'이란 본시 우리의 용어다. 문학을 논의한다면 당연히 이 용어가 만들어져 쓰인 배경과 용례를 따라가면서 설명을 해야 할 것이다. 서양의 'literature'와 '文學'이 의미상으로 서로 대응하는 것도 아니며 또한 그렇게 보아야 할 이유도 없다. 왜 '文學'의 의미나 내용을 'literature'에서 찾아야 하는가?

이유는 간단하다. 일본이 그렇게 했고, 위의 네 사람 모두가 일본의 교육을 받았기 때문이다. 특히 백철과 최재서는 일본을 매우 숭배했던 기록을 남긴 인물들이다.

> 이때 陛下께옵서는 御座所에 오르시게 된 것이었다. …… 황예포(皇禮砲)가 발한 뒤 어소함(御召艦)에 어이승(御移乘)하는 때까지의 10분간은 금일 배관의 영을 힘입은 우리들의 광영과 감격이 무상의 절정까지 달하여 황공무지한 송구를 주는 장엄하고도 성엄한 순간이었다. 이 순간에 그 절정에 달한 지대 지엄한 감격이 어떻더냐고 표현하라고 해도 나는 구체적으로 형언해낼 만한 아무 표현 문구도 발견하지 못했다고 대답하는 수밖에 없으리라. 마치 백주에 직사하는 태양을 정면으로 바라보려는 어리석은 어린애와 같이 바라보려고 노력하면 노력할수록 더욱 그 열광(熱光) 앞에서 시력을 잃고 나중에는 눈앞이 캄캄해져서 아무 것도 안뵈는 것과 같이 나와 같은 미천지신(微賤之身)이 일단(一旦)에 신상에 남아넘치는 광영을 힘입어 황공하옵게도 陛下를 이처럼 멀지 않은 거리에 모시게 될 때에 내 감격은 너무 높고 컸으며 그 높은신 어능위(御稜威) 앞에 오직 형용할 수 없는 성엄의 순간을 가질 뿐이요 그 감격을 분석하는 소이성(小理性)은 이 순간에는 광채를 잃고 무색해지는 것이라고 생각이 든다.

이 글은 40년 12월호 『三千里』에 발표된 백철의 「天皇陛下御親閱特別觀艦式拜觀謹記」라는 잡문의 일부이다.[61] 일본의 소위 천황에 대한 숭배의 정이 이러했다면 그가 우리의 문학에 대해 왜 그렇게 무지할 수밖에 없었는가는 이해할 수 있을 것이다.

최재서는 국민문학론을 폈다.

> 단적으로 말하면 구라파의 전통에 뿌리를 둔 소위 근대문학의 一연장으로서가 아니라, 일본정신에 의해서 통일된 동서(東西)의 문화의 종합을 지반으로 하여 새로 비약하려는 일본 국민의 이상을 노래한 대표적인 문학으로서 금후의 동양(東洋)을 지도해야 할 사명을 띠고 있는 것.

이는 崔載瑞가 『國民文學』 창간호에 발표한 평론의 한 단락으로 국민문학의 특수성을 설명하는 것이었다.[62] 그가 그의 『文學原論』에서 왜 우리나라의 문학에 대해서는 단 한 마디의 언급도 없었는지 충분히 이해할 수 있다. 그에게는 구라파 아니면 일본이 있을 뿐이다.

이와 같이 위의 개론서들에서 우리의 문학이 저자들의 관심 밖으로 밀려나 있는 것은 그 이유가 확실하다. 그것은 바로 당시 일본 교육의 연장에 우리가 있었음을 의미하는 것이다. 일본인은 서양의 문물을 수입하면서 'literature'를 '文學'으로 번역을 하였고, 이로부터 우리는 일본의 교육을 받아 지금까지도 전혀 다른 의미로 탈바꿈된 문학을 하게 된 것이다. 당연한 일이지만 우리의 문학은 그 안에 들어있지 않았다.

당시 이들은 일본인이 받아들인 서양문화에 심취했던 사람들로,[63] 우리의 문화나 학문에 접할 기회는 극히 제한적이었고, 대신 일본이나 서양문물로 그 知的欲求지적욕구를 채웠던 것이다. 우리의 현대 문학은 이렇듯 어쩔 수 없는 시대적 배경의 한계 속에서 시작되었고, 이는 거의 모든 분야에서 피해갈 수 없었던 불행한 여건들이었다.

3. 왜정을 개화기라 하는 국문학

한국문학사

어느 책에 이러한 목차가 있다.

이 책의 서명을 '근대 국가 의식의 확립' 쯤으로 생각한다면 별 무리가 없어 보인다. 만일 이 목차를 보고 한국문학사를 떠올린다면 그것은 점쟁이의 靈感영감이다. 그러나 이는 모두 5장으로 되어 있는 『한국문학사』[64]라는 책의 '차례'이다. 이 책의 저자들은 우리나라의 대표적인 국문학자이거나 평론가로 알려진 학자로 여겨진다.

저자는 '서언'에서 "이 책은 한국문학사를 체계적으로 이해하려는 노력의 소산"이라고 하면서, "대체로 지금까지 쓰인 한국문학사는 문단사, 논쟁사, 잡지사의 성격을 띠고 있어, 과거의 한국 문학을 체계적으로 이해하는 데 어떤 면에서는 오히려 장애를 이루어왔다."는 비판을 하였다. 이것이 곧 이 책의 저술 동기가 된 것처럼 보인다. '서언'의 끝에서는 다소 사명감과도 같은 뜻을 나타내기도 하였다.

> 이 책은 과거의 문학에 대해서 서술하고 있지만, 이 책이 충격하기를 요망하는 것은 오히려 오늘날의 문학이다. 문학에 대한 경멸과 백수白手에 대한

> 조소가 그 어느 때보다도 깊어져 가고 있어 보이는 지금, 인간정신의 가장 치열한 작업장인 문학을 지킨다는 것은 우리에게는 더할 수 없이 귀중한 자기 각성의 몸부림이다. 문학이 없는 시대는 정신이 죽은 시대이다. 문학은 한 민족이 그곳을 통해 그들의 아픔을 재확인하는, 언제나 터져 있는 상처와도 같은 것이다.

글이 무엇을 말하고자 하는지 오리무중이다. 국문학자가 우리말을 이렇게 껄끄럽고 힘들게 쓰는 데에는 어떤 이유가 있을 것이다. 글이 애매하거나 필요 없이 추상적으로 흐르는 것은 대체로 쓰고자 하는 내용이 분명하지 않기 때문이다. 저자는 오늘날의 문학에 대해 어떤 사명감을 가지고 무엇인가를 해보겠다는 의도를 나타내고자 한 것 같다. 다만 생각이 아직 구체적이거나 명확하게 다듬어지지 않은 것으로 보인다.

문학을 설명하면서 구체적이고 명료하게 내용을 담아내지 못하는 것은 위에서처럼 문학이 '치열한 작업장'이거나 '상처'와도 같은 것이어서가 아니고, 단지 그 내용을 분명하게 파악하지 못해서일 뿐이다.

위의 책은 우선 '한국문학사'라는 書名을 붙일 수도 없다. 여기에서 다루고 있는 내용이 역사적으로 한국의 역대 문학사를 포괄한 것도 아니며, 단지 근대 이후를 중심으로 하는 복잡한 이론이 있을 뿐이다. 또한 문학을 내용으로 하기 보다는 문학의 소재 일부를 주로 다루고 있다. 위의 차례에서 보이는 '계몽주의'나 '민족주의' 등은 문학의 내용이 아니고 단지 소재의 일부일 뿐이다. 따라서 여기에서는 문학의 소재를 중심으로 문학사를 기술하려 했다는 것이다.

특히 그는 근대화 의식을 기준으로 문학사를 서술하려다 보니 위와 같은 '차례'가 만들어졌고, 이 때문에 문학으로부터 더욱 멀어지게 되었다. 따라서 그의 『한국문학사』는 '한국문학'이 빠진 '한국문학사'가

되어 버렸다. 즉 그가 설정한 이론의 틀은 우리나라 문학사를 담아낼 수 있는 것이 아니었던 것이다. 근대화와 문학은 처음부터 전혀 상관이 없는 것이며, 따라서 문학사의 차례에 '근대 의식의 성장'이 들어갈 이유도 없는 것이다. 아예 우리나라의 역사도 근대 의식의 성장으로부터 기술할 것인가?

이 책은 1973년 초판을 내었다. 40년이 넘는 세월이 흘렀지만 고쳐지지 않고 그대로 30쇄 넘는 인쇄 기록만 남아있다. 서울대학 교수를 지낸 두 저자의 영향력은 짐작하기에 어렵지 않다.

韓國文學史

'文學'이라는 용어는 적어도 2500년이 넘게 사용되어 왔다. 그러나 우리는 이 용어를 새로운 의미로 정의하고자 한다. 앞에서의 『한국문학사』는 이러한 과정에서 나타난 기현상이다.

용어를 새롭게 정의하게 되면 온갖 충돌현상을 피할 수 없게 된다. 우선 기존 의미와의 대립이나 또는 역사와 문화와의 충돌이 따르게 된다. 즉 역사를 거꾸로 써야 되기 때문에 피할 수 없는 일이다.

또 다른 『韓國文學史』가 있는데, 이는 趙潤濟조윤제의 저술로 시기적으로 보면 우리나라 '文學史' 기술의 초석을 마련한 것처럼 보인다. 그의 이러한 초석은 바로 '日帝時代일제시대'에 준비된 것이었다.

> 나는 大韓帝國時代에 나서, 日帝時代에 배우고, 解放後 軍政·過政時代에 大學講堂에서 우리의 國文學史를 講하여 빛나는 大韓民國政府가 樹立되자 이 책을 公刊한다.[65]

그는 서문에서 자신의 지난 과정을 이렇게 간단히 언급하였다.

이 책은 우리나라의 문학 전반이라 할 만큼 고대로부터 현대에 이르기까지 600여 쪽에 걸쳐 방대한 분량으로 문학사를 기술하려고 했다. 우선 '目次'를 통해 分章 내용을 살펴본다.

> 第一章 緖論서론
> 第二章 胎動時代태동시대
> 第三章 形成時代형성시대
> 第四章 萎縮時代위축시대
> 第五章 潛動時代잠동시대
> 第六章 蘇生時代소생시대
> 第七章 育成時代육성시대
> 第八章 發展時代발전시대
> 第九章 反省時代반성시대
> 第十章 運動時代운동시대
> 第十一章 維新時代유신시대
> 第十二章 再建時代재건시대

이 목차에서 지적해야 할 가장 큰 모순은 현대를 기준으로 하여 거꾸로 기술하였다는 것이다. 이것은 어찌 보면 현대인의 오만과 독선이다. 이 목차의 구성으로 보면 저자는 현대를 기준으로 하여 과거를 바라보고 있다는 것을 알 수 있다.

'胎動'이라든지 '形成' 또는 '反省'이라 말하는 것은 바로 현대를 기준으로 한 것이다. 가령, 저자는 乙支文德의 「與隋將于仲文詩여수장우중문시」가 "문학작품의 秀品수품으로 文學史上 可히 珠玉주옥 같은 存在"라 했는데, 이것은 그가 설정한 '胎動時代'에 나타난 작품이다. 그 시기는 지금으로부터 1400년 가까이 된 612년에 지어진 것으로 알려져 있다. 태동시대에 '주옥같은 존재'가 있었다면 1400이나 지난 지금은 그보다 더 비교할 수도 없는 훌륭한 작품들로 채워져 있어야 한다. 과연 그러한가?

저자의 이러한 오류는 우리의 역사를 있는 그대로 보지 않고 소위 신문학의 시작을 기준으로 하여 재구성하는 데서 비롯된 것이다. 이것은 우리의 전통 즉 우리의 문학을 경시하는 풍토에서 비롯된 것이다. 즉 신문학의 기준에서 보면 우리의 과거는 참으로 부족한 것이었으며, 따라서 이러한 생각을 바탕으로 태동시대, 육성시대, 발전시대라든지 반성시대와 같은 시기 구분이 가능하게 된 것이다.

현대는 과거보다 우월하다는 오만한 상대주의적 가치관도 결국 이로부터 비롯되는 것이다. 신문학 운동은 왜정시대를 거치면서 확립되었다. 저자에게 있어서 우리나라의 역사는 과거이며 왜정시대는 그가 배운 현대인 것이다. 그가 우리의 과거 역사를 제대로 보지 못하고, 이유 없이 이를 경시한 것은 일본의 문명 앞에서 은연중에 위축된 심리가 반영된 것이다.

그러나 그가 문학사를 기술하면서 무조건 현대를 기점으로 한 것은 아니다. 그것은 역사의 기술이 될 수도 없는 것이다. 따라서 그는 작품의 내용과 상관이 없는(그러나 그 당시에 자신을 보호하기에는 상당히 유용했던) 별난 단서를 가지고 그의 현대 우월론의 근거로 삼고 이를 기준으로 문학사를 엮었다. 즉 '국문학'의 가장 큰 기준을 내용과 상관없이 그 표기방식에 둔 것이다. 다시 말해 한글을 쓰는 현대는 과거에 비해 진보한 것이며, 吏讀이두를 사용한 신라시대는 고려에 비해 오히려 더 우월했다는 것이다.

따라서 그는 고려시대의 대부분을 '萎縮時代'로 命名했다. 이는 신라 때는 이두문자를 가지고 한문과의 차별화를 통하여 우리문학의

'形成時代'라 했는데, 고려에 들어와서 이두는 계승되지 않고 한문학만이 융성을 하였다. 따라서 그는 이 시기를 우리문학의 '위축시대'로 본 것이다. 그는 다시 한글이 창제되는 시기를 '蘇生時代'로 보고 그 후를 '發展時代'로 이어간 것이다. 이는 결국 국문학사의 범위와 내용을 거의 그 표기방식 즉 문자를 기준으로 설정한 것이다.

이 책은 이를 바탕으로 하여 크게 두 방향으로 서술하였다. 하나는 이두에 의한 鄕歌향가를 시작으로 하여, 長歌장가와 時調시조. 그리고 歌辭가사로 이어지는 시가의 전통을 찾아 서술을 했다. 다른 하나는 구전되던 설화를 시작으로 하여 소설의 맥락을 찾으려 했다. 한문으로 기록된 것을 모두 배제하려다 보니 자연 구전을 중시하게 된 것이다. 그리고서 이 두 가지를 현대와 이어지도록 했다. 때문에 그가 말하는 국문학의 내용은 매우 빈약하게 되었다. 우리의 삼국시대로부터 조선에 이르기까지 그 많은 선조들의 詩文이 거의 사라졌다. 약 1500여 년을 헤아리는 그 방대한 고전문학의 역사가 국문학사에서 보이지 않게 된 것이다.

이와 비슷한 문학사로 『國文學全史』가 있는데, 이 책에서 저자(白鐵 · 李秉岐)의 고심은 심각하다 못해 悽然처연하기까지 하다. 저자李秉岐는 여러 쪽에 걸친 긴 辭說사설 끝에 극히 조심스럽게 漢字漢文의 표현을 국문학사의 보충자료로 규정하였다.[66] 그리고 이것을 '國漢文學史'라는 이름을 붙여 부록으로 달았다. 그는 차마 우리의 방대한 한문 작품 세계를 모두 버릴 수는 없었던 것이다. 그리고 이를 모두 제외한다면 사실 남는 것이 별로 없었을 것이다. 순 한글만을 고집한다면 과연 무엇을 건질 수 있겠는가?

한문학은 어느 나라 문학인가

앞에서 예시한 국문학사의 저자들 중 趙潤濟조윤제, 白鐵백철, 李秉岐이병기 등은 우리 국문학계에서 泰斗로 알려진 학자들이다. 경성제국대학을 이은 서울대학교에서 국문학 관련 강의와 저술활동을 하면서 현재의 국문학이나 국문학사의 일반적인 범위와 기준을 설정한 학자들이라 할 수 있다. 그 후 김윤식 교수 등이 이를 계승하면서 사실상 현재까지 이러한 틀에서 벗어나거나 바뀌지 않은 듯하다. 그래서 아직도 우리는 분명한 우리 문학의 역사를 두고서도 '국문학사'와 '한문학사'라는 아리송한 문학사를 하게 된다.

'한문학사'라는 것은 참으로 애매한 것이다. 漢文으로 쓰였기 때문에 국문학사의 범위에 넣지 못한다면 이는 중국문학사에 속해야 하는데(漢文을 중국의 문자라서 배척하는 것이라면), 그러나 우리 고려나 조선의 문학역사를 모두 중국의 문학사로 편입시켜 이해할 수는 없는 일이 아닌가?

이와 관련하여 대학에 한문학과가 따로 설치되어 있는 것도 설명할 수 없는 일이다. 한문학과의 교과과정은 대부분 국문학의 고전에 속하는 내용들이다. 설사 한문학과에서 중국의 李白이나 杜甫두보를 한다 해도 이는 중문학과에서 하는 것과는 의미가 다르다. 중문학과는 그들이 중국의 유명한 시인들이기 때문에 하는 것이며, 한문학과에서 하는 것은 그들이 예로부터 우리나라에 널리 알려졌고, 우리의 선조들이 그들의 詩文을 교양이나 학문의 대상으로 여겨왔기 때문에 하는 것이다. 한문이 빠진 국문학은 생각하기도 어려우며 국문학으로부터 독립된 한문학도 이해하기 어려운 것이다.

우리나라 국문학계에 가장 급박한 현안문제는 한문으로 된 고전에 대한 우리의 태도를 정하는 것이다. 한문은 줄잡아 1600년 이상 우리 國文이었으며 현재도 한자는 우리의 문자이며 앞으로도 버릴 수가 없는 國字이다. 이에 대한 더 이상의 논쟁은 우리의 역사를 훼손시키기만 할 뿐이다.

孤雲고운 선생의 『桂苑筆耕集계원필경집』을 단지 한문으로 쓰였다 해서 우리의 국문학에서 배척한다면, 이는 우리가 선조들에게 왜 우리의 문자를 만들어 쓰지 않았냐고 질책을 하면서 우리의 역사에서 제외시키는 꼴이 된다. 국문학자들이 국문학사를 기술하면서 한글이라는 그 표기방식에 집착하는 만큼이나 상대적으로 그들의 국문학사는 내용이 빈약하다. 우리 선조들의 漢文 유산을 배척하면서 우리는 과연 그에 대신하여 무엇을 했는가? 선조들을 마음대로 도마질 하는 것 말고 무엇을 하고 있는가?

여기에는 물론 다른 이유들도 있다. 일본은 우리의 한글 사용을 억압했다. 광복과 더불어 우리는 한글을 되찾은 셈이다. 그러자 일본의 시대에 특권을 누렸던 사람들이 그들의 자구책으로 한글 전용에 더 편승을 하고자 했다. 여기에 그들의 또 다른 고뇌가 엿보이는 것이다.

아울러 하나 더 있다면 그것은 한문의 실력이다. 한문은 한만큼 드러난다. 한글로 작성하는 논문은 그것만으로는 그 사람의 학문의 정도를 가늠하기가 어렵다. 그러나 한문은 단 한 수의 詩이거나 짤막한 문장 하나로도 충분히 그 사람의 학문의 깊이를 짐작할 수 있는 것이다. 사람들은 이것을 두려워하는 것이다. 乙支文德을지문덕 장군의 「與隋將于仲文詩여수장우중문시」 詩나 孤雲 선생의 「檄黃巢書격황소서」와 같은 詩文은 문장의 위력이 어떤 것인가를 여실히 보여준 예라 하겠다.

가령 고등학교나 대학의 교재에서 白雲居士李奎報: 1168- 1241를 소개

한다면 보통 우리는 선생과 관련된 단편적인 史實을 나열한다. 즉 그와 관련된 지식을 쌓는 것이다. 이러한 지식의 전수는 문학적 소양을 필요로 하지 않는다. 아무나 가르칠 수 있고 아무나 배울 수 있다. 단지 학교의 시험만 잘 보면 된다.

우리는 이렇게 학교라는 울타리 안에서만 통하는 학문을 한다. 학교를 졸업하고 밖에 나가면 碑文비문은 고사하고 亭子정자나 절에 걸린 글귀 하나 읽기 어렵고 우리의 문화유산에 대해서 그저 깜깜할 뿐이다. 우리는 왜 이러한 어리석은 공부를 하는가? 사실 한문을 내던진 고전은 아예 할 필요도 없는 것이다.

역사의 전통이 없는 국문학은 알맹이가 빠진 껍질일 뿐이다. 한글로 쓰인 설명에 의해 고전을 단지 구경만 하는 것은 우리 스스로가 역사와의 단절을 자초하는 것이며, 대학의 학문을 무의미하게 하는 것이다. 아무리 현대인이라 하더라도 우리의 선조들과 함께 호흡할 수 있는 것이 우리의 역사를 계승하는 것이며, 이러할 때 장구한 우리의 역사가 살아나 그 생명을 전하게 될 것이다.

우리에게는 훌륭한 우리의 문화유산이 있다. 우리의 오랜 역사를 단지 100년도 안 된 우리의 시각으로 부정할 수 없으며, 특히 그 표기 방식이 漢字로 되어 있다는 것을 구실로 배척할 수는 없다. 四佳亭徐居正: 1420-1488 선생은 일찍이 『東文選』의 서문에서, 훌륭한 우리 문장의 전통을 계승한다는 신념으로 이 책을 편집한다는 뜻을 밝혔다.

> 고구려의 을지문덕은 辭命사명[67]을 잘 하여 隋수나라의 백만 군대에 대적하였으며,[68] 신라는 자제를 唐당에 보내 과거에 합격한 사람이 오십여 명이나 되었고, 그중에 崔致遠최치원은 黃巢檄文황소격문[69]으로 이름을 천하에 떨치었습니다. 글을 잘하는 선비가 없었던 것이 아니고 지금에 전해지는 것이 적으니 매우 한탄스러울 뿐입니다. ……중략 우리나라는 여러 聖上성상께서

> 대를 이어 백년을 涵養함양하시었으니, 인물들이 그 안에서 나와 충만한 精粹정수로 문장을 지었으며, 그 참신하고 빼어난 글은 옛날보다 못하지 않습니다. 이는 곧 우리 동방의 문장으로 宋이나 元의 문장도 아니며, 漢이나 唐의 문장도 아니고, 단지 우리나라의 문장입니다.[70]

선생께서 그 방대한 『東文選』을 편찬한 것은 바로 이러한 이유에서였다. 그러나 현대에 와서 선생의 뜻을 후손이 거부하고 있으니, 이제 『東文選』의 글도 더 이상 우리의 글(국문학)이 아니며, 四佳亭 선생도 우리의 선조가 아닌 셈이다. 이 슬픈 현실을 세상의 어디에 가서 호소할 수 있는가?

우리의 것을 배척하고 싶은 이유는 그것이 초라해 보이기 때문이다. 이는 실제로 우리의 것이 초라해서가 아니고, 우리가 우리의 것을 모르기 때문일 뿐이다.

우리는 우리의 국문학을 계승하지 못하고 있다. 사실 국문학계에서는 우리의 전통 문학을 거의 배척하고 있다. 그것이 한문으로 쓰였다 해서 '漢文學'이라 해버린다면, 이것은 우리나라의 문학이 아니고, 중국 漢나라B.C. 206-A.D. 220의 문학을 말하는 것이 된다.

중국이나 다른 나라에서 실제로 중국의 고전 관련 학문을 '漢學'으로 통칭하기도 한다. '漢學'이 '漢文學'보다는 다소 더 포괄적이기는 하지만 기본적으로는 같은 의미라 할 수 있다. '漢文學'을 이런 의미로 쓰자는 의도가 아니었다면 이는 어처구니없는 결과가 된 셈이다. 즉 우리 대학의 '한문학과'는 어쩌면 중국에서도 따로 하지 않는 '漢나라 문학'을 하는 셈이 된다. 물론 '漢文'을 하는 학과라는 의미로 만들어진 것이지만, 그러나 이 '漢文'이 곧 漢文學과 다르지 않은 것이다.

4.「訓民正音」은 한자를 쓰기 위해 만들었다

光化門의 현판을 두고 아직도 실랑이가 끝나지 않고 있다. 光化門을 復原한다면서도 이를 한글로 고쳐 쓰자는 것이다. 광화문을 한글로 쓴다면 그 의미를 알 수도 없거니와 이는 복원이 아닌 것이다.

우리는 일반적으로 한자와 한글의 관계를 잘 모른다. 마치 「訓民正音」이 한자를 대체하기 위해 창제된 것처럼 여긴다. 천부당만부당한 왜곡이지만 한글전용이 곧 애국이라는 무언의 압박 속에서 토를 달지 못하고 따르는 경향이 있다. 세종대왕께서 지금의 현실을 보신다면 대성통곡을 하실 것이다.

'全國漢字教育推進總聯合會전국한자교육추진총연합회'라고 하는 듣기에 좀 거창한 단체(사단법인)가 있다. 1999년에 설립하여 문자 그대로 우리나라 한자교육을 위해 발 벗고 나선 단체다. 지금은 한자교육 촉구를 위한 천만인 서명운동을 하고 있다. 국민의 89%가 찬성하고 역대 국무총리 전원(21명)과 교육부장관 13명이 촉구한 초등학교 한자교육을 실시하지 않아 서명운동으로 투쟁한다고 한다. 그나마 이러한 단체가 있다는 것은 다행이다.

「訓民正音」을 창제할 수밖에 없었던 사연은 당시의 상황을 종합적으로 살펴야 알 수가 있다. 흔히 「訓民正音」의 서문을 예시하지만 저마다 자신의 논리에 맞추어 억지 해석을 많이 한다.

하나하나 살펴보도록 한다.

중국문자는 불완전한 문자였다

우선 한자는 어떤 문자였는가? 상형문자라는 것은 알지만 상형문자가 갖는 의미와 한계에 대해 일반인들이 구체적으로 이해하기는 좀 어렵다.

중국문자는 본래 중국에서도 사용하기에 상당히 불편한 불완전한 문자였다. 중국의 문자를 形(글자의 모양) · 音(讀音) · 義(뜻)라는 세 가지 요소로 나누어 볼 때 字形과 字音 두 가지 요소는 매우 불편하고도 힘든 역사를 이어왔다. 그 역사에서 흔히 두 사람이 거론된다. 秦始皇진시황: 서기전259-서기전210과 毛澤東모택동: 1893-1976이다. 진시황은 字形을 통일시켰고, 모택동은 字音을 통일하여 그 두 가지의 불편함을 해소한 것이다.

즉 중국문자는 태생적으로 자형과 자음이 불완전하여 보완이 필요했던 것이다. 우선 자형은 어떠했는가?

한자는 象形字로 시작하였기 때문에 그 상형의 방식이 시대와 지역에 따라 매우 다양할 수밖에 없었다. 즉 사물의 모습이나 특징을 그림으로 나타내는 것이어서 그림의 모양이 각양각색이었던 것이다. 이러한 字形을 통일시키지 않으면 문자로서의 기능에 많은 제약을 받는다. 진시황은 이를 통일시켜 나라의 표준 자형을 확립하였다. 당시는 다양한 篆書전서가 쓰이던 시대였지만 진시황이 천하를 통일하고 焚書坑儒분서갱유를 하면서 자형이 자연스럽게 秦나라의 小篆으로 통일되었다. 잔인한 과정을 거쳤지만 이로부터 중국 전체가 하나로 통일된 자형을 쓰기 시작했다.

이렇게 자형의 문제는 아주 일찍 해결이 되었다.

중요한 문제는 발음이었다. 우리가 중국의 문자를 쓰기 위해서는 통일된 발음기준이 있어야 하는데 중국 자체에 이런 발음기준이 없었다. 발음만큼은 현대에 이르기까지도 지역에 따라 천차만별이었다. 北京사람은 廣東광동사람과는 단 한마디도 통하지 않았다. 헤아릴 수 없이 많은 사투리는 중국의 모든 일에 장애 요인이 되었다. 이것은 글자에 발음을 나타내는 요소(音素)가 없는 표의문자의 태생적 한계이다.

그래서 발음을 표기하는 방안이 필요했다. 唐나라 前後에서 나타나기 시작한 韻書운서에서 이러한 시도가 보인다. 즉 '東'의 발음에 대해 '德紅切'덕홍절로 읽는다는 표기를 한 것이다. 우리나라에서도 이를 따라 사용하였으니, '德'에서 초성을 취하고, '紅'에서 중성과 종성을 취하여 '동'이라고 읽는 방식이다. 그러나 우리는 「訓民正音」이 창제된 후에 이 방안이 유용했던 것이다. 「訓民正音」과 같은 표기 수단이 없었던 중국은 이러한 방안이 전국의 표준화에는 도움이 되지 않았다. 즉 '德'과 '紅'의 발음이 이미 지역마다 다르기 때문에 지역마다 다른 발음체계를 만들뿐이었다. 때문에 광동사람은 광동의 발음체계를 갖고 있다.

이렇듯 중국은 자신들의 문자였음에도 불구하고 지역마다 서로 다른 말을 하는 나라였다. 예로부터 '古今不同音, 南北不同聲'이라 하여 발음이 古今이 다르고 또 南北이 서로 달랐다. 각 朝代마다 이 문제를 해결하려고 노력하였으나 사실상 방법이 없었다. 元·明이래로 '官話'를 사용하도록 한 것이 표준화의 비교적 구체적인 노력이었다. 그러나 발음표기 수단이 없는 상황에서 이러한 노력은 성공할 수가 없는 것이었다. 이는 주로 官方에서 北京語를 중심으로 사용하도록 한 것인데 북경에서 살아보지 않고는 배우기 어려운 일이었다. 문자에 표준화된 발음이 없었던 중국은 지역이 다르면 글로는 통하지만 말로는 통할 수가 없는 나라였다.

모택동은 바로 이러한 한자의 발음을 전국적으로 통일하라는 강력한 주문을 했다. 한자는 세계의 중국인 모두가 字形과 字義에 있어서 공통으로 사용하기 때문에 字音만 통일시키면 모든 중국인은 같은 글을 쓰고 같은 말을 하게 되는 것이다. 그러나 字音을 통일시키려면 발음을 표기할 수 있는 표음부호가 따로 필요했다. 고대 운서의 방식으로는 자음의 통일이 한 번도 이루어진 일이 없기 때문이다.

1918년에 교육부는 聲母성모 24개와 韻母 16개로 된 注音字母를 반포 시행 했다가 후에 漢語併音方案한어병음방안으로 대체하였다. 이는 영어의 알파벳으로 발음부호를 대신하는 방식이다. 즉 사전의 표제漢字 하나하나에 영어로 발음의 토를 붙이는 것이다. 어찌 보면 중국어를 서양의 영어로 표기하는 것이 이상하지만 우선 따로 만들지 않아도 되기 때문에 편리한 점이 많았다. 현재 中國에서는 한어병음방안을 쓰고 있고, 臺灣대만에서는 注音符號주음부호를 사용하고 있으나, 표기 방식만 다를 뿐으로 대만도 발음은 北京을 중심으로 하는 북방음으로 통일되어 있다.

한어병음방안은 1985년 國家語言文字工作委員會에서 공포한 「普通話異讀詞審音表보통화이독사심음표」가 가장 최근의 기준이다. 이렇게 보면 중국어의 표준 발음이 정해진 것은 매우 최근의 일이다. 그나마 우리의 「訓民正音」과 같은 문자는 아예 꿈도 꾸지 못하고 영어를 차용하는 처지가 되었다.

이제는 중국뿐만 아니라 세계의 중국인 모두(현대의 교육에 접할 기회를 갖지 못한 고령자를 제외하고)가 의사소통에 거의 지장이 없는 표준음으로 통일된 중국어를 사용하고 있다. 이는 중국어의 역사에서 진시황에 의한 자형의 통일과 함께 빛나는 업적을 이룬 것이라 할 수 있다. 여기에 사람들은 모택동의 소신과 추진력이 절대적으로 크게 작용했다고 보는 것이다.

『訓民正音』으로 한자를 보완하였다

이제 우리가 훈민정음을 갖게 된 배경을 대충 짐작할 수 있다. 우리는 당시에 중국보다 더 심한 불편을 겪을 수밖에 없었다. 가령 우리는 지금도 '다방茶房'에 가서 '차茶'를 마신다고 한다. 왜 같은 글자인데 '다'와 '차'라는 서로 다른 音으로 읽는가? 이것은 잘못된 것이다. 이를 다르게 읽어야 될 이유가 있었던 것이 아니다. 漢字音의 전래 시기 또는 지역에 따라 서로 다르게 쓰인 것이 지금까지 계속된 것이다. 지금이라도 바로 잡아야 하지만 이미 너무 오래 쓰였기 때문에 바로 잡을 수도 없게 되었다.

당시에 대부분의 글자에서 비슷한 현상이 나타났을 것이라고 상상을 해 보자. 문자의 뜻을 깨우치기도 어렵지만 우선 정확한 발음을 할 수가 없는 것이다. 읽는 사람마다 발음이 다르니 刑房은 訟事의 연유를 말로 통하기가 어려웠다 한다. 중국어를 우리말과 섞어 사용하니 그 어려움은 충분히 짐작할 수 있는 일이다. 이렇게 1000년을 사용하였으니 세종대왕의 가슴이 얼마나 답답하셨겠는가?

세종대왕의 고뇌는 여기에 있었다. 문자가 없는 우리가 중국의 문자를 우리의 문자처럼 사용할 수 있는 방법을 찾아야 하는 것이었다. 이제까지는 우리의 말에 중국의 발음으로 한자를 끼워 사용하는 것이었다. 그러나 발음을 표준화하지 않으면 이 방법은 우리의 언어생활에 혼란을 가중시킬 뿐이다. 따라서 우리는 중국문자에 대해 우리의 표준화된 독음이 필요했다. 그렇게만 되면 중국문자의 어휘를 우리의

口語로 옮겨 쓸 수는 있게 된다. 대왕은 학자들을 중국에 파견하여 중국의 모든 韻書를 수집하여 연구하고 정확한 音價음가를 밝혀냈다. 이제는 이 음가를 표기할 방법을 찾으면 된다. 훈민정음은 이렇게 탄생하였다.

> 이 달에 임금께서 친히 諺文언문 28字를 지었는데, 글자는 古篆고전을 모방하였다. 初聲 · 中聲 · 終聲으로 나뉘었으며 이를 합하여 글자가 되었다. 무릇 文字와 우리나라의 日常語를 모두 표기할 수 있으니, 글자는 비록 간단하지만 轉換전환의 쓰임이 무궁하였다. 이것을 訓民正音이라 하시었다.
>
> 是月, 上親制諺文二十八字, 其字倣古篆, 分爲初中終聲, 合之然後乃成字, 凡于文字及本國俚語, 皆可得而書, 字雖簡要, 轉換無窮, 是謂 · 「訓民正音」.

『世宗實錄』 25년1443년 12월 30일의 기록이다. 「訓民正音」 頒布반포에 대한 가장 직접적인 正史의 기록이다. 매우 간략한 기록이지만 「訓民正音」의 구조와 기능 그리고 장점에 대해 단 몇 마디로 요약하였다.

「訓民正音」의 기능은 곧 훈민정음 창제의 목적과도 같은 것인데 여기에서 두 가지로 요약하였다. 즉 하나는 '文字'를 표기할 수 있다는 것이며, 다른 하나는 '우리나라의 일상어(俚語)'를 표기할 수 있다는 것이다.

'文字'는 무엇을 지칭하는가? 당시의 문자는 오직 漢字 뿐이었으므로 한자를 말하는 것이다. 「訓民正音」은 '諺文'으로 구별하여 지칭하였다. 여기에서 '諺文'은 비하의 명칭이 아니다. 단지 통속적인 글 즉 입말의 글이라는 뜻으로 쓰인 것이다. 아무리 史官의 史草를 임금이 볼 수 없다 해도 대왕께서 친히 창제한 「訓民正音」을 비하의 뜻으로 지칭할 리는 없는 것이다. 언문은 한자와 우리말을 모두 표기할 수 있는 기능을 한다는 의미이다.

文字를 표기한다는 것은 무엇을 말하는가? 이제까지의 문제는 문자(중국문자)의 讀音을 표기할 방법이 없었다는 것이며, 따라서 독음이 지역과 사람에 따라 달라 그 혼란이 막심하였다는 것이다. 이제 「訓民正音」으로 표준화된 독음을 표기하면 곧 문자는 정해진 독음으로 읽히게 될 것이다. 중앙에서 표준화 하면 지방의 어디에서도 같은 독음으로 읽힌다. 「訓民正音」은 당시의 문자에 대해 正音 표기 기능을 함으로써 1000년에 걸친 문자의 문제를 해결한 것이다. 조금 더 敷衍부연한다면 이렇다.

「訓民正音」은 單音節語인 한자의 발음을 우리말의 다음절어 체계로 변환시키지 않고 단음절로 변환시키도록 만들었다. 예로 중국어의 '來'를 우리말로 그대로 옮기면 '라이'가 되어 두 음절로 표기되어야 한다. 만일 이렇게 되면 글자마다 음절수가 일정하지 않고 한 음절에서 많게는 세 음절까지 불규칙하게 된다. 아울러 우리는 우리말 속에 중국어를 넣어 말하는 결과가 되어 우리의 말은 여전히 혼란스러울 것이다. 우선 중국어 발음을 정확하게 표기하는 것 자체가 문제지만 도대체 우리의 말 사이에 외국어를 끼워 말할 수는 없는 것이다. 가령 현대에 우리는 걸핏 영어를 섞어 쓰는데 토씨만을 우리말로 하고 거의 모든 實辭를 영어로 사용한다면 어떠한 상황이 되겠는가?

「訓民正音」은 중국의 독음을 모두 한 음절 즉 단음절로 표기하도록 하여 우리말로 사용하는데 불편이 없도록 한 것이다. 「訓民正音」의 初聲 · 中聲 · 終聲으로 된 음운구조는 중국어의 어떤 음운체계도 간결하고도 정확하게 한글로 轉寫전사할 수 있도록 해 준다. 즉 예를 들면 '라이(來)'를 '래'로 표기하여 音韻을 간화시킨 것이다. 물론 중국어의 발음 표기도 가능하다. 조선시대의 중국어 교본인 『老乞大朴

通事』에는 중국어의 발음이 상당히 유사하게 표기되어 있다. 이는 「訓民正音」의 표음기능이 매우 우수함을 입증하는 것이다.

뜻글자인 중국문자는 무궁무진한 조어력을 갖고 있다. 「訓民正音」은 또한 '轉換無窮전환무궁' 즉 무궁무진한 표기력을 갖고 있으니 이 두 글자가 함께 하면 천상천하에 이보다 더 완벽한 문자는 없는 것이다. 이로써 우리는 중국보다 훨씬 풍요한 언어생활을 하게 되었다. 이러한 성취가 한 번에 이루어진 것은 아니다. 우리는 吏讀이두나 鄕札향찰 또는 口訣구결 등의 과정을 거치면서 참으로 오랜 세월에 걸친 至難지난한 노력 끝에 이러한 결과를 이루어낸 것이다.

「訓民正音」이 완성되었으니 이제는 중국문자의 표준화 시킨 음을 「訓民正音」으로 표기하여 이를 전국에 반포 시행해야 할 것이다. 이에 따라 『東國正韻』을 간행하였다. 『世宗實錄』 29년1447 9월 29일에 『東國正韻』이 완성되어 이를 간행하라 命하시었다는 기록이 있다.

東國은 우리나라를 지칭한 것이며, 正韻은 포괄적인 의미에서는 「訓民正音」에서의 正音과 마찬가지로 바른 音을 말하는 것이다. 다만 여기에서는 엄밀하게 말한다면 중국의 음운과 구별되는 우리나라의 음운을 뜻한 것이다. 이제까지 우리는 중국의 음운(발음)을 차용하였지만 이것을 우리의 언어에 알맞도록 재정비하여 『東國正韻』이라 했다.

즉 당시 중국에서의 聲母(子音과 유사함)는 36개였으며, 韻母는 107개의 갈래로 구분되어 있었다. 이를 『東國正韻』에서는 성모를 23개로 하고 운모를 91개의 갈래로 고쳐 이를 「訓民正音」으로 표기하였다. 이것은 중국음의 차용을 벗어나 우리의 독자적인 음을 정하여 한자의 토착화를 꾀한 것이다.

이어서 간행한 것은 『洪武正韻譯訓홍무정운역훈』이다. 『洪武正韻』은

明나라의 韻書였다. 世宗大王께서는 申叔舟신숙주와 成三問 등에게 명을 내려『洪武正韻』에「訓民正音」으로 중국어의 譯音을 표기하도록 했다.

이렇게「訓民正音」의 창제는 곧 한자를 우리의 말과 조화를 이루는 우리의 문자로 토착화시키는 역할을 하였다. 발음을 모르는 사람은 곧『東國正韻』이나『洪武正韻譯訓』으로 표준화된 발음을 찾아 알 수 있고 이로써 한자의 口語化는 아무런 문제가 없게 된 것이다. 만약 세종대왕께서「訓民正音」으로 중국문자를 대체하실 생각이었다면 이 두 책의 간행을 하실 필요가 없었을 것이다. 이 두 책은 단지 한자를 사용하기 위한 책이기 때문이다.

「訓民正音」은 크게 두 가지의 기능을 목적으로 창제한 것이다. 하나는 중국문자에 대한 우리의 正音을 표기하는 것이다. 이는『東國正韻』으로 완성을 하였다. 이로써 중국문자는 우리의 문자가 되었다. 아울러 중국음의 표기도『洪武正韻譯訓』을 만들어 표준음을 나타냈다. 이것은 中國音을 쉽게 표기하여 중국어를 학습하는데 좋은 방안이 되었다.

다른 또 하나의 기능은「訓民正音」을 자유롭게 중국문자와 병행하여 사용함으로써 言文一致의 언어생활을 가능하게 했다는 것이다. 여기에는 물론 순전히「訓民正音」만을 사용하여 글을 쓸 수도 있다. 이러한 기능은 곧 시험을 통해 입증되었다.

한자의 완벽한 정착을 이루었다

「訓民正音」을 창제한 후 이의 문자적 시험이 없을 수 없었다.「龍飛御天歌용비어천가」는 그 시험의 첫 작품이었다. 世宗 27 1445년 4월 5

일 權踶권제 · 鄭麟趾정인지 · 安止 등이 「龍飛御天歌」 10권을 올렸다. 125章으로 이루어진 장편의 敍事 詩歌였다. 내용은 先代의 王들과 그 선조들을 칭송하면서 朝鮮의 開國을 찬양한 것이다. 125장 중에는 순 「訓民正音」만으로 지은 것도 있고 한자와 병행한 것도 있다. 두 가지 모두 漢文詩를 병기하였다. 예를 들어본다.

> 第一章
> 海東해동 六龍육룡이 ᄂᆞᄅᆞ샤 일마다 天福천복이시니 古聖고성이 同符동부ᄒᆞ시니(海東의 여섯 龍이 날아 하시는 일마다 天福이 있으니 옛 성인과 일치하심이라)

天命의 도움으로 朝鮮의 王業을 일으켰음을 노래하였다. 「訓民正音」과 한자의 조화를 통해 언문일치를 실현하였다. 우리의 역사에서 중국 문자를 완벽한 우리의 문자로 사용한 첫 작품의 첫 구절이다.

> 第二章
> 불휘 기픈 남ᄀᆞᆫ ᄇᆞᄅᆞ매 아니 뮐ᄊᆡ 곶 됴코 여름 하ᄂᆞ니
> ᄉᆡ미 기픈 므른 ᄀᆞᄆᆞ래 아니 그츨ᄊᆡ 내히 이러 바ᄅᆞ래 가ᄂᆞ니

순 「訓民正音」만으로 적었다. 漢文의 어휘가 아니고 당시의 순수 口語를 표기한 것이다. 당시 최고의 학자들이 우리 구어의 아름다움을 절묘하게 살려 놓았다. 중국 문자를 배우지 못한 사람은 「訓民正音」만으로도 문자 생활을 할 수 있게 된 것이다. 그러나 구어는 단지 소리로 전해져 온 말이기 때문에 의미상의 혼란이 없을 수 없다. 「龍飛御天歌」는 매 章마다 漢詩를 붙여 이해를 도왔다.

이어서 나타난 「釋譜詳節석보상절」, 「月印千江之曲월인천강지곡」, 「月印釋譜월인석보」 등이 곧 우리말을 모두 기록으로 보여준 것이다.

우리는 흔히 한자를 빌려온 것처럼 말한다. 그러나 문자를 소유하는 것은 꼭 우리가 만들어야 하는 것은 아니다. 인류의 문화는 개방되어 있는 것이고 필요하면 공유하는 것이다.

圃隱포은 鄭夢周정몽주: 1337-1392 선생께서 9세 때 친척집 여자 하인이 찾아 와서 그녀의 남편에게 보내는 글의 대필을 부탁했다. 이에 포은 선생은 아주 짧은 글을 써 주었다.

> 구름은 모이면 흩어지고, 달은 차면 기웁니다.
> 그러나 첩의 마음은 변함이 없습니다.
>
> 雲聚散운취산, 月盈虧월영휴, 妾心不移첩심불이.

이에 그녀는 글이 너무 짧음을 아쉬워했다. 그러자 선생은 다시 봉투를 열고 두 구절을 더 첨가했다.

> 봉했다 다시 열어 한 마디 덧붙임은,
> 세간에 많은 병이 相思상사인가 합니다.
>
> 緘了却開添一語함료각개첨일어, 世間多病是相思세간다병시상사.

이 글은 상사곡으로 당시의 서울인 개성 일대에서 널리 불리었다 한다.[71] 글을 모르는 하인이 아무리 남편에 대한 相思의 情을 이기지 못한다 해도 상전한테 대필을 부탁하기는 어려운 시대였을 것이지만 포은 선생이 다행히 9세밖에 안되었으니 비교적 어렵지 않은 상대가 되었을 것이고, 따라서 자신의 넘치는 정에 비해 너무 짧은 글에 불평도 할 수 있었을 것이다.

우리가 한자를 사용한지는 대략 2000년 쯤 될 것으로 추정된다. 이는 흔히 「箜篌引공후인」이나 「黃鳥歌황조가」[72]를 근거로 하는 것이지만,

小獸林王소수림왕 2년서기 372에 중국에서 經文을 보내오고, 또한 같은 해에 太學을 세워 子弟를 가르쳤다 하니,[73] 이때에 문자사용이 이미 보편화되었을 것으로 볼 수 있다.

우리가 한자를 사용한 역사는 이처럼 오래되었으며, 또한 그 세월 속에 누적된 문자의 기록은 매우 방대한 것이다.『韓國文集叢刊한국문집총간』의 범례에 나타나는 규모를 보면 이를 알 수 있다.

> 本書는 韓國學 基礎資料의 擴張확장을 위하여 三國時代부터 舊韓末까지에 著作된 韓國人의 現存文集(四千餘種) 중에서 第一次로 六百五十餘種을 選定하고 이를 標點표점 · 影印영인하여 二百冊으로 發刊하는 "韓國文集叢刊編刊計劃"(一九八六 -一九九七)에 依하여 刊行한 것이다.

현재(2011)는 한국고전번역원의 정리 사업으로 1160종 460책이 간행되었다. 이는 과거 우리의 문자생활이 얼마나 풍부했는지를 보여준다.

『朝鮮王朝實錄』은 472년에 걸친 25대 임금의 역사 기록이다. 총 1893권 888책이 간행되었다. 세종대왕기념사업회와 민족문화추진회 두 기관에서 간행한『國譯朝鮮王朝實錄』의 책 수는 447책(국역본 413책, 색인 34책)이다.

현재 합천 해인사에서 보관중인 팔만대장경의 원문 글자 수도 5천만 자가 넘는 것으로 알려져 있다.

2000년에 걸쳐 기록된 문자가 어찌 이 뿐이겠는가? 이 모두가 남의 역사가 아닌 우리의 역사이며 이러한 역사 속에서 현재의 우리가 태어난 것이다. 우리는 중국의 漢字와 문명을 매우 적절하게 우리의 것으로 활용하였다.

우리의 한글 전용 정책이 우리에게 끼친 피해는 매우 심각한 것이다. 이제는 그러한 소모적인 논쟁을 더 되풀이 할 수 없는 일이다. 다행히 최근에 와서 일간지에서 보편적으로 한자를 사용하고 있고, 학교의 교과서에서도 한자가 보이고 있다. 기업에서도 점차 신규채용 때에 한자의 능력을 중시하고 있고, 대학에서 한문 강의가 급속도로 늘어나고 있다. 이제는 한글 전용이란 말이 들리지 않는 듯하다. 하기 싫으면 본인이 안하면 될 일인데 남들까지 못하게 하는 것은 참으로 이해하기 어려운 심보가 아닌가?

참고: 간체자는 무엇인가?

모택동 시대의 문자 변혁은 사실 자형과 발음 두 방향에서 진행되었다. 위에서 설명한 발음의 표준화 작업 외에 여기에 자형의 簡化간화에 대해 간략하게 소개한다.

모택동의 정책에 따라 1954년 中國文字改革委員會가 국무원 직속으로 개편되면서 두 가지의 절박한 문제, 즉 한자의 簡化와 발음의 표준화를 위한 임무를 수행하게 되었다.

간화란 자형의 획수를 줄이자는 것이다. 1964년에 2238자를 담은 『簡化字總表간화자총표』가 세상에 나왔다. 이는 偏旁편방의 간화에 따라 달라진 글자를 모두 포함한 것이다. 즉 말씀 '言'의 간체자는 '讠'인데 이 글자가 편방으로 들어가는 글자 모두를 포함한 숫자이다. 따라서 이러한 편방의 중복을 제외하면 실제로 간화된 글자 수는 몇 백자에 불과하다.

획수를 줄여 간편한 글자를 만들자는 자형의 혁신 계획은 사실상 크게 성과를 본 것 같지 않다. 오히려 사용빈도수가 높은 글자들을 마구 바꿈으로 해서 학문적으로나 실용적인 측면에서 상당한 혼란이

야기되고 있는 실정이다.

간화자 즉 간체자 교육을 받은 지금의 젊은 세대는 正字(중국에서는 繁體字번체자라 한다. 그러나 이는 간체자를 만들어 놓고 이를 기준으로 하여 획수가 繁多번다하다 해서 번체자라 부르는 것이기 때문에 잘못된 것이다. 다만 이를 정자라 했을 때 간체자를 正字化하려는 본래의 의도가 훼손을 입을 우려가 있기 때문에 부득이 번체자라 할 수밖에 없었을 것으로 보인다.)로 쓰인 고전을 대하면 상당히 불안해한다. 正字 교육을 받은 사람이 간체자에 적응하는 것은 매우 쉬운 일이지만, 간체자 교육을 받은 사람한테 정자는 다시 학습을 해야 한다.

그렇다고 해서 고전을 모두 간체자로 바꿀 수도 없다. 사실 이러한 작업은 상당히 진행되었었다. 그러나 간체자는 일상 언어에서는 그렇게 불편한 점이 없지만, 뜻을 매우 축약해서 나타내는 고대 문언에서는 간체자는 상당한 혼란을 가져온다.

가령 '幹간', '乾건', '榦간', 이 세 글자는 모두 간체자에서 '干간'으로 쓴다. 즉 네 글자가 한 글자로 쓰이는 것이다. 그러나 '乾건'이 '乾卦건괘'로 쓰일 때는 '干간'으로 하지 않고 '乾건'으로 쓴다. '後후'와 '后후'도 '后후' 하나로 쓴다. '復복' 과 '複복' 그리고 '覆복' 字 이 세 글자가 모두 '复복' 한 글자로 쓴다. '惡악'과 '噁오'도 구별이 없으며, '云운'과 '雲운'도 마찬가지이다. 고문에서는 正字도 해석에 있어서 의미가 분명하게 드러나지 않는 경우가 비일비재한데, 글자까지 구별이 없으면 상당한 혼란이 없을 수 없다. 古文을 간체자로 바꾸는 것은 사실상 고문을 포기하는 것과 같다.

지금은 간체자로 바꾸는 작업은 중단된 듯하고 오히려 다시 정자로 고전을 정리하고 있는 것으로 보인다. 예로, 2000년 12월 北京大學에서 출판한 『十三經注疏整理本』은 간체자가 아닌 번체자로 정리를 한 것이었으며, 특히 가로쓰기가 아닌 세로쓰기로 인쇄한 것이었다. 간체자와 가로쓰기의 정책에서 상당히 후퇴한 것처럼 보인다.

실용적인 측면에서도 많은 변화가 보인다. 즉 臺灣대만과 세계 華商화상들의 주목을 끌기 위한 경제나 무역관련 문서들이 대부분 번체자로 인쇄되고 있다. 특히 남쪽의 廣東광동 지방이나 華商화상들의 투자가 많은 지역에서는 번체자의 사용이 자연스럽게 이루어지고 있다. 1977년 공포된 「第二次漢字簡化方案草案」이 1986년에 폐지된 것도 한자의 간화가 더 이상 진행되기 어려움을 입증한 것이다.[74]

자형의 혁신, 즉 한자의 간화는 현재 더 이상 진행되지 않고 있다.

5. 항우와 황진이도 詩로 노래했다

우리가 글을 쓰는 방식은 여러 가지가 있다. 지금 문학을 논의할 때 흔히 시, 소설, 희곡으로 나누어 설명하는데 이것은 서양 이론의 영향을 받은 것이다. 서양에서 말하는 희곡drama은 우리나라에 아예 없었던 것이고, 소설도 서양처럼 그렇게 일반화된 것도 아니었다. 중국이나 우리나라나 문장을 한다면 詩文을 가리키는 것이며, 그중에서도 시는 글을 하는 사람이라면 그 어디에서도 빠질 수 없는 생활의 하나였다. 문인과 무인, 그리고 관리나 야인을 막론하고 시를 읊고 서로 화답하는 것은 당시에 매우 자연스러운 일상사였다. 다만 시는 언어의 형식적 구속을 받는다. 즉 시는 시가의 형식에 의해서 이루어지는 것이다.

시가 중국이나 우리나라에서 가장 보편적인 글의 형식이 된 것은 문자와 관련이 있다. 표음문자는 소설이나 희곡에서 일상의 구어로 아무런 구속이 없이 매우 자유롭게 표현을 할 수가 있다. 그러나 시를 쓰려고 하면 이 자유가 오히려 부담스럽다. 펼쳐 쓰면 산문과 구별이 안 되어 산만하고, 축약을 하면 뜻이 통하기가 어렵다. 한글을 사용하는 현대시는 공통적으로 이런 문제를 안고 있다. 우리는 소위 '신체시' 이래로 지금까지 일관되게 거의 순 한글 투의 자유시를 쓰고 있다. 이러한 점에서 옛날의 고전 시가와 지금의 현대 시가는 매우 다른 면모를 보여준다.

고전시가는 감동적이었다

시는 글의 축약이 매우 중요하다. 글을 가지런하게 줄이면서 뜻은 깊고 넓은 의미를 함축할 수 있어야 한다. 表意文字가 表音文字와 크게 다른 것은 뜻의 함축성이 뛰어난 것이다. 이것이 한자를 사용하는 나라에서 시가 발달한 이유이다. 중국의 『全唐詩』라는 시집에는 약 4만여 수의 唐詩가 전해지는데, 이는 唐나라(618-907)의 길지도 않은 역사 300년 동안에 쓰인 2200여 명의 작품이다.

우리나라 牧隱李穡: 1328-1396 선생의 詩文集 『牧隱藁목은고』에는 232편의 문장과 5970여 수의 시가 실려 있는 것으로 알려졌다.[75] 중국에서 杜甫두보의 시가 1400여 수이고 白居易의 시가 2800여 수 전하는 것에 비하면 엄청난 숫자이다. 이를 보면 옛날에 시가 차지하였던 비중을 알 수 있다.

漢字로 쓰인 시 즉 漢詩는 중국이나 우리나라가 구별이 없다. 문자와 작법이 똑같은 것이다. 몇 수 예시를 해본다.

예시 1. 垓下歌해하가

힘은 산을 뽑겠고 기세는 세상을 덮겠는데,
때가 불리하니 말이 나가지를 않는구나.
말이 나가지 않으니 어찌 하겠는가?
虞야 우야 너를 어찌 하는가!

力拔山兮氣蓋世역발산혜기개세, 時不利兮騅不逝시불리혜추불서.
騅不逝兮可奈何추불서혜가내하, 虞兮虞兮奈若何우혜우혜내약하!

項羽항우: B.C.232-B.C.202는 劉邦유방: B.C.256-B.C.195에게 몰리고 쫓기다가 垓下라는 곳에 이르러서는 더 도망갈 수도 없게 되었다. 유방의 군대에 겹겹이 포위를 당한채로 밤을 보내는데, 한밤중에 유방의 진영 사방에서 갑자기 초나라의 노래가 들려왔다(四面楚歌사면초가). 이에 항우는 자신의 병사들이 이미 모두 유방에게 투항한 것으로 여기고 일어나 술을 마시면서 노래를 불렀다.

항우는 자신의 힘이 모자라서 전쟁에 패한다고 생각하지 않았다. 다만 時運시운이 다하였고 이를 알아챈 자신의 말조차 앞으로 나가려 하지 않음을 탄식한다. 사실상 전쟁은 끝이 났다. 이제 옆에 있는 자신의 사랑하는 여인이 마음에 걸릴 뿐이다. 이에 여인도 화답을 하였다.

漢軍이 이미 땅을 차지하여,
사방에 楚나라의 노래입니다.
대왕의 의기가 다하였으니,
천첩이 어찌 삶을 바라리까!

漢兵已略地한병이략지, 四方楚歌聲사방초가성.
大王意氣盡대왕의기진, 賤妾何聊生천첩하료생!

노래를 마친 여인은 자결을 하였고, 이제 항우는 편한 마음이 되었다. 이튿날 항우는 계속 쫓기는 싸움을 하다가 烏江오강에 이르렀고, 여기에서 그곳의 한 관리가 배를 대고 항우에게 江東으로 건너가 王이 될 것을 권하였다. 그러나 항우는 강을 건너지 않았다.

> 하늘이 나를 버렸는데 내가 강을 건너 무엇을 하겠는가? 더구나 나는 江東의 아우들 8000명과 함께 강을 건너 서쪽으로 와서 지금 단 한 명도 살아오지 않았다. 강동의 父兄들이 설사 나를 가엾이 여겨 王으로 맞아준다 해도 내가 무슨 면목으로 그들을 볼 것인가? 그들이 말을 하지 않는다 해도 내 마음에 어찌 부끄러움이 없겠는가?[76]

그는 자신과 함께 5년이나 전쟁터를 누빈 애마 騅추를 그 관리에게 주고 보행으로 적들과 싸우다가, 자신을 배반한 옛 부하를 보고는 자결로 자신의 목을 내어 주었다.

항우가 해하에서 이 노래를 부른 지는 2200여 년이 되었다. 전쟁을 겪지 않은 민족이나 시대는 없었다. 그러나 이렇게 오래도록 사람의 심금을 울리는 노래는 그리 흔한 것은 아니다. 한 시대 영웅의 마지막 하늘을 향한 포효였다. 24세에 봉기하여 8년을 전쟁터에서 보낸 31세의 젊은 장수였다. 간결한 이 노래 한 수 28자에 자신의 한 평생 마지막 한을 담았다.

예시 2. 出塞출새

황사가 멀리 백운에 닿은 곳,
만 길의 산에 한 조각 孤城.
羌族강족의 피리 어찌 버들을 원망하는가?
춘풍이 옥문관을 넘어오지 못하는 것을.

黄沙遠上白雲間황사원상백운간, 一片孤城萬仞山일편고성만인산.
羌笛何須怨楊柳강적하수원양류, 春風不度玉門關춘풍부도옥문관.

唐代의 王之渙왕지환: 689-742이 어느 날 그의 친구인 王昌齡왕창령: 690?- 756?, 高適고적: 700?-765과 함께 旗亭기정; 술집에 들렀다. 그때 마침 梨園子弟이원자제[77]들이 들어와 앉았다. 그러자 왕창령이 제안을 하나 했다. "우리가 시로 이름이 나 있는데 아직 우리의 서열을 가리지 못했다. 오늘 저 樂官악관들이 우리들 중에서 누구의 시를 가장 많이 노래하는지 보고 우리의 우열을 가리자."

과연 그들이 노래를 시작했는데, 한 여자가 왕창령의 시 두 수를 연이어 불렀다. 창령은 벽에 줄을 두 개 그어 표시를 했다. 다음의 여자는 고적의 시를 노래했다. 그러자 왕지환이 "저 樂人들은 모두 삼류 노래를 한다"며 조소하면서 자리에서 비교적 돋보이는 한 아리따운 歌女를 가리키면서 저 여자가 반드시 내 노래를 부를 것이라 했다. 그 여자의 차례가 되어 노래하는데 과연 왕지환의 '出塞'시였다. 이어서 두 곡을 더 불렀는데 모두 왕지환의 시였다.

이에 세 사람이 크게 웃었고, 놀란 樂官들이 연유를 물어 이들이 곧 그 시인들임을 알게 되자 모두 인사를 했다. 그들은 "몽매한 눈이 신선을 미처 몰라 뵈었습니다."라 하면서 면구스러워 하였지만, 개의치 않고 모두 함께 어울려 호쾌하게 술을 마셨다.[78]

당시 시를 짓는 사람과 노래를 부르는 사람이 서로 달랐지만, 시는 본시 노래를 염두에 둔, 즉 노래의 가사로 지어지는 것이었다. 위의 고사에서 보듯 唐나라 때는 시인의 시는 노래하는 사람들의 취향에 의해 선별되어 불렸다.

노래로 부르기 前의 시는 단지 그 내용에 의해 평가될 뿐이다. 위의 '出塞'시는 나라의 중심으로부터 아스라하게 멀리 있는 어느 변방의 정서를 노래한 것이다. 황사 먼지가 구름에 맞닿아 있는 어느 하늘 끝, 아직 봄을 모르는 북녘의 까마득한 산마루에 단지 성채 하나만 보일 뿐이다. 이곳에 주둔하는 병사는 봄이 되면 고향에 돌아갈 수도 있겠지만 여기의 버들은 아직도 봄의 싹을 틔우지 않고 있다. 그러나 어찌 버들을 탓할 수 있겠는가? 봄바람이 옥문관을 지나 이렇듯 추운 여기까지 넘어오지 못해서 그러는 것을 어찌 하겠는가?

이곳은 나라의 한 끝자락에서 사람들의 관심으로부터 완전히 차단되고 봄기운조차 찾아들지 못하는 변방이다. 고향에서 여기까지는 당시 도보로 몇 달을 걸어야 하는 거리이다. 이 곳 원주민의 피리에 실려 들리는 「楊柳曲양류곡」은 가족들과 이별을 하고 만 리 밖의 異域이역에서 봄을 기다리는 병사를 더욱 슬프게 한다.

예시 3. 弔樂天조낙천

옥과 구슬 꿰어 잇기를 육십년,
누가 저승의 詩仙이 되라 했는가?
浮雲은 매이지 않아 이름 居易이며,
조화 따라 無爲自適하니 字 樂天이라.
아이가 長恨曲을 훤히 읊고,
胡兒도 비파곡을 능히 부르며,
문장이 행인의 귀에 이미 가득하거늘,
경을 생각하면 창연키만 하도다!

綴玉聯珠六十年철옥련주육십년, 誰教冥路作詩仙수교명로작시선?
浮雲不繫名居易부운불계명거이, 造化無爲字樂天조화무위자낙천.
童子解吟長恨曲동자해음장한곡, 胡兒能唱琵琶篇호아능창비파편.
文章已滿行人耳문장이만행인이, 一度思卿一愴然일도사경일창연!

唐의 宣宗선종이 白居易백거이: 772-846를 재상에 임용하려 했으나 그는 이미 작고하여 이 세상 사람이 아니었다. 이에 선종은 그를 추모하면서 이 시를 지었다.

이 애도시는 그의 한 평생을 매우 간결하게 집약하였다. 첫 구절에서의 60년은 그가 십오륙 세 때 「賦得古原草送別부득고원초송별」 시를 지은 후 칠십 오세에 작고할 때까지를 의미하며, 그는 그 동안에 2800여 수의 '珠玉주옥' 같은 시가를 남겼다. 頷聯함련의 두 구절은 이름과 字로 白居易의 독특한 생애를 절묘하게 나타내었다. 즉 '居易'는 그가 한 평생을 속박 받지 않는 삶을 살았음을 의미하고, '樂天'은 그의 樂天的인 성향을 비유한 것이다. 훌륭한 신하에 대한 임금의 연모의 정이 구구절절이 나타나 있다. 그의 '居易'라는 이름에는 또 하나의 고사가 전해진다.

그가 아직 이름을 얻지 못한 弱冠약관의 나이에 長安에서 당시의 원로인 顧況고황을 찾아가 자신의 시문을 보이면서 가르침을 구했다. 고황은 단지 자신의 재주를 믿고 찾아온 이 젊은이에게 바로 그의 '居易'라는 이름을 이용하여 희롱을 했다. 즉 "長安의 物價물가가 비싸기 때문에 '居'하기가 '(容)易'하지 않을 것이라"라고 嘲笑조소를 한 것이다.

그러면서 그의 시를 보았는데, 바로 "離離原上草이이원상초, 一歲一枯榮일세일고영. 野火燒不盡야화소부진, 春風吹又生춘풍취우생. (다복다복 초원의 풀들, 한 해에 한 번 피고 지는데. 들불도 모두 태우지 못하니, 봄바람이 불면 다시 살아나는 것을!)"이라는 구절이 눈에 들어왔다. 그는 탄복을 하면서 변명을 했다. "이와 같은 구절이 있다면 천하에 '居'하는 것도 어렵지 않겠다. 老夫가 앞에 한 말은 농담이었네."

늦가을의 들판은 흔히 불길에 휩싸인다. 인위적인 불도 있고 자연

발생적인 불도 있다. 불길이 지나간 새까만 숯 터에 어찌 살아있는 생명이 있겠는가? 그러나 火焰화염도 어쩌지 못하는 생명이 그 속에 있다. 이듬해 봄이 바람에 실려 오면 그 자리에 다시 풀이 돋는다. 십오륙 세에 이렇듯 자연의 이치에 대한 깊은 통찰력도 놀랍지만, 그것을 간결하고도 쉬운 어휘로 다듬어내는 것은, 나이를 뛰어넘은 원숙한 정서와 세련된 문장 감각이라 하겠다.

예시4. 山夕詠井中月其二

山僧이 달빛을 탐하여,
물병에 함께 담았구나.
절에 돌아와 깨닫겠지,
물을 비우니 달도 사라짐을.

山僧貪月色산승탐월색, 幷汲一甁中병급일병중.
到寺方應覺도사방응각, 甁傾月亦空병경월역공.[79]

高麗 白雲居士(李奎報이규보: 1168-1241)의 絶句절구이다. 절의 중이 물을 길러 갔다가 달빛이 너무 아름다워 물통에 달을 함께 담아왔다. 그러나 부엌에 와서 물통의 물을 비우면 결국 달도 없어지는 것을 깨달을 것이다. 물에 비친 달빛에 사로잡혀 한 평생을 보내다가 마지막 순간에야 그것이 허상이었음을 깨닫는 속세의 情理정리가 뚜렷하다. 이 시는 절의 중을 소재로 하여 그에 걸맞게 '色'을 '空'으로 이끌어 '色卽是空색즉시공'이라는 「般若心經반야심경」구절을 떠올리게 한다.

이 시는 매우 정교한 詩律시율을 따라 이루어졌다. 간략하면, 이 시는 平起式평기식으로 '中', '空'의 上平聲 一東韻을 썼다. '山僧貪'의 세 글자는 平聲이며, '月色' 두 글자는 仄聲측성이고, '到寺'는 측성,

'方應'은 평성, '覺'은 측성, '甁傾'은 평성, '月亦'은 측성, '空'은 평성이다. 漢詩 五言絶句의 전형이다.

평성은 중국어의 성조를 말하는 것으로 지금의 제1성과 제2성을 말하고, 측성은 上聲과 去聲 즉 지금의 제3성과 제4성, 그리고 入聲을 뜻한다. 따라서 이는 우리의 독음으로는 나타나지 않는다. 字典으로 확인하던가 아니면 옛날처럼 106部로 된 韻部운부의 글자를 모두 외워야 한다. 어차피 韻字를 사용하려면(押韻) 운부를 외워야 하기 때문에 우리나라 사람이 특별히 더 어려운 과정을 거친다고 볼 수는 없다. 唐나라에 들어와 확립된 이 定型詩(律詩 또는 近體詩 등의 여러 명칭이 있음)는 우리나라 삼국시대부터 조선말까지 매우 보편적으로 쓰였다. 이보다 훨씬 덜 엄밀한 古詩도 있지만 우리는 오히려 율시를 더 선호한 것으로 보인다.

예시 5. 詠半月

누가 崑山의 옥을 잘라
직녀의 빗을 만들었나?
견우와 헤어진 후에는,
시름에 겨워 창공에 던졌네.

誰斷崑山玉수단곤산옥, 裁成織女梳재성직녀소.
牽牛離別後견우이별후, 愁擲碧空虛수척벽공허,

조선시대의 名妓명기 黃眞伊황진이의 시다. 반달은 옛날 여인들이 사용하던 빗의 모양과도 같다. 만일 회백색의 옥으로 만든 빗이라면 그 색깔도 비슷할 것이다. 견우와 헤어진 직녀가 무슨 흥이 나서 머리를 빗겠는가? 설움이 잦아드니 아예 빗을 밖에 던져버렸구나.

함께 지내던 연인과 헤어진 황진이가 잠을 못 이루고 밖에 서성이다가 문득 직녀와 同病相憐동병상련하는 심정을 읊었다. 반달을 통해 단 20字로 자신의 輾轉反側전전반측하는 심정을 이토록 간결하면서 생동감 있게 전할 수 있는 것은, 그녀의 세련된 機智기지와 아울러 평소의 문장 수련의 결과라 할 수 있다.

五言絶句인 이 시는 仄起式이다. 韻은 上平聲 六魚韻의 '梳'와 '虛'를 썼다. 측기식에서 평측의 배열은 평기식과는 약간 다르다. 즉 "측측평평측, 평평측측평韻. 평평평측측, 측측측평평韻."의 배열을 이룬다. 위의 시에서는 '誰'와 '愁'가 평성자임에도 측성 자리에 쓰였다. 그러나 오언의 첫 번째와 세 번째 글자는 孤平(아래 위가 측성이면서 중간에 평성 한 자로 된 경우) 현상을 초래하지 않는 한 평측을 자유롭게 쓴다. 위의 시는 율시의 엄밀함을 모두 갖추면서도 그녀의 깊은 정을 자유롭게 표현하고 있다. 시의 형식에 구애를 받는다면 그 사람은 형식의 구속이 없어도 훌륭한 시를 쓰지는 못할 것이다.

황진이의 삶이 그러했겠지만 그녀의 한시와 시조에는 만남과 이별에 따르는 悔恨회한의 역정이 진솔하게 나타나 있다.

> 내 언제 無信ᄒᆞ여 님을 언제 소겻관ᄃᆡ
> 月沈三更에 온 ᄯᅳᆺ이 전혀 업ᄂᆡ
> 秋風에 지는 닙소릐야 낸들 어이 ᄒᆞ리오[80]

제가 언제 信義 없이 님을 속였나요? 달이 다 기울도록 늦은 밤까지 혼자 있는 저를 한 번이라도 찾으셨나요? 이제 와 가을바람에 나뭇잎 떨어지는 소리를 제가 어찌 하오리까? 이는 花潭徐敬德: 1489-1546 선생의 시조에 대한 답이라고 전해진다.

> ᄆᆞ음이 어린 後ㅣ니 ᄒᆞᄂᆞᆫ 일이 다 어리다
> 萬重雲山에 어ᄂᆡ 님 오리마ᄂᆞᆫ
> 지ᄂᆞᆫ 닙 부ᄂᆞᆫ ᄇᆞ람에 힝혀 귄가 ᄒᆞ노라[81]

사람이 어리석다 보니 하는 일마다 어리석다. 이 깊은 만중운산에 그녀가 올 턱이 없지만, 나뭇잎 떨어지는 소리에도 혹시나 그녀가 아닌가 마음은 설레기만 한다. 누군가를 기다리는 애틋한 마음이 간절하다. 花潭 선생을 유혹하는데 실패한 황진이가 그를 스승으로 모시고 찾아다녔다 하는데, 아마도 화담의 마음이 搖之不動요지부동만은 아니었던 듯하다. 이에 화답한 황진이의 "추풍에 지는 잎 소리야 제가 어찌 하겠습니까?" 하는 원망은 세상에서의 인생살이가 내 뜻과 같지 않음을 여실히 보여준다.

이것은 우리 삶의 현장에서 들리는 이야기이다. 시를 짓기 위해 꾸미는 것이 아니고, 자연스럽게 터져 나오는 현실의 노래인 것이다. 고전시가는 오랜 세월 동안 이러한 노래로 사람들을 감동시키며 훌륭한 작품성이 입증된 것이다. 여기에는 언어의 유희가 통하지 않는다. 구체적인 삶의 깊고도 오묘한 의미가 세련된 문장 감각으로 함축되어 있을 뿐이다.

현대의 詩歌는 알 수가 없다

최남선에 의해 시작되었다는 신체시가 지금의 현대시로 이어졌다고 보인다. 이러한 시는 대체로 한글 위주로 쓰이며, 형식에 별로 구애받지 않는다. 따라서 이해가 쉬울 것 같은데 사실 그렇지가 않다. 옛날의 시는 글자나 典故전고가 어려웠지만 이는 대부분 출처를 찾아 해결할 수 있는 문제였다. 그러나 지금의 시는 문맥의 이해가 어렵다. 이에 대해서는 저자가 설명하지 않으면 아예 알 길이 없는 것들이 태반이다. 가령 「海에게서 少年에게」에서 '海'와 '少年'에 대하여 적지 않은 설명이 있다. 그러나 이는 모두 관념의 풀이에 불과한 것이다. 현대의 시가는 구체적인 내용보다는 주관적인 관념을 중시하는 경향이 있다. 이것이 곧 현대시가 난해한 이유 중의 하나가 된다. 몇 가지 예시를 한다.

예시 1. **僧舞**승무

얇은 紗 하이얀 고깔은
고이 접어서 나빌레라.

파르라니 깎은 머리
薄紗 고깔에 감추오고
두 볼에 흐르는 빛이
정작으로 고와서 서러워라.
빈 臺에 黃燭불이 말없이 녹는 밤에
오동잎 잎새마다 달이 지는데

소매는 길어서 하늘은 넓고
돌아설 듯 날아가며 사뿐이 접어올린 외씨 보선이여,
까만 눈동자 살포시 들어
먼 하늘 한 개 별빛에 모두우고
복사꽃 고운 뺨에 아롱질 듯 두 방울이야
세사에 시달려도 煩惱는 별빛이라.

휘어져 감기우고 다시 접어 뻗는 손이
깊은 마음 속 거룩한 合掌인양 하고
이밤사 귀또리도 지새우는 三更인데
얇은 紗 하이얀 고깔은 고이 접어서 나빌레라.

趙芝薰조지훈: 1920-1968이 19세 때 지은 시로, 두 번째 추천을 받은 작품이다. 그의 대표적인 작품으로 꼽힐 뿐만 아니라, 예로부터 중 · 고등학교 교과과정에 꼭 들어있던 시였다.

이 시는 다분히 허구의 기획을 통해 엮어졌다. 그는 「시의 비밀」이라는 短文에서 이 시의 작시 체험을 따로 토로하였다.[82] 그가 龍珠寺용주사라는 절에서 이름 모를 승려의 춤을 본 것이 이 시를 짓게 된 직접 동기가 되었다. 그 후 그는 그의 표현대로 하면 '몇 개의 플랜'을 세웠다 했다.

> 먼저 草稿에 있는 序頭의 舞臺描寫를 뒤로 미루고 直入적으로 춤추려는 찰나의 모습을 그릴 것,
> 그 다음 무대를 약간 보이고 다시 이어서 휘도는 춤의 曲折로 들어갈 것,
> 그 다음 움직이는 듯 靜止하는 찰나의 冥想의 情緖를 그릴 것, 官能의 샘솟는 노출을 淨化시킬 것,
> 그 다음 悠長한 吹打에 따르는 衣裳의 線을 그리고 마지막 춤과 음악이 그친뒤 皎皎한 달빛과 동 터오는 빛으로써 끝막을 것.

그는 이 '플랜'으로 "사흘 동안 推敲퇴고를 거듭하여 스무 줄로 된 한 편의 시를 겨우" 만들게 되었다 했다. 그의 이러한 거창한 설계는 金殷鎬김은호의 「僧舞圖승무도」를 보고 나서 구상한 것이었다. 그가 용주사에서 본 춤은 남자 승려였지만 이를 비구니로 바꾸면서 그의 '또 하나의 승무'를 만들었다. 즉 처음 본 승무에 대한 자연스러운 감흥을 詩化한 것이 아니고, 철저한 인위적 조탁으로 건축을 하였다.

그의 이러한 인위적인 설계는 결국 여러 곳에서 흠결을 드러낸다. 아무리 시라지만 '나빌레라'는 언어의 유치한 장난이다. "오동잎 잎새마다 달이 지는데" 역시 모호한 말장난이다. "복사꽃 고운 뺨에 아롱

질듯 두 방울이야 세사에 시달려도 煩惱는 별빛이라"는 지나친 조탁으로 의미를 잃고 감상에 젖어 있다. '귀또리도 지새는 三更' 즉 한밤중 야외에서 이슬을 맞으며 추는 춤이라면 승무보다는 굿춤이 제격이다. 전체적으로 볼 때 글의 조직이 유기적이지 못하여 산만하며, 도처에서 묻어나는 의도적인 조탁의 흔적이 매우 거북스럽게 느껴진다. 열아홉 청년의 습작이라 할만하다. 즉 어느 한 순간의 감흥을 자연스럽게 표현하기에는 경륜에서나 문장의 소양이 부족하여, 결과적으로 시를 짓기 위한 시가 되어 의미가 통하지 않는 관념어가 되어 버린 것이다.

김윤식 교수는 이 시에 대해 이러한 평을 했다.

> 韓國的 佛教藝術인 이 僧舞는 근본적으로는 하나의 몸짓에 속한다. 言語로 그것을 포착하려는 것 자체가 무리이며, 따라서 無意味의 나열 혹은 餘白의 記述 이상일 수가 처음부터 없다.[83]

이해하기 어려운 글이지만 무의미의 나열이거나 여백의 기술에 불과하다는 평은 과하지 않다고 생각된다.

예시 2. 불노리

> 아아날이저문다. 西便하늘에, 외로운江물우에, 스러저가는 분홍빗 놀……
> 아々해가저믈면, 날마다 살구나무 그늘에 혼자우는밤이 쏘 오것마는, 오늘은 四月이라패일날 큰길을물밀어가는 사람소리는 듯기만하여도 흥성시러운 거슬 웨나만혼자 가슴에눈물을 참을수업는고? ……下略

朱耀翰주요한: 1900-1979의 「불노리」는 한국 최초의 근대(또는 현대) 자유시라는 것이 통설이라 한다.[84] 이 시는 1919년 2월 김동인과의 동인지 『창조』 창간호에 실렸고, 이 때 주요한은 일본에서 공부하는 19살의 청년이었다. 신체시도 그렇지만 자유시라는 것도 참으로 애매하다. 이 글이 시라면 산문과 시의 구별이 매우 어려워질 것이다. 그리고 이것을 굳이 시라고 하는 이유도 알 길이 없다. 내용에서도 무엇인가 말하고자 하는 의도는 있어 보이지만, 작자가 직접 설명해 주기 전에는 알 수 있을 것 같지가 않다.

후일 주요한은 그가 시도했던 자유시 운동을 반성하면서, 그것은 문학에 대한 근대적 자각이나 신념이라기보다 "맹목적인 습작기의 모방작"이었음을 시인하고, 몇 가지의 고백을 하였다 한다.

> 가. 조선의 신시는 서양시와 일본시의 2차적 모방이다. 中略
> 나. 조선의 시는 서구의 시와 같은 운율, 고저, 강약이 없어서 그 詩形의 완성을 기대하기 힘들다.
> 다. 따라서, 뚜렷한 시형의 확립도 없이 외국시의 2차적 모방으로 쓰인 한국의 자유시는 시가 아니다. 中略
> 라. 조선 시형을 잘못되게 한 근본 동기가 된 자신의 자유시형을 답습하여, 이를 함부로 사용한 이는 김안서로서, 그는 번역 시집 『懊惱의 舞蹈』와 더불어 한국 문학을 誤導한 책임을 가장 크게 져야 할 사람이다.
> 마. 바람직한 조선의 시가는 자유시가 아니라, 민요조의 율격을 기본으로 한 새로운 詩形에서 기대해야 한다.[85]

조선의 신시가 서양과 일본 시의 2차적 모방이라는 것은 매우 정확한 판단일 것이다. 특히 그가 '민요조의 율격'을 운운한 것도 무조건적인 모방의 한계를 깨달은 것이라 할 수 있다. 사실 우리는 지금까지도 이러한 모방에서 벗어나 있다고 보이지는 않는다. 외국시의 2차적 모방으로 쓰인 한국의 자유시는 시가 아니라는 그의 고백은 지금 우리의 귀에 쟁쟁하게 울릴 만한 대목이다.

그러나 두 번째에서 "조선의 시는 서구의 시와 같은 운율, 고저, 강약이 없다" 한 것은 단지 그의 한계를 드러낸 것이다. 당시 조선의 시라면 漢詩이거나 시조를 지칭하는 것인데, 한시는 표음문자로는 아예 흉내도 낼 수 없는 정교한 형식을 가진 시이며, 아울러 시조도 산문과는 뚜렷하게 구별되는 형식을 갖고 있다. 다만 그가 여기에서 말한 '조선의 시'는 아마도 당시의 신시를 지칭하였을 것으로 보인다.

그는 목사의 아들로 태어났고 그의 이름 '요한'과 아우 '요섭'은 신약의 '요한'과 '요셉'의 이름을 딴 것이라 한다. 그는 미션계 숭덕소학교 6학년 재학 중에 일본으로 건너가 중등과 고등학교를 거기에서 마쳤다.[86] 어려서부터 서양의 문화적 배경에서 자라 일본에서 공부한 그에게서 우리의 전통 시에 대한 이해의 흔적이 보이지 않는 것은 당연한 일이다.

최남선이 「海에게서 少年에게」를 발표한 것이 19세 때이고, 조지훈의 「僧舞승무」도 19세 때였으며, 주요한의 「불노리」도 19세 때 발표되었다. 공교로운 일이지만 모두가 일본의 강점기였다는 것도 공통적이다. 만일 우리의 전통시가였다면 이렇게 젊은 나이에 명성을 얻을 만큼 훌륭한 시를 쓰기는 어렵다. 남의 것을 흉내 내는 時流를 탄 것에 불과하다. 즉 일본의 강점기에 우리의 전통시가는 철저히 배척되었다. 전통 학문을 하는 사람이라면 침략자 일본을 통해 들어온 문물에 대해 손사래를 쳤을 것이며, 특히 이러한 유치한 글 장난을 하려 하지는 않았을 것이다. 당시 젊은이들이 쉽게 명성을 얻을 수 있었던 것은 이러한 시대적 배경에서였다고 볼 수 있다.

예시 3. 누이에게 보내는 노래

돌아올 수 없는 어린 시절의
다만 하나 벗이었던 맑은 눈이여,

마음껏 아껴주고 돌봐주지 못한 생각
두고두고 가슴에 마치는 천진한 얼굴이여,
지금도, 의용군 대렬에서 전선으로 향할 때
"오빠!" "오빠!" 대문가에 손 젓던
그런 어린 아이로만 생각키우는 너
아! 하루에도 몇번
너를 생각한다.
내 곁에 없는… 내 곁에 없는…[87] 하략

어려서 헤어진 누이에 대한 간절한 그리움은 누구에게나 가슴 저린 常情상정이다. 그러나 이렇게 서술형으로 늘어놓기만 한다면 가슴에 와 닿기도 전에 이미 시각적으로 거부되어 버린다. 애틋한 그리움을 웅변으로 외치고 있는 것이니 내용과 형식이 겉돌기만 한다. 우리 전통을 타파하고 얻은 결과이다. 비슷한 주제이지만 아래의 시는 위와는 전혀 다른 느낌을 준다.

同氣로 셋 몸 되야 ᄒᆞᆫ 몸가차 지니다가
두 아은 어ᄃᆡ 가셔 도라올 줄 모ᄅᆞᄂᆞᆫ고
날마다 夕陽 門外예 한숨 계워 ᄒᆞ노라[88]

蘆溪노계朴仁老: 1561-1642 선생의 「五倫歌」 중 「兄弟有愛」의 넷째 수로, 돌아오지 않는 두 아우(仁叟인수, 仁耆인기)에 대한 그리움을 나타낸 시조이다. 그리워하는 마음을 설명하지 않고, 자신이 현재 그리워하는 행위를 적었다. 즉 관념의 나열이 아니고 날마다 동생을 그리워하며 살아가는 삶을 축약한 것이다. 이것은 '하루에도 몇 번' 생각하는 것과는 다른 것이다. 간결하면서 담백한 몇 구절 위로 행여나 하고 문밖에서 기다리는 안타까운 모습이 절로 떠오른다.

예시 4. 茶禮차례

추석입니다.
할머니,
홍시 하나 드리고 싶어요.
서리 내릴 날은 아직도 멀었지만,
기러기 올 날은 아직도 멀었지만,
살아 생전에 따뜻했던 무릎,
크고 잘 익은
홍시 하나 드리고 싶어요.
용둣골 수박,
수박을 드리고 싶어요.
수박 살에
소금을 조금 발라 드렸으면 해요.
그러나 그 뜨거웠던 여름은 가고,
할머니,
어젯밤에는 달이
앞이마에 서늘하고 훤한
가르마를 내고 있었어요,
오십 년 전 그 날처럼.

의미 없는 관념의 나열은 때로는 내용을 뜯어보면 글 장난이 된다. 위의 시는 얼핏 보면 할머니에 대한 사랑이나 그리움이 간절한 듯하다. 그러나 달리 보면 그 의도를 알 수가 없다. 지금은 추석이고 서리도 내리지 않았다. 홍시는 아직 이르다. 이것을 알고 있으면서 할머니에게 없는 홍시를 드리고 싶다 한다. 그리고 다시 이제는 철이 다 지나고 없는 수박을 드리고 싶다 한다. 할머니를 생각하는 방법이 유아적인 막연한 관념에 머무르고 있는 것이다. 철저한 관념만으로 생색을 내고 있는 것이다.

할머니의 사랑과 할머니에 대한 그리움을 더 생동하는 방법으로 표현할 수 있었을 것이다. 특히 그가 '생전에 따뜻했던 무릎'을 기억한다면 할머니의 사랑이 배어나는 더 많은 추억이 있었을 것이다. 매우 아쉬운 부분이다. 처음부터 끝까지 관념으로 일관된 이 글은 마지막 단락에서는 아예 의미를 짐작도 할 수 없게 되어 있다. '오십 년 전 그 날'을 기억하는 이 시에서의 話者는 지금은 과연 몇 살이며, 그는 무엇을 기억하면서 나이에 맞지 않는 이런 넋두리를 한 것일까? 이 시는 중학교 국어 1-2 교과서[89]에 실려 있었던 金春洙김춘수: 1922-2004의 시이다. 어린 학생들의 교육에 보탬이 될 리 없다.

예전에 어느 대학에서 한 대학생이 자살을 하였다. 그 학생의 유품에서 어머니를 사랑한다는 글귀가 여기저기서 발견되었다. 그 학생의 마음은 진실이었겠지만 그러나 그는 사랑하는 방법을 몰랐다. 어머니를 사랑한다면 적어도 어머니의 가슴에 자신의 무덤을 만들어 드리는 불효를 저지르지는 않았을 것이다.

어린 학생들에게 이러한 막연한 관념을 가르치는 것은 참으로 안타까운 일이다. 보다 실천을 중시하는 사랑의 방법을 배워야 할 나이에 무책임한 감상을 배우게 되는 셈이다.

예시 5. 나

나는 이슬 한 방울
풀잎 끝에 앉은 이슬 한 방울
그러면서도
해 뜨면 햇빛 받고 달뜨면
달빛 받고 모든 별의 빛도
다 받아 비추이는
여리고도 작은 이슬 한 방울

스러질 때 스러지더라도
있는 동안은 있어
둥그렇게 뭉친 제 모양.
안 잃으랴고 바들바들
풀잎 끝에서 떠는
천지간에 이슬 한 방울
그것이 나외다. 乙丑三, 一七

李光洙의 「나」라는 시 全文이다. 이때는 그가 59세로 납북되기 1950.7.12 1년 전이었다. 그의 波瀾萬丈파란만장한 인생을 이제와 '朝露조로'에 비유하였다. 그리고 감상에 젖어 '바들바들' 떨면서 푸념을 한다. 무병신음의 이 글 어디에서 어른의 성숙한 모습을 찾아볼 수 있는가? 성숙한 어른은 스스로의 감정을 절제하는 것이다. 그리고 특히 문장은 여과되고 함축된 사상이 간결하게 드러나야 한다. 이에 대한 崔東鎬최동호 교수의 평을 본다.

> 모든 것을 다 받아 비추이지만 제 모양을 잃지 않으려는 이 이슬 한 방울은 멀리 있는 임의 이름을 눈물에 젖어 부르던 시인 스스로의 모습이라고 느껴진다. 이것은 해방 후 反民法으로부터 그가 병보석으로 출감한 1949년 3월의 자화상이라도 볼 수 있다. 구국 개화의 일념에 불타던 「無情」1917의 주인공 이형식이나 농촌 계몽의 선도자이던 「흙」1932의 주인공 허숭 등과 극히 대조되는 엄청난 문학적 비극의 진폭을 보이는 것이라 말하지 않을 수 없다.[90]

그 글에 그 평론이다. 과거 자신의 행위에 대해 이제 다소 참회하는 모습을 보이는 그에게 구국 개화의 일념이란 말이 무엇인가? 구국 개화의 일념으로 살아온 사람을 반민법으로 구속하였다는 의미인가?

예시 6. 눈물

더러는
沃土에 떨어지는 작은 生命이고저……

흠도 티도,
금 가지 않은
나의 전체는 오직 이것뿐!
더욱 값진 것으로
들이라 하올제,
나의 가장 나아종 지니인 것도 오직 이뿐!

아름다운 나무의 꽃이 시듦을 보시고
열매를 맺게 하신 당신은
나의 웃음을 만드신 후에
새로이 나의 눈물을 지어 주시다.[91]

이 시는 '제7차 교육과정에 따른 18종 문학 자습서'[92]에 수록되어 있는 金顯承김현승: 1913-1975 시인의 작품이다. 이 자습서에서 이 시는 '사랑하는 어린 아들을 잃고 나서, 그 지극한 슬픔을 기독교 신앙으로 승화시켜' 쓴 것이라는 설명을 했다.

아이를 잃은 슬픔이라면 언어로 표현하기가 참으로 어려운 것이다. 그러나 이렇듯 큰 슬픔일수록 표현하고자 하는 충동은 오히려 더욱 강해진다. 다만 언제나 그 표현의 방식이 문제일 뿐이다. 이 시가 고등학교의 학습 교재에 실려 있다는 것은 그만큼 이 시의 작품성이 입증된 것이라 할 수 있다. 그렇다면 이 시는 작가의 그러한 아픔을 독자에게 얼마나 효과적으로 전달하고 있는가?

그런데 우선 자습서에서 밝힌 이 시의 作詩 배경을 모르는 사람이라면 이 시의 詩題시제인 '눈물'의 의미를 알 수가 없을 것이다. 이 자습서에서는 '눈물'의 상징적 의미를 네 가지로 나열하였다.

- 사랑하는 아들을 잃은 지극한 슬픔
- 순결한 정신세계를 창조하는 힘
- 인간이 도달할 수 있는 가장 순수하고 값진 최후의 가치
- 신이 인간에게 내린 최고의 은총

그러나 이 네 가지의 설명은 모두 거짓말이거나 아니면 점쟁이가 집어낸 것으로 보인다. 이 시의 어디에도 아들을 잃은 '눈물'이라고 볼 만한 단서가 없다. 자습서에서는 '꽃이 시듦'을 아들의 죽음으로 설명했지만, 이는 지나치게 막연하며 또한 뒤의 '열매를 맺게 하신 당신은'과 의미가 통하지 않는다. 즉 자습서에서 '열매'를 '삶의 결실'이라 했다. 아들의 죽음이 어떻게 삶의 결실이 되는가? 이것이 작가의 의도라고는 생각되지 않는다. 아울러 뒤의 '순결한 정신'이나 '최후의 가치' 그리고 '최고의 은총' 등은 모두가 牽强附會견강부회이며 억지이다. 우리가 학생들에게 이렇듯 거짓말을 가르쳐야 하는가?

이 시는 전체적으로 여과되지 않은 감정이 산만한 조탁으로 어지럽게 나열되어 작가의 슬픔이 보이지 않는다. '눈물'이라는 詩題시제는 막연하고 의미를 알 수 없는 언어에 의해 안개 속에 가려져 있다. '나아종 지니인'과 같은 유치한 표현은 시의 진솔한 느낌을 깎아 내린다. '나의 눈물을 지어 주시다'는 여과되지 않은 감상으로 直敍직서되어 슬픔을 오히려 반감시키고 있다. 자습서가 없는 일반 독자가 이 시를 보고 과연 얼마나 작가의 슬픔을 느낄 수 있을 것인가?

이와 비슷한 소재로 된 다른 시를 하나 보자.

아이야 너는 어디에

여섯 살이잖니
두 손으로 셈하기에도

네 개나 남은 나이인데
엄마와 3 더하기 3은 6
아직 일곱 여덟
셈하는 놀이도 끝나지 않았는데
하룻밤만 잔다더니
아직 그곳에서 놀고 있니?

호숫물이 맑아
바닥에 뒹구는 조약돌이
말갛게 보이듯
네 눈동자도 그리 맑았지.

너의 향긋한 냄새는
너의 침대 베겟닛에도
너의 꼬마 인형의 때묻은 뺨에도
그리고
지난번 소풍때 찍었던
사진 속의 네 미소에도
남아 있는데
너의 보송보송한 얼굴과
너의 고운 음성은
어디에 두었니?
왜 그리
꼭꼭 숨었니

아이야!
네가 좋아하던 하늘나라에 누가 있더냐?
너의 고사리 같은 손을
잡아 주는 이
엄마말고 누가 있더냐.
너를 반겨 안아 주는 이
할머니더냐, 할아버지더냐.

그래 아이야
엄마 없다 울지 말고
우리 다시 만날 때까지
그분 손 놓지 말고 꼭 잡고 있으렴.[93] 하략

아이를 잃은 엄마의 슬픔이다. 슬프기로는 위의 '눈물'에 못지않을 것이다. 그러나 여기에서는 그러한 아픔은 절제되고 무언가 애잔한 속삭임이 잔잔한 선율을 타고 흐르는 듯하다. 이미 이승을 떠난 아이에 대한 엄마의 사무치는 정은 아무런 꾸밈이 없는 기억의 담담한 필치 속에서 오히려 더욱 강하게 살아난다.

글은 간결하면서 소박하지만 읽는 사람은 울음을 삼켜야 한다. 아이의 엄마는 아직도 아이와 함께 하면서 극도의 슬픔에도 신음하지 않는다. 자습서가 없이도 누구나 이 시가 의미하는 것을 한 눈에 알 수 있다. 그리고 작가의 전율하는 가슴이 생생하게 느껴진다. 지금의 저명한 시인이나 학자들에게 경종을 울려줄 수 있는 작품이라 생각한다.

현대시의 무병신음은 외국의 시를 모방하면서, 시를 쓰기 위한 작시를 하기 때문에 생겨나는 현상이다. 어떠한 감흥을 자연스럽게 읊는 것이 아니고, 가식적인 조탁으로 시를 만들고자 하기 때문에 글은 자연 산만하고 어렵기만 하다.

중국의 宋代에 歐陽修구양수: 1007-1072는 "窮궁한 사람이 좋은 시를 쓴다(詩窮而後工)"는 내용의 설을 제기했다. 즉 시인 중에는 대체로 뜻을 얻어 탄탄대로를 가는 사람보다는, 오히려 곤궁한 사람들이 훌륭한 작품을 쓴다는 것이다. 무릇 선비들은 자신의 포부나 학문을 세상에 펼칠 기회를 얻지 못하면, 곧잘 山水間을 오가면서 내심의 울적한 고뇌를 풍자적으로 표현하는 것을 좋아했으니, 대체로 곤궁할수록 시는 더욱 좋아졌음(愈窮則愈工유궁즉유공)을 뜻하고 있다.

그러나 이것은 시가 사람을 곤궁하게 한다는 것은 아니다. 곤궁해진 연후에 비로소 훌륭한 시를 쓴다는 의미이다(非詩之能窮人비시지능궁인, 殆窮者而後工也태궁자이후공야).[94] 비교적 여유로운 환경보다는 곤궁의 고통 속에서 오히려 사람은 진실을 보게 되고, 이로부터 평소의 공허한 관념을 털어버리고 진솔한 뜻을 갖게 된다는 의미가 아닐까 한다.

전쟁에 패한 항우의 恨한이나 아이를 잃은 엄마의 슬픔은 그 노래에서 어떤 가식이나 꾸밈이 끼어들 여지가 없는 것이다. 극도의 아픔을 겪고 난 후에 드러나는 인생의 진면목은 글의 수식이 따로 필요하지 않다.

우리의 전통 시가는 일찍이 조선과 함께 사라졌다. 지금도 간혹 鄕村향촌에서 漢詩競演大會한시경연대회나 時調大會시조대회가 있다고 들리기는 하지만 거론하기에는 매우 미미하다. 이들은 모두가 우리의 소중한 문화유산이다. 조상님들께 왜 진작부터 우리의 글을 만들어 사용하지 않았느냐는 철딱서니 없는 원망은 이제 그만두어야 한다. 과거의 역사를 우리가 다시 만들어내는 것은 아니다. 우리 역사를 부정하고 일본의 강점기를 기준으로 새 역사를 쓰겠다는 태도는 또 다른 매국의 행위가 아니겠는가?

지금의 시는 외국의 시에 대한 2차적 모방이라는 태생적 한계를 갖고 있다. 그것도 우리를 강점하여 우리 민족문화를 말살하려 한 일본의 영향 하에서 생겨난 것이었다. 우리의 소위 신문학이라고 하는 것은 대부분 왜정시대에 생겨나 자란 것이며, 그 주역들의 대다수가 일본의 그늘에서 자라고 배운 아픈 기억들을 가지고 있다. 그 당시의 상황을 이해하려는 노력은 가능하겠지만, 그때의 '신문학 운동'을 마치 우리 문학의 규범처럼 내세우는 것은 역사를 또 다시 왜곡시키는 것이다.

주요한은 그 스스로가 고백을 했음에도 불구하고 우리는 아직도 그 그늘을 벗어나지 못하고 있으며, 때문에 그때의 상처가 계속 들추어지고 있는 것이다. 이제는 그 영향으로부터 벗어나서 우리 자신으로 돌아올 때도 되었을 것이다.

6. '文學'과 '文章'의 어원과 의미

우리는 '文學'이라는 용어의 의미를 매우 좁게 사용하고 있다. 여기에는 대체로 두 가지의 이유가 있다. 하나는 방대한 우리의 고전을 거의 몰아내고 辭章사장이나 소위 속문학 등에 많은 비중을 둔다. 『國文學全史』에서는 '漢文은 우리 國文學을 망친 것'[95]이라 했으니 국문학에서 무엇을 다룰 것인지는 明若觀火명약관화한 일이다.

『東文選』은 삼국시대부터 조선 초기까지의 약 500여 명에 달하는 문인들의 시문을 집대성한 것이다. 이 『國文學全史』는 『東文選』에 대한 언급조차 없다. 모두가 한문으로 되어 있기 때문일 것이다. 김윤식 · 김현의 『한국문학사』는 아예 말할 필요도 없다. 조동일의 『한국문학통사』는 그 방대한 분량에도 불구하고 「한문학 작품집성」이라는 소절에서 매우 간략한 설명을 했을 뿐이다.[96]

다른 또 하나의 이유는 '文學'을 '文章'의 의미로 사용하고 있다는 것이다. 즉 문학을 매우 좁은 의미로만 보는 것이다. 앞에서 인용한 백철의 '文章論'에서도 명확하게 드러나 있다.

> 이 形式과 表現過程이란 具體的으론 文章이다. 文學의 形式이란 결국 言語와 문자로써 造成되는 것인以上 具體的으론 文章論으로 歸着될 것이오 그 表現過程도 먼저 말한 바 그 表現의 手段이 言語 文字일 때에 그것도 實質的으론 文章論으로 돌아가게 된다.

그는 문학이 사실상 '文章'을 지칭한다고 한 것이다. 그의 말은 이 두 용어의 본래 의미에 매우 적합하다. 우리가 일본을 통해 서양의 문물을 받아들이면서 '文章'으로 쓰여야 될 자리에 '文學'을 쓰게 된 것이다. 이는 일본인들이 영어의 'literature'를 '문학'으로 번역하여 이와 관련된 것을 모두 문학이라 했기 때문이다. 백철은 '문장'이라는 용어가 더 적절하다는 것을 알았지만, 그러나 이미 東京高等師範學校동경고등사범학교를 다니며 일본의 문물에 젖은 그가 자신의 주장을 내세우려 하지 않았을 것으로 보인다. 이로부터 현재까지 우리는 모르는 사이에 문학을 문장의 의미로 좁혀 사용하고 있는 것이다. 때문에 문학의 의미는 상당히 혼란스럽게 되었고 우리의 고전문학을 배척하는 이유가 되기도 했다. 문학의 의미나 국문학의 편견을 벗어나기 위해서는 '文學'과 '文章'이라는 용어를 다소 세밀하게 검토해보지 않을 수 없다.

문학과 문장

중국의 劉勰유협: ?-520이 지은 『文心雕龍문심조룡』이라는 책이 있다. 이 책에 대해 현대의 학자 劉大杰유대걸은 그의 『中國文學發展史』에서 『文心雕龍』에 보이는 '문학이론' 및 '문학비평'에서의 성취를 논하면서, 유협을 숭고한 '문학비평가'로 찬양하였다. 이러한 시각은 다른 문학사에서도 비슷하며, 우리나라에서도 이를 독보적인 '문학비평서'로 간주하고 있다.

그러나 『文心雕龍』을 문학이론서 또는 문학비평서로 설명하는 것은 우선 용어상의 문제가 있다. 사실 『文心雕龍』에서 '文學'이라는 용어는 단지 두 곳에서 쓰였다.[97] 『文心雕龍』은 '文學'이 아닌 '文章'을 다루고 있을 뿐이다. 그의 저술동기 및 목적은 「序志」편에 이미 잘 나타나 있다.

> 문장의 기능으로 말하면 실로 경전의 枝葉지엽이라 할 수 있으니, 五禮가 문장의 도움으로 이루어지고, 六典이 이로 해서 쓰이며, 군신이 그로 밝혀지고, 軍政이 또한 이로 밝아지나, 그 本源을 추구해 보면 경전으로부터 비롯하지 않은 것이 없다. 그러나 성인의 시대로부터는 이미 멀어졌고, 문체는 흐트러져, 문인이 기이한 것을 좋아하니 말은 막연한 궤변을 중히 하면서 마치 깃털에 그림을 그리고, 띠나 수건에 (필요 없는)문양을 수놓는 것처럼, 근본으로부터 멀어져 결국은 오류의 범람으로 이어진 것이다. 무릇 『尙書』에서 다루어진 文辭는 간결한 것을 귀히 하였고, 孔子의 가르침은 異端이단을 싫어하였으니, (『尙書』의)文辭나 (孔子의)가르침의 차이는 마땅히 그 요지를 체득해야 하는 것이다. 그래서 붓을 들고 먹을 갈아 文章을 논하게 되었다.
>
> 唯文章之用유문장지용, 實經典枝條실경전지조, 五禮資之以成오례자지이성, 六典因之致用육전인지치용, 君臣所以炳煥군신소이병환, 軍國所以昭明군국소이소명, 詳其本源상기본원, 莫非經典막비경전. 而去聖久遠이거성구원, 文體解散문체해산, 辭人愛奇사인애기, 言貴浮詭언귀부궤, 飾羽尙畵식우상화, 文繡鞶帨문수반세, 離本彌甚이본미심, 將遂訛濫장수와람. 蓋周書論辭개주서론사, 貴乎體要귀호체요; 尼父陳訓니부진훈, 惡乎異端오호이단; 辭訓之異사훈지이, 宜體於要의체어요. 於是搦筆和墨어시닉필화묵, 乃始論文내시론문.[98]

위에서 보듯 유협은 문장을 논하고자 한 것이다. 특히 당시의 문인들이 화려한 것을 숭상하면서 문장의 근본으로부터 멀어져 이를 경계하고자 함을 분명히 하였다. 이외에도 그는 당시까지의 몇몇 문론을 열거하면서 이들의 미흡함을 지적하였다.[99] 이 모두가 그의 문장론을 말하는 것이었다. 유협은 문장을 거시적이며 統合的통합적인 시각에서 다루고자 했다. 즉 그는 유가의 道統을 근거로 하여 성현을 따라 경전을 체득하면서, 또한 『緯書위서』를 참고하고 『楚辭초사』의 變通변통을 살펴 '文章의 根幹근간'을 窮究궁구하고자 하였다.[100]

유협은 이러한 시각에서 『文心雕龍』의 卷一을 「原道(本乎道)」, 「徵聖징성(師乎聖사호성)」, 「宗經종경(體乎經체호경)」, 「正緯정위(酌乎緯작호위)」, 「辨騷변소(變乎騷변호소)」로 구성하여 전반적으로 文章原論이라 할 수 있는 緖論의 형식을 취하였다. 原道篇은 인문과 더불어 문장의 始原을 밝혔다. 즉 천문지리가 '道'의 '文'을 이루는 것이라면(文은 곧 紋문의 의미가 됨을 참조),[101] 이의 '神明'한 이치를 드러내는 '易象역상'이 곧 '人文'의 시초가 되었다는 것이다. 이로 唐虞당우의 문장이 빛나게 되었고(唐虞文章, 則煥乎始盛), 다시 文王이나 孔子와 같은 성인을 거치면서 天文의 변화이치에 따르는 人文의 조화를 이룩하게 되었음을 말한다(觀天文以極變관천문이극변, 察人文以成化찰인문이성화). 이렇듯 '道'는 성인에 의해 문장으로 드러나고, 성인은 문장에 의해 '道'를 밝히는 것이다(道沿聖以垂文도연성이수문, 聖因文以明道성인문이명도).

이어서 「徵聖」편은 문장과 성인의 관계를 설명하고 있다. 즉 孔子의 가르침을 문장을 통해 배울 수 있듯이(夫子文章부자문장, 可得而聞가득이문) , 聖人의 뜻이 文辭에 의해 드러나기(聖人之情성인지정, 見乎文辭견호문사) 때문에 이를 통해 문장을 익히도록 노력해야 한다는 것이다. 성인의 문장이 '雅麗아려'함은 아름다우면서도 내용이 충실한(聖文之雅麗성문지아려, 固銜華而佩實고함화이패실) 것이며, 때문에 이를 배우는 것이 곧 '徵聖'의 의미인 것이다.

「宗經」편은 경서가 곧 문장에 있어서 최고의 精華정화(極文章之骨髓者극문장지골수자)임을 말하고 있다. 따라서 각종 문장의 문체는 『易』,『書』,『詩』,『禮』,『春秋』 오경으로부터 發源되었고, 諸子書도 결국 이에 귀납되는 것으로 보았다. 이는 곧 문장은 덕행을 근본으로 하고, 덕행은 문장으로 전해지는 것(文以行立문이행립, 行以文傳행이문전)이어서 孔門四教에서도 이를 중시하였다. 이것은 곧 경서의 문장이 文質을 겸하여 어느 한쪽으로 치우치지 않았으니 문장의 규범이 된 것이다. 이밖에 「正緯」편에서 『緯書』가 경전의 이해에 도움이 되지는 않지만, 문장에는 도움이 되어(無益經典而有助文章무익경전이유조문장) 후대의 辭人들이 그 英華영화를 취했음을 설명하였고, 「辨騷변소」편에서는 『楚辭』의 文辭가 詞賦사부의 본원을 이루어 후대에 큰 영향을 주었음을 논급하였다.

이상에서와 같이 유협의 『文心雕龍』 저술 의도는 분명히 문장을 논하고자 한 것이다. 위에서 예시한 다섯 편을 제외한 다른 부분은 대체로 각론적인 성격의 논술로, 학자에 따라 이를 文體論, 文術論, 文評論 등으로 구분하기도 하는데, 이는 모두가 문장론의 구분에 속하는 것이다.

특히 『文心雕龍』 전체에서 단 두 차례 보인 '文學'이라는 용어에 비해 '文章'은 스물다섯 곳에서 쓰였다. 따라서 우리는 유협의 이러한 의도를 헤아리지 않고, 획일적으로 '文學論'으로 규정하는 것은 사실 이유가 없다. 오히려 막연한 관념의 논쟁으로 문학의 의미를 혼란스럽게 하는 것이다. 또한 『文心雕龍』에서 보이는 용어를 우리가 굳이 바꾸어서 그 체계와 내용을 재구성하여 이해해야 할 이유도 더욱 없는 것이다.

'文學'은 초기에 넓은 의미의 학문적 총칭이었다가 점차 '經學'과 '文章'이라는 두 갈래로 나뉘어 지칭된 것으로 볼 수 있다. '經學'은 그 자체로 최고 가치의 독립적인 학문영역을 확립하여 지금까지 전승되고 있으며, '文章'은 대체로 문헌적 기록이나 창작의 규범을 제시하는 의미로 쓰여 왔음을 생각할 수 있다. 그러나 이러한 규범은 어디까지나 '經學'의 기본정신에 근거하고 있는 것이다. 뿐만 아니라 漢代 이후 '經學'이 널리 쓰이게 되면서 '文學'이란 용어는 상대적으로 적게 사용된 것으로 보인다.

유협의『文心雕龍』은 '文章論'이다. 그가 말하는 '文心'은 '經學'의 기본정신에 근원을 두고 경전의 문장을 모범으로 하는 '文章' 意識으로 보인다. 이것은 유협보다 앞서거나 동시대에 나타난 '文論'들이 대체로 '文章'을 지칭하는 것으로 보아 충분히 이해되어지는 부분이다. 즉 王充의『論衡』에서 보이는 '文論'은 대체로 '文章'을 의미하는 것이며,[102] 曹丕조비의『典論 · 論文』에서와[103] 摯虞지우의『文章流別論』에서도[104] '文章'을 논하고 있고, 蕭子顯소자현의『南齊書남제서』 또한 마찬가지이다.[105] 우리가 지금 사용하는 문학은 사실 문장을 의미하는 것이다. 영어의 'literature'에 비교적 적당한 역어는 '文章'이라 할 수 있다. '문학'은 매우 부적합한 번역이다.

문학과 학문

현재 우리가 사용하고 있는 '文學'의 初期 用例는 『論語』에서 보인다.

> 德行에는 안연, 민자건, 염백우, 중궁이었고, 言語는 재아, 자공이었으며, 政事는 염유, 계로였고, 文學은 자유, 자하였다.
>
> 德行; 顔淵, 閔子騫, 冉伯牛, 仲弓. 言語; 宰我, 子貢. 政事; 冉有, 季路. 文學; 子游, 子夏. 「先進」

宋代 邢昺형병: 932-1010은 '德行', '言語', '政事', '文學'을 四科라 하면서, 그는 孔子가 72제자 중 이 四科의 각 분야에서 가장 뛰어난 10명의 제자를 거명한 것으로 보았다. 그중 '文學'에 뛰어난 제자로 子游와 子夏를 꼽았다. 이 '文學'을 邢昺은 '文章博學문장박학'으로 해석을 했다.[106] 그로부터 100여 년 후 朱子는 이를 『詩』, 『書』, 『禮』, 『樂』 등의 경서를 익히는 것으로 풀이하였다.[107] 이것은 곧 문학이 학문의 뜻으로 쓰였음을 의미한다. 『論語』에서는 단지 '文'만으로도 이와 유사한 뜻에서 학문이나 박학을 지칭하기도 한다.

> 제자는 안에서 효도하고 밖에서 공경하며, 언행을 삼가하고 信實하면서, 널리 사람을 사랑하되 어진 사람을 가까이 해야 한다. 이렇게 행한 여력으로 文을 배우는 것이다.
>
> 弟子入則孝제자입즉효, 出則悌출즉제, 謹而信근이신, 汎愛衆범애중, 而親仁이친인, 行有餘力행유여력, 則以學文즉이학문. 「學而학이」

위 '學文'에서의 '文'은 바로 이러한 '詩, 書, 六藝之文'을 가리키거나[108], 또는 '先王의 遺文유문'으로 곧 '詩, 書, 禮, 樂, 易, 春秋'의 '六

經'[109]을 의미하는 것으로 보인다. 또한 『論語』는 이러한 典籍전적을 바탕으로 한 '博學'을 강조하고 있다.

> 군자는 文에 박학하여 이를 예로서 모으면 道에 어긋나지 않을 수 있다.
>
> 君子博學於文군자박학어문, 約之以禮약지이례, 亦可以弗畔矣夫역가이불반의부. 「雍也옹야」

> 널리 배워 뜻을 돈독히 하고, 세심한 새김으로 自省자성을 하면 仁이 곧 그 안에 있다.
>
> 博學而篤志박학이독지, 切問而近思절문이근사, 仁在其中矣인재기중의.「子張자장」

> 夫子께서는 차례로 사람을 인도하여, 문장으로 나를 박학하게 하시고, 나를 예로서 절제하도록 이끄셨다.
>
> 夫子循循然善誘人부자순순연선유인, 博我以文박아이문, 約我以禮약아이례. 「子罕자한」

이로 볼 때 문학은 이러한 총체적인 배움 모두를 대상으로 하고 있다고 할 수 있다. 「文言 · 乾건」에서 보이는 "學以聚之학이취지, 問以辯之문이변지(배움으로써 앎을 쌓고, 물음으로써 의혹을 푼다)"[110]하는 것이 학문의 어원이 되는 것이라면, 학문은 곧 문학의 방법론이라고 볼 수 있다.

> 사람에게 있어 문학이란 마치 옥을 갈고 다듬는 것과 같다. 시에서 이르되, '자르듯, 깎듯, 쪼는 듯, 문지르는 듯', 이를 일러 학문이라 한다. 和氏璧화씨벽은 시골의 돌이었으나 玉人이 이를 갈아 천하의 보배가 되었다. 子貢자공과 季路계로는 시골사람이었으나 문학을 닦고 예의를 배워 천하의 列士가 되었다.

> 人之於文學也인지어문학야, 猶玉之於琢磨也유옥지어탁마야. 詩曰시왈, '如切如磋여절여차, 如琢如磨여탁여마', 謂學問也위학문야. 和之璧화지벽, 井里之厥也정리지궐야, 玉人琢之옥인탁지, 爲天子寶위천자보. 子贛季路자공계로, 故鄙人也고비인야, 被文學피문학, 服禮義복예의, 爲天下列士위천하열사.[111]

문학과 학문은 모두 사람의 됨됨이를 갈고 다듬는다는 교육적인 측면에서 같은 의미로 쓰였음을 알 수 있다. 다만 학문은 그 字意에서 나타나듯 문학을 하는 방법론적인 의미를 시사하고 있음이 다소 다르다할 수 있다.

비교적 가벼운 이야기 형태로 구성된『世說新語세설신어』는『隋書經籍志수서경적지』에서「子部 · 小說家類」로 분류되어 있다. 이 책의 처음은『論語』의 四科를 따라「德行」,「言語」,「政事」 篇에 이어「文學」篇을 두었으며,「文學」에서는 文人들의 言行 · 風貌풍모를 가벼운 문체로 기록하였다. 이것은 '文學'이라는 용어가 그만큼 일반화되었음을 뜻하는 것으로 이해해도 무방할 것이다. 여기에서도 '學問'이라는 용어가 이러한 넓은 의미에서 쓰였음을 볼 수 있다.[112]

'學問'이란 본시『周易』의「文言」에서처럼 '學'과 '問'이 따로 쓰이다가 후에 '學問이라는 복합어로 쓰인 것이라 할 수 있다. 이것은 결국 배움의 정신을 의미하는 것이며, 아울러 '文學'의 기본정신을 의미하기도 한 것으로 보인다.[113]

문학과 경학

위의『論語』에서와 같이 문학은『詩』,『書』,『禮』,『樂』등의 경전을 익히는 것이 그 중요한 내용으로 되어 있다. 따라서 경학은 사실상 문학에 포함되는 내용으로 볼 수 있다.

『漢書』에서 보이는 武帝무제때의 '五經博士'[114]라는 기록은 '經'의 통괄적 명칭에 대한 官書의 가장 이른 기록으로 보인다.[115] 그러나 경서를 지칭하는 '經'이라는 말은 그 이전에 이미 쓰이고 있었다. 우선 『禮記』에서는 「經解」라는 편명으로 '詩敎', '書敎', '樂敎', '易敎', '禮敎', '春秋敎'를 설명하고 있고,[116] 『莊子』의 「天運」에서도 '六經'이 언급되어 있다. 여기에서 육경은 『詩』, 『書』, 『禮』, 『樂』, 『易』, 『春秋』를 지칭하는 것으로 『論語』에서 중시되던 경전들이다.

'經'은 또한 '藝'로도 불렸다. 『漢書. 藝文志』의 「六藝略」 總論총론에 '六藝'의 文으로 『樂』, 『詩』, 『禮』, 『書』, 『春秋』 다섯 가지를 설명하고, 『易』은 이의 근원이 됨을 특별히 지적하였다.[117] 班固반고가 같은 책에서 위의 '五經'과 '六藝'를 어떻게 구분하여 쓴 것인지는 알 수 없으나, '六藝'도 보편적인 용어였을 것이다. 또한 『史記』의 「孔子世家」에 『詩』, 『書』, 『禮』, 『樂』과 더불어 '六藝'가 보이며,[118] 「滑稽列傳골계열전」에서도 孔子의 말을 인용하여 위에 『易』과 『春秋』가 합해진 '六藝'를 논한 것이 나타난다.[119]

'藝'는 孔子 때에 이미 사용된 용어로 보인다. 『論語』의 「述而」편에는 '遊於藝'라 하여 '道', '德', '仁'의 행위 규범과는 다른 면에서 사용을 하였으며, 鄭玄정현은 이를 '六藝'라고 주석을 하였다.[120] 다만 여기에서의 '藝'는 班固나 司馬遷사마천에서와 같은 경서를 의미하는 것과는 다른 것이지만,[121] 王靜芝왕정지는 이에 대해 '六藝'는 본시 두 가지의 서로 다른 뜻이 있었던 것으로 보면서, 그러나 '六藝'가 '六經'에 대한 早期조기의 다른 명칭이었음은 분명하다고 밝혔다.[122]

이렇듯 경서에 대한 초기의 명칭은 그렇게 분명한 것은 아니었다. 대체로는 『詩』, 『書』, 『禮』, 『樂』 등과 같이 서명으로 불렸을 뿐으로, 따로 '經'을 붙여 '經學'의 개념으로 발전하게 된 것은 漢代 이후로 유가사상을 존숭하게 되면서부터라고 할 수 있다. 때문에 그 이전에는 이를 통괄적으로 지칭하기 보다는 단지 '文' 또는 '文學', 혹은 '藝'등으로 일컬어져 가장 중요한 '學問'의 대상이 되었을 것으로 보인다.

7. 1910년 나라와 문학을 잃었다

1910년 음력 8월, 梅泉매천 黃玹황현: 1855-1910 선생은 왜국이 지난 달 이미 大韓帝國대한제국을 합병했다는 소식을 들었다. 그는 결국 올 것이 오고야 말았다는 절망으로 식음을 잊은 채, 그날 밤을 「絶命詩절명시」를 읊고 유서를 쓰며 지새웠다.

絶命詩

금수가 슬피 울고 바다와 산도 찌푸렸으니
무궁화의 세계는 이미 침몰 하였네
秋燈에 책 덮고 천고의 역사를 생각하니
인간세의 선비 되기가 어려워라

鳥獸哀鳴海岳嚬조수애명해악빈, 槿花世界已沈淪근화세계이침륜.
秋燈掩卷懷千古추등엄권회천고, 難作人間識字人난작인간식자인.
처마의 서까래 반 토막의 功도 없었으니
단지 仁은 되겠지만 忠은 아니라
겨우 尹穀윤곡을 따르는 데 그쳤을 뿐
당시 陳東진동에 이르지 못함이 부끄러워라

曾無支厦半椽功증무지하반연공, 只是成仁不是忠지시성인불시충.
止竟僅能追尹穀지경근능추윤곡, 當時愧不躡陳東당시괴불섭진동.[123]

강산과 금수까지 애통해 하는 가운데 무궁화의 나라는 침몰하였다. 사라진 千古의 역사 앞에 이 하잘 것 없는 글쟁이가 무엇을 할 수 있는가? 벼슬 한 번 해본 일이 없었으니 지금까지 나라에 기둥은 고사하고 서까래 반 토막의 공도 세워본 일이 없다.

이 국난에 죽음을 선택하는 것은 겨우 선비로서의 仁義를 따르고자 하는 것일 뿐으로, 나라에 대한 충성이라 하기에도 부족하다. 이는 외침을 당하여 일가족과 함께 自盡자진한 宋나라 尹穀을 따르고자 하는 것일 뿐이니, 나라를 위하는 마음으로 일면식도 없는 사람을 위해 목숨을 잃은 義人 陳東을 생각하면 그저 부끄러울 뿐이다.[124]

金澤榮김택영: 1850-1927[125]은 그가 쓴 「黃玹傳황현전」에서 매천의 마지막 모습을 이렇게 전하였다.

> "내 스스로 죽음으로 지켜야 할 신의가 있는 것은 아니지만, 단지 나라가 선비를 양성한지 500년에 국망의 날을 맞았으니 이러한 재난에 죽는 선비 하나가 없다면 어찌 통탄치 않겠는가? 내 위로는 하늘이 내리시는 常規의 미덕을 그르치지 않고, 아래로는 평소 읽은 글에 부끄럽지 않고자 하여 어둠속에 길이 잠들려 하니 도리어 통쾌함을 깨닫겠는지라. 너희들은 지나치게 슬퍼하지 말라." 쓰기를 마치고 독약을 집어 삼켰다.[126]

朝鮮 오백년의 역사에 선비는 얼마나 많았던가? 조선은 文臣들이 주도한 선비의 나라였다. 이제 그 나라가 아예 없어졌는데, 그 선비들 중에 어찌 죽는 사람 하나 없을 수 있겠는가? 선비는 하늘의 법도를 따르며 평소에는 글을 읽는 사람들이니, 어찌 天道가 무너진 이 난국에 혼자 삶을 도모할 수 있겠으며, 또한 평소 읽은 글에 대해 일말의 책임이나마 지지 않을 수 있겠는가? 매천은 이렇게 56세의 나이로 500년 조선의 마지막 선비의 길을 갔다. 이 길은 조선의 文人과 조선

의 文學이 함께 사라진 길이었다.

1910년은 실질적으로 조선이 완전히 사라진 해이다. 매천은 이에 대해 글을 하는 선비로서의 사명감과 나라에 대한 신의를 위해 스스로의 인생을 거두었다. 그러나 이것은 5년 전 이미 예정된 것이었다. 1905년 乙巳勒約으로 나라의 주권을 박탈당했을 때에 殉節순절한 愛國志士들에 대해 「五哀詩」와 여러 추모시를 써서 그들에 대한 깊은 敬慕경모의 정을 나타냈는데, 달리 보면 이는 결국 자신이 일찍부터 지니고 있었던 立節입절의 뜻을 드러낸 것이었다.

천고의 역사를 이어온 나라가 불의의 침략자에 의해 사라지는 위급한 국난을 당하여 무력을 갖추지 못한 선비들은 죽음으로써 節義를 지키는 수밖에 없었다.

매천은 「五哀詩」의 서문에서 "三公(趙秉世조병세, 洪萬植홍만식, 閔泳煥민영환)의 순절에 感慕감모하여 古人(杜甫)의 「八哀詩」를 본 받아 이 시를 짓는다."했다. 그는 또한 '三公' 외에도 崔益鉉최익현: 1833 -1906과 李建昌이건창: 1852-1898[127]을 포함시켜 '五哀'라 하였는데, 최익현은 아직 생존해 있었고 이건창은 病死병사한지 이미 7년이 지나 있었다.

이에 대해 그는 崔勉菴최면암; 최익현의 호은 그러할 만한 분이기 때문이며, 李寧齋이영재; 이건창의 호는 지금의 인물이 적어 그를 추모하기 위해서라 했다.[128] 즉 그는 이 상황에서 자신들이 선택할 수 있는 유일한 마지막 수단이 순절이라 여기고 있었던 것이다.

그러나 그는 당시 바로 그들을 따라가지는 않았다. 그는 이때 『梅泉野錄매천야록』을 기술하고 있었다. 1864년 高宗의 즉위를 전후로 시작한 編年體편년체의 역사서였는데, 이는 그의 또 다른 사명의식의 발로였다고 보인다. 과거의 조선과는 다르게 급변하는 국내외 정세와 사회상은 그때그때 기록이 절실한 때였다.

그는 고종이 즉위한 때부터 이미 이러한 상황을 기록하여 왔고, 후일 이것은 鄭喬정교: 1856-1925의 『大韓季年史대한계년사』와 함께 망국의 마지막 역사 기록이 되었다. 특히 일본인을 거쳐 발간된 『高宗實錄』이 이미 우리의 『朝鮮王朝實錄』이라고 할 수도 없는 상황에서, 『梅泉野錄』의 역사적 의미는 실로 매우 크다 할 것이다. 漢文으로 된 野史體야사체의 기록이지만 그래서 더욱 正史와 달리 유려한 문체가 돋보이며, 특히 나라의 존망과 관련된 일이나 忠節志士들에 대해서는 上疏상소나 遺疏유소 그리고 遺書유서 등을 매우 세심하게 갖추어 생동하는 역사의 기록이 되도록 하였다. 매천은 자신의 죽음을 늦춘 대신에 역사의 증인이 되어 망국의 勸戒권계를 남기고자 한 것이다.

가령, 당시 매천은 자신보다 먼저 순절한 지인들을 애도하며 「五哀詩」를 지었었다. 그러나 詩만으로는 그들의 충절이 후세에 충분히 전해질 수 없는 일이다. 그래서 그는 『梅泉野錄』에 이러한 상세한 기록을 담아 조선시대 마지막 선비이자 문인들의 최후를 전한 것이다.

여기에 「五哀詩」에서 추모한 五人 중 일찍 病死한 이건창을 제외하고, 四人에 대한 시와 『梅泉野錄』의 일부 기록을 옮겨본다.

「閔輔國泳煥민보국영환」

매천은 王妃를 비롯한 그 외척들을 극히 미워하였지만 閔泳煥민영환: 1861-1905 선생에 대해서는 그 敬慕경모의 마음이 지극하여 閔氏 집안의 群鷄一鶴군계일학으로 간주하였다. 따라서 그의 자결에 대해서도 매천은 매우 상세하고 생생하게 기술하였다. 그의 기록을 축약하면, 민영환은 그의 옛 하인인 李完植이완식의 집에서 佩刀패도로 자결하였다. 휴대용인 패도는 아주 짧은 칼이기 때문에 한 번으로 끝내지를 못하니, 여러 차례를 찌르면서 손가락에 묻어나는 피가 미끄러워 이를 벽에 닦은 흔적이 역력하였다. 소식을 들은 각국의 公使들이나 商民들까지도 슬퍼하며 조문을 왔는데, 다투어 비단으로 벽의 피를 닦아 품속에 넣으면서 '이는 충신의 피라'하였다.

그가 죽은 후 두 장의 유서가 발견되었는데, 하나는 국민에게 고하는 것이고, 다른 하나는 각국 공사에게 고하는 것이었다. 첫 번째 유서는 이러했다.

> 아! 나라와 백성의 치욕이 이에 이르렀으니 우리 국민은 장차 생존경쟁 속에서 진멸할 것입니다. 살고자 하는 자는 반드시 죽을 것이며, 죽기를 기약하면 삶을 얻을 것이니 諸公제공들이 어찌 이것을 헤아리지 못하겠습니까? 이 泳煥은 다만 한 번 죽음으로 皇恩황은에 보답하고 우리 2천만 동포형제에게 사죄하고자 합니다. 영환은 죽으나 죽지 않고 九泉之下에서 제군들을 도울 것입니다. 다행히 우리 동포들이 천만 배나 더 분발하여 志氣지기를 굳건히 하고 학문에 힘쓰며 마음과 힘을 합하여 우리의 자유 독립을 되찾으면 죽은 자는 어둠 속에서라도 웃을 수가 있을 것입니다. 아! 조금도 실망하지 마십시오. 이로 대한제국 이천만 동포에게 訣別결별을 告합니다.[129]

민영환은 이 글에서 국민에게 경고성 당부를 하였다. 우리가 외국의 통치를 받게 되면 우리는 서로 살고자하는 생존경쟁을 벌이게 될 것이며, 그 속에서 결국 우리 스스로 진멸하게 됨을 헤아려야 한다는 것이다. 그는 이어서 지금의 시국에 대한 지성인의 책임을 다하지 못한 것에 대해 죽음으로써 사죄하면서 국민들에게는 더욱 분발해줄 것을 당부하였다. 그는 각국 公使공사에게도 우리의 자유 독립을 도와달라는 간곡한 부탁을 두 번째의 유서에 담았다.

매천은 「五哀詩」 외에도 「血竹銘혈죽명」과 「血竹詩」로 민영환의 절의를 드높였다. '血竹'에 대해서는 신비한 얘기가 전해진다. 즉 민영환의 자결이후 이듬해 4월 그의 피 묻은 옷을 놓아둔 자리에서 대竹가 자라났는데, 네 포기에서 아홉 줄기가 자라나 성안의 사람들과 서양, 그리고 淸나라 사람들까지 이를 보기 위해 모여들어 인산인해를 이루었다는 것이다.[130] 「血竹詩」의 서문에도 같은 설명이 있는데 33엽의 잎이 돋았다는 것이 더 부연되었다. 이 모두는 매천의 민영환에 대한 추앙의 정도를 나타내는 것이라 할 것이다.

「洪判書萬植홍판서만식」

매천은 詩에서 洪萬植홍만식: 1842-1905 선생의 강한 책임감과 의연한 태도를 높였다.

> 毅然의연하다! 侍郞시랑 洪萬植은
> 名家로서 세상에 필적할 집안이 없었건만
> 스스로 역적의 兄이라 책임을 지고
> 문을 닫고 늙도록 나오지 않았네
> 毅彼洪侍郞의피홍시랑, 名家世莫匹명가세막필.
> 自引逆賊兄자인역적형, 拒戶老不出거호노불출. …下略.

『梅泉野錄』에서도 선생의 마지막 결연한 모습이 꼿꼿한 기상으로 생생하게 묘사되어 있다.

> 그는 驪州여주의 丙舍[131]에서 마침 손님과 바둑을 두다가 勒約늑약의 소식을 들었다. 그는 안색 하나 변하지 않고 바둑을 끝내고 천천히 바둑알을 통속에 담더니 손님을 물렸다. 그리고는 바로 의관을 갖추어 부친 묘소와

家廟가묘에 하직 인사를 올리고 약(毒藥)을 만들어 오라해서 마시려하였다. 그러나 그의 아들 杓표가 보고 울면서 그것을 엎어버렸다. 이에 홍만식이 꾸짖어 물리치면서 일렀다. "정리로 보아 당연하겠으나, 그러나 국세가 이에 이르렀으니 죽지 않고 무엇을 하겠느냐? 甲午년에 우리집안이 伸冤신원을 받았으니 나라가 망할 징조였다. 법의 기강이 이와 같으니 어찌 오늘의 변괴가 없겠느냐? 내 죽으면 白棺백관에 넣어 處士처사라 쓰고 先塋선영에 묻지 말라. 너도 평생 죄인으로 살되 나의 뜻을 어기지 말라." 그는 아들의 만류를 물리치고 약을 먹고 절명했다. 그는 평소 아우가 역적으로 처형된데 대해 매우 부끄럽게 생각하여 麻衣마의를 입고 짚자리에 앉아 죄인으로 자처하다가 이처럼 의연하게 자결을 하니 사람들은 그를 더욱 훌륭하게 여기며 슬퍼하였다.[132]

홍만식 선생은 1884년 甲申年에 그의 아우 洪英植홍영식이 金玉均김옥균, 朴泳孝박영효 등과 함께 甲申政變갑신정변을 일으켰다가 주살당하고, 이 일로 그의 아비 洪淳穆홍순목이 자살하자 그 자신도 죽으려 하였으나 뜻을 이루지 못하고 줄곧 죄인처럼 살아왔다. 그런데 그의 집안이 伸冤신원이 되자 오히려 이를 法網법망의 해이로 보고 나라가 망할 징조라 우려했다. 매천은 이러한 그의 모습에서 깨끗하고 곧은 선비의 지조를 나타내고자 한 것이다. 특히 선생은 을사늑약에 가장 먼저 순절하였다. 그의 의연한 모습과 더불어 칼날과 같은 명쾌한 선비의 기상을 볼 수 있다.

「趙政丞秉世조정승병세」

趙秉世조병세: 1827-1905 선생은 좌의정까지 지냈고, 임종 당시에는 79세의 원로대신이었다. 이에 대해 시에서 매천은 "요란한 굉음은 지축을 흔들며 산악이 무너지는 것과 같았다(砰訇動地維팽굉동지유, 有似

山岳隕유사산악운)"라는 기록으로 원로대신의 순절이 전 나라에 매우 큰 영향을 미쳤음을 나타내었다. 『梅泉野錄』에서는 그가 죽기 전 나라를 구하려는 마지막 노력들을 상세하게 기술하였다. 그는 각국의 공사들에게 서신을 보내 일본의 부당한 주권 침탈을 비판하면서 勒約을 취소시키도록 도와 달라는 호소를 하였다. 아울러 百官을 거느리고 상소하여 朴齊純박제순: 1858-1916 등 五賊오적의 죄를 논하였다.

> 엎드려 바라옵건대 폐하께서는 속히 齊純제순을 斬首참수하시어 길거리에 매달고, 기타 諸臣제신 중에 '可'라고 쓴 자는 王法에 의해 반드시 처형해야 한다는 뜻을 세워 주동자와 추종자의 구별을 두지 말고 모두 잡아들여 속히 국법을 바로 하시옵고, 다시 신의와 지조가 있는 신하를 택하시어 外部長官으로 삼아 각 공관에 성명을 내고 그들과 모여 담판을 하게 하시어 勒約늑약을 취소하여 국권을 되찾아 국민의 社稷사직을 보존하시기 바라옵니다. 臣 등은 윤허를 받지 못하면 차라리 궁전의 섬돌에 머리를 부술지언정 신의 상 살아서 궁궐 밖으로 나갈 수가 없겠나이다.[133]

이처럼 그는 궁궐에서 목숨을 건 상소를 올리고 또 올리며 大安門 밖에서 석고대죄하고 있었지만, 왜병들이 그를 헌병소에 수감하여 버리는 바람에 뜻을 이루지 못하였다. 이튿날 그는 석방이 되었고, 곧 민영환이 자결하였다는 소식을 들었다.

> 그는 민영환이 죽었다는 소식을 듣고 탄식을 하며, "나도 죽어야겠구나." 라고 하였다. 손님 중에 만류하는 사람이 있어 "공연히 죽으면 보탬이 되지 않습니다. 조금 기다리시지요."라 하니, 秉世가 이르기를, "내가 죽지 않으면 죽는 날에 어떻게 文若민영환의 字을 대하리오." 하고 소매에서 아편을 꺼내 삼켰다.[134]

그는 자결하기 전에 遺疏유소를 남겼으며, 또한 각 공관에 서신을 보내고 아울러 국민에게 이별을 告하는 글을 썼다.

> 그러나 일은 마음대로 되지 않고 대세는 이미 기울었습니다. 단지 죽음으로써 위로는 국가에 보답하고 아래로는 衆人중인에게 사죄하려고 합니다. 그러나 죽으면서도 여한이 있으니, 국세를 회복하지 못하고 主上의 걱정을 풀어드리지 못한 것입니다. 전국의 동포 여러분, 저의 죽음을 슬퍼하지 마십시오. 각자 분발하여 충의에 더 힘쓰시고 나라를 도와 우리 독립의 기초를 공고히 하여 會稽회계의 수치[135]를 씻어 주신다면 秉世는 비록 九泉之下일지라도 춤을 추며 기뻐할 것입니다. 각자 힘써 주십시오, 각자 힘써 주십시오.[136]

이것이 매천이 기록한 이 나라의 忠正(高宗의 하사를 받은 시호이기도 함) 조병세 원로대신 마지막 모습이었다.

「崔判書益鉉최판서익현」

매천이 「五哀詩」를 지을 때, 최익현1833-1906 선생은 아직 생존해 있었다. 그러나 매천은 그를 평소부터 매우 존경하였으며, 「五哀詩」의 서문에서 그도 순절의 길을 갈 것이라는 기대를 가지고 그를 「五哀詩」의 다섯 인물에 포함시켰음을 말하였다. 그는 이 시에서 순절을 재촉하는 듯하였다.

> 宋나라에는 江萬里가 있었고
> 楚나라에는 屈原굴원이 있었소.
> 이들은 國亡日까지 기다리지 않았으니
> 천년토록 늠름한 모습이오.

宋有江古心송유강고심, 楚有屈正則초유굴정칙.
不待國亡日부대국망일, 千載凜顏色천재늠안색.

매천이 이렇게 재촉할 수 있었던 것은 그에 대한 믿음과 그리고 매천 자신도 그러한 길을 갈 것이라는 확신이 있었기 때문이었을 것이다. 그러나 선생은 다른 길을 택하여 보다 더 적극적인 생각을 하고 있었다.

바로 乙巳년의 마지막 날 음력 12월 30일에 前大司憲전대사헌 宋秉璿송병선: 1836-1905 선생이 朴齊純박제순 · 李址鎔이지용 · 李根澤이근택 · 李完用이완용 · 趙重顯조중현 등의 賊子적자들 處刑처형과, 勒約늑약의 폐지 등을 요청하는 遺疏유소를 남기고 자진하였다.[137]

이 소식을 들은 최익현 선생은 탄식을 하였다. "죽는 것도 좋지만 사람이 모두 죽으면 나라를 위할 사람은 누구인가?"라면서, 그는 스스로 더 밥을 잘 먹고 기운을 내면서 사방의 인사들을 부르는 계획을 세웠다.[138] 그는 나라에 현실적으로 보탬이 될 방법을 찾고자 한 것으로 매천의 생각과는 다소 달랐다.

과연 그는 1906년 閏四月 湖南에서 擧兵거병하였다. 그러나 싸운 지 열흘도 되지 않아 별 성과 없이 체포되어 서울로 압송되었다. 그는 사실 충의에만 매달렸을 뿐으로 아무런 군사 경험이 없고 나이도 많은 데다가 수백의 烏合之衆오합지중으로는 처음부터 무리였다. 종군하는 유생들은 큰 관과 넓은 소매로 마치 과거시험을 보러 가는 것 같았으며, 총과 탄환이 무엇인지도 모르고 있었다고 전한다.

그는 7월 8일 대마도에 수감되었고, 11월 17일 그곳에서 사망하였다. 74세의 고령에 일본의 음식을 거부하다가 노환이 겹쳐 함께 거사한 林炳瓚임병찬에게 遺疏를 불러주고 운명하였다. 21일 그의 상여가

부산에 도착하자 이를 따르며 통곡을 하는 사람들이 인산인해를 이루어, 일본인들이 靈柩영구를 기차에 실어 운구하였다. 골목마다 곡소리가 전국에 퍼졌으니 모두가 눈물을 뿌리며 "崔勉菴최면암이 죽었다" 하며 서로 조문하는데 죽은 사람을 위해 이렇게 슬퍼하는 것은 國朝 이래 처음 있는 일이었다.[139]

매천은 그의 부음을 듣고 시로 號哭을 하였으니 「哭勉菴先生곡면암선생」 八首를 지어 올렸다. 그 중 두 번째 首이다.

> 의병의 북소리 끊어진 곳에 피로 얼룩지고
> 버림받은 신하의 목숨은 담소 사이에 있구려
> 만리 이역에 갇히어 切齒腐心절치부심 하오시니
> 삼년에 금의환향하심을 손 꼽았더이다
> 바다건너 세월은 전해 오는 기별이 적었고
> 세상 끝 소식에 별이 졌다하더이다
> 초혼 한다 높이 올라 바라보지 마시오
> 푸른 바다 위 대마도 보기도 싫소이다
>
> 義鼓聲摧血雨斑의고성최혈우반, 孤臣判命笑談間고신판명소담간.
> 腐心萬里南冠縶부심만리남관집, 屈指三霜赤舃還굴지삼상적석환.
> 海外光陰來雁少해외광음래안소, 天涯消息落星寒천애소식낙성한.
> 招魂且莫登高望초혼차막등고망, 厭見青蒼馬島山염견청창마도산.[140]

매천은 勉菴을 평소 泰山北斗로 仰慕앙모하였으며, 따라서 이 나라에 마지막 힘이 되어줄 충신으로 여겼을 수도 있다. 그런데 그가 온갖 고초를 겪고 바다 건너 이역에서 스러져 감에 매천은 깊은 절망감에 빠졌다. "나라는 장차 폐허가 될 것이고 백성은 재(灰)가 될 것입니다."[141]라고 한 것은 이제 더 기대할 곳이 없음을 말한다.

매천은 사라져가는 나라의 벼랑 끝에 서서 이미 죽기로 작정한 채 마지막 할 일을 하였다. 나라의 육신은 천지간에 분해되어 사라지더라도 민족의 魂혼을 건져내는 일이었다. 그가 아니었으면 과연 그러한 생생한 역사의 기록이 전하여질 수 있었을 것인가? 그가 아니었으면 누가 당시 순절지사들의 혼을 후손들의 가슴 속에 살려낼 수 있었을 것인가?

이 외에도 한일합병으로 인한 문인 지사들의 순절은 줄을 이었다. 錦山郡守금산군수 弘範植홍범식: 1871-1910, 判書판서 金奭鎭김석진: 1843-1910, 參判참판 李晩燾이만도: 1842-1910, 張泰秀장태수: 1841-1910, 正言정언 鄭在楗정재건: ?-1910, 承旨승지 李載允이재윤: 1849-1911, 議官의관 宋益勉송익면: 미상, 監役감역 金智洙김지수미상, 武人무인 全州전주 鄭東植정동식1850-1910, 儒生유생 連山연산 李學純이학순: 1843 -1910, 全義전의 吳剛杓오강표: 1843-1910, 洪州홍주 李根周이근주: 生卒年 미상, 泰仁태인 金永相김영상: 1836-1910, 公州공주 趙章夏조장하: 1847-1910 등 모두가 망국의 현실에 죽음으로 節義절의을 지키고자 한 사람들이었다. 김택영은 이들 중에서 매천이 '文學'으로 가장 탁월하였다 했다. 김택영에 의하면 매천의 시는 조선의 藝苑예원 중에서 손꼽을 만하며, 그의 문장은 아름다운 절의가 보태져 있으니 그 광채가 백세에 이를 것임은 의심할게 없다고도 했다.

매천은 조선의 마지막 가장 훌륭한 선비이자 문학인이었다. 그가『梅泉野錄』을 통해 나라의 혼을 살리고자 한 노력이나, 國亡의 현실에서 순절로 민족의 역사에 대해 책임을 지고자 한 것은 바로 그의 이러한 선비의 정신에서 비롯된 것이었다. 아울러 김택영 시의 우수함과 이건창 문장의 능함을 두루 함께 갖추었다고 평가되는 매천의 詩文은 바로 이러한 선비 정신으로부터 꽃피운 것이라고 할 수 있을 것이다.

김택영은 매천의 부음을 듣고 이렇게 슬퍼하였다.

聞梅泉殉信作문매천순신작

망국의 노래를 마치고 독약을 들었구려
五更의 비바람은 산귀신조차 울렸으리.
누가 알았겠는가? 흉중의 節義를 세움이
嘐嘐 十首를 적었을 때 이미 정하여졌던 것을!

麥秀歌終引酖巵맥수가종인짐액, 五更風雨泣山魑오경풍우읍산리.
誰知素定胸中義수지소정흉중의, 已在嘐嘐十咏時이재교교십영시.

시단에 참된 인재가 다시 또 누가 있는가?
명월이 빛을 잃고 北斗의 자루는 부러졌소.
당신은 아는가? 知音人이 홀로 남아
청풍강가에서 당신 혼을 기다리고 있음을.

詞垣誰復是眞才사원수복시진재, 璧月無光斗柄摧벽월무광두병최.
知否賞音人獨在지부상음인독재, 靑楓江畔望魂來청풍강반망혼래.[142]

'麥秀歌맥수가'는 箕子기자가 지은 노래라 전해진다. 그가 周나라에 가다가 옛 殷은나라의 궁전 터를 지나게 되었는데, 宮室은 없어지고 보리 싹이 자라고 있는 것을 보고 마음이 아파 이 시를 지었다 한다. 즉 나라의 흥망성쇠가 덧없음을 나타낸 것으로 보인다.

'嘐嘐十咏교교십영'은 매천이 중국의 옛 隱士은사들 가운데 절의를 굳게 지킨 10인을 가려 그들을 기리며 지은 10수의 시를 말한다. 매천은 이것으로 병풍을 만들어 둘러놓고 스스로 안위를 삼았다 한다. 김택영은 매천이 이때 이미 순절의 마음을 굳혔다고 본 것이다. 김택영은 몸이 중국에 있었기 때문에 問喪문상을 하지 못하고, 단지 매천의 혼이라도 부르고 싶은 심정으로 친우에 대한 애타는 그리움을 표현하였다.

매천은 다른 선비들과 함께 조선 500년 선비의 정신을 우리에게 남기고 떠났다. 그러나 우리는 그 정신마저 땅에 묻었다. 그로부터 지금까지 우리는 그들의 모든 것을 구시대라는 무덤에 매장한 채 간혹 박물관에서 소개하고 있을 뿐이다. 이는 우리의 전통적인 문인정신과 문학이 사라졌음을 의미한다.

---

35. 평론가 조연현의 경력을 간단히 언급하면; 최연소의 예술원 회원, 잡지 『현대문학』, 한국예술문화윤리위원회장, 한국문인협회 이사장 등을 지냈으며, 대한민국예술상, 3 · 1문학상 등을 수상했다(참고; 반민족문제연구소 지음, 『청산하지 못한 역사』, 청년사, 서울, 1994. 280면). 이러한 경력은 곧 우리사회에서 그가 차지한 위상을 말해 준다.
36. 조연현 著, 『韓國現代文學史』, 성문각, 서울, 1978. 108-124면.
37. 金容稷 저, 「崔南善의 '海에게서 少年에게'」, 『한국현대시작품론』, 문장, 서울, 1996. 50면.
38. 白鐵 · 李秉岐 共著, 『國文學全史』, 新丘文化社, 서울, 1973. 260면.
39. 조연현 저, 『韓國現代文學史』. 119면.
40. 『한국현대시작품론』, 56-57면.
41. 『韓國現代文學史』, 130-141면.
42. 김봉군, 이용남, 한상무 공저, 『한국현대작가론』, 民知史, 서울, 1997. 500면.
43. 조연현 저, 『韓國現代文學史』. 135면.
44. 김윤식 · 김현 저, 『한국문학사』, 민음사, 서울, 1998. 197-204면.
45. 상게서, 192면.
46. 『國文學全史』, 270면.
47. 六堂崔南善先生記念事業會編, 『六堂이 이 땅에 오신 지 百周年』, 東明社, 서울, 1990. 26면.
48. 상게서, 228면.
49. 상게서, 236-238면.
50. 상게서, 243-283면.
51. 洪一植 著, 「六堂의 生涯와 文學」, 申東旭 편집, 『崔南善과 李光洙의 문학』, 새문社, 서울, 1981. Ⅱ-15-39면. 홍교수는 이 논문에서 최남선의 시가를 평가하는 기준의 하나로 그것이 한국시의 전통을 얼마나 성실하게 계승하고 있는 것이냐 하는데 두었으며, 이로부터 '六堂의 시가에서 보여준 自主와 진보, 두 의식의 조화는 한국 근대 시정신의 한 표본으로서 오래 기억되어야 한다고 생각한다.'라 했다.

52. 홍일식 저, 「3 · 1獨立宣言書 硏究」, 『六堂이 이 땅에 오신 지 百周年』, 249면.
53. 이광수 저, 「나의 告白」, 재인용, 全光鏞 著, 「李光洙의 文學史的 位置」, 『崔南善과 李光洙의 문학』, 새문사, 서울, 1981. Ⅱ-69.
54. 상게서, Ⅱ-59면.
55. 상게서, Ⅱ-63면.
56. 丘仁煥 著, 「李光洙의 생애와 문학」, 『崔南善과 李光洙의 문학』, Ⅱ-58.
57. 金起林 著, 『文學槪論』, 新文化硏究所, 서울, 1946년 초판, 1948년 3판. 金東里 著, 『文學槪論』, 正音社, 서울, 1952년 초판, 1953년 3판. 白鐵 著, 『文學槪論』, 新丘文化社 1954. 저자는 이 책의 서문에서, 초판은 이미 1947년에 발행하여 1952년 7판까지 내고서 절판을 시켰다고 했다. 또한 이 책은 수정이 아니고 다시 저술했음을 밝혔으니, 사실 김동리보다 앞서 저술했고, 7판까지 발행한 것으로 보아 상당히 많이 읽혔을 것으로 짐작된다. 다만 필자는 그 초판을 보지 못하고 1954년 판만을 볼 수 있었다. 崔載瑞 著, 『文學原論』, 信元圖書, 서울, 1957년 초판, 1976년 增補重版.
58. 白鐵 著, 『文學槪論』, 181면.
59. 상게서, 153면.
60. 崔載書 著, 『文學原論』, 信元圖書, 서울, 1976, 序文 2-3면.
61. 인용 및 참조, 林鍾國 著, 『親日文學論』, 平和出版社, 서울, 1966, 271면.
62. 상게서, 408-409면에서 재인용.
63. 김기림은 日本大學 문학예술과를 졸업했고(김용직 저, 『김기림』, 건국대학교출판부, 서울, 1997), 백철은 東京高師 英文科를 졸업했으며(金允植 著, 『韓國近代作家論攷』, 一志社, 서울, 1990, 80면), 최재서는 京城帝國大學 영문과를 나와 런던대학에서 유학을 하였다(반민족문제연구소 엮음, 『친일파99인』, 돌베개, 서울, 1995, 75면). 다만 김동리 만은 기독교 계통의 경신중학교를 중퇴하였다(이동하 저, 『김동리』, 건국대학교출판부, 서울, 1996).
64. 김윤식 · 김현 저, 『한국문학사』, 민음사, 서울, 1998.
65. 趙潤濟 著, 『韓國文學史』, 探求堂, 서울, 1978. 3면.
66. 『國文學全史』, 6면.
67. 고대의 使臣들 간에 應待하는 言辭를 일컬음.
68. 乙支文德 將軍이 隋의 大將軍 于仲文을 詩로 희롱한 것을 의미한다. 「贈隋右翊衛大將軍于仲文」“神策究天文, 妙算窮地理. 戰勝功旣高, 知足願云止.” 『東文選 · 卷十九』, 民族文化刊行會 影印, 1994. 1책 346면.
69. 「檄黃巢書」文을 의미하며, 『東文選 · 卷四十九』에 보인다. 3책 68면.
70. 『東文選 · 序』, 7책 163면.
71. 참고; 朴鍾鴻外 執筆, 『韓國의 名著2』, 玄岩社, 서울, 1990. 85면.
72. 古朝鮮 霍里子高의 妻麗玉이 지었다는 箜篌引(公無渡河, 公竟渡河. 墮河而

死, 將奈公河)과, 高句麗 琉璃王의 黃鳥歌(翩翩黃鳥, 雌雄相依. 念我之獨, 誰其與歸)를 대체로 현존하는 한자 사용의 초기 자료로 본다.

73. "小獸林王二年, 秦王苻堅遣使及浮屠順道, 送佛像 · 經文, ……立太學, 教育子弟." 김부식 지음, 이병도 역주,『三國史記』, 을유문화사, 서울, 1997. 429면.
74. 참고; 黃德寬·陳秉新 著, 河永三 옮김,『漢語文字學史』, 東文選, 서울, 2000. 489면.
75. 여운필 외,『역주목은시고』, 月印, 서울, 2000. 41-42면.
76. 司馬遷 著,『史記 · 項羽本紀』.
77. 唐玄宗(: 685-762)이 梨園이라는 일종의 음악 학교를 宮內에 설립하여 樂工 300人과 宮女 數百人을 뽑아 樂曲을 가르쳤는데 이들을 가리켜 '皇帝梨園子弟'라 했다.
78. 辛文房 撰, 孫映逵 校注,『唐才子傳校注』, 中國社會科學出版社, 河北, 1991. 234-235면.
79. 李奎報著,『東國李相國集 · 後集』,『韓國文集叢刊 · 2』, 134면.
80. 韓春燮 編著,『古時調解說』, 홍신문화사, 서울, 1993. 324-325면.
81. 상게서, 89면.
82. 漢陽語文研究會 編,『韓國現代詩史資料大系』, 東西文化院, 서울, 1987, 469-474면.
83. 金允植 著,『韓國近代作家論攷』, 一志社, 서울, 1990. 335 -336면.
84. 시의 원문 인용 및 참조, 김봉균, 이용남, 한상무 공저,『한국현대작가론』, 民知社, 서울, 1997. 22-46면
85. 이 고백은 1928년 10월 조선 문예가 협회 주최의 강연에서「朝鮮詩形에 관하여」라는 제목으로 발표한 것이며, 이를 요약하였다 함. 상게서, 36면.
86. 상게서, 28면.
87. 이 글은 북한의 김철 시인이 어려서 헤어진 '누이에게 보내는 노래'로 지은 작품인데, '북한 서정시의 절창'이라고 경향신문은 소개했다. 2000년 11월 30일자 경향신문.
88. 朴仁老 著,「蘆溪集」,『韓國文集叢刊 · 65』, 256면(띄어쓰기; 필자).
89. 교육부 저작, 2000년 발행.
90. 崔東鎬 저,「李光洙 詩歌에 반영된 현실과 '임'」,『崔南善과 李光洙의 문학』, Ⅰ-154.
91.『韓國現代詩史資料大系』, 346-347면.
92. 김윤식 · 김종철 감수, 맹용재 외 지음,『디딤돌 문학 · 시 문학편』, 디딤돌, 서울, 2003. 220-221면.
93. 어쩌면 우리가 살아가면서 겪을 수 있는 어려움 중에서 가장 큰 어려움일 것이다. 1999년 씨랜드 사건으로 두 아이를 잃은 한 어머니의 號哭이다. 필자는 그 사건은 어느 개인의 슬픔만이 아니고 우리 모두의 슬픔이며, 그 사건이 잊

혀서는 안 된다는 公憤 의식으로 감히 여기에 일부를 인용한다. 다만 인터넷에서 전재하여 저자의 허락과 확인을 받지 못하였다. 아이의 어머니한테는 위로의 언어를 찾을 길이 없으며, 이 인용이 무례가 되지 않기를 바랄 뿐이다.

94. 歐陽修 著, 『歐陽修全集 · 梅聖俞詩集序』, 中國書店, 中國 河北, 1992, 295면.

95. 李秉岐, 白鐵 共著, 『國文學全史』, 551면.

96. 조동일 저, 『한국문학통사』, 지식산업사, 서울, 2000. 274-277면.

97. 실제로는 세 곳에서 나타나지만, 「頌讚의 '文學'은 崔瑗의 『南陽文學官志』를 지칭하는 것이어서 여기에서는 관련이 없다고 보겠다. 참고: 黃叔琳 注, 『文心雕龍注』, 宏業書局有限公司 影印, 1975. 167면. 두 곳은 「時序」에서 보이는 것으로, '唯齊楚兩國, 頗有文學'이라 하였고, '文學蓬轉'이라 하여 대체로 학문적 분위기나 그 기풍을 의미한 것으로 보인다. 상게서, 671, 673면.

98. 상게서, 726면.

99. 曹丕의 「典論論文」은 '密而不周'하고, 曹植의 「與楊德祖書」는 '辯而無當'하며, 應瑒의 「文質論」은 '華而疏略'하고, 陸機의「文賦」는 '巧而碎亂'하며, 摯虞의 「文章類別論」은 '精而少巧'하고, 李充의 「翰林論」은 '淺而寡要'하다 했다.

100. "蓋文心之作也, 本乎道, 師乎聖, 體乎經, 酌乎緯, 變乎騷, 文之樞紐, 亦云極矣."「序志)」, 727면.

101. "文之爲德也大矣, 與天地並生者何哉! 夫玄黃色雜, 方圓體分, 日月疊璧, 以垂麗天之象; 山川煥綺, 以鋪理地之形; 此蓋道之文也." 「原道, 第一」, 1면.

102. "出口爲言, 集札爲文, 文辭施設, 實情敷烈. 夫文德, 世服也. 空書爲文, 實行爲德, 著之於衣爲服." 王充 著, 黃暉 撰, 『論衡校釋 · 書解』, 中華書局, 北京, 1990, 1149면.

103. "蓋文章, 經國之大業, 不朽之盛事. 年壽有時而盡, 榮樂止乎其身, 二者必至之常期, 未若文章之無窮."

104. "文章者, 所以宣上下之象, 明人倫之敍, 窮理盡性, 以究萬物之宜者也."

105. "文章者, 蓋性情之風標, 神明之律呂也."

106. 邢昺 疏, "文章博學, 則有子游子夏二人也."

107. "文學者, 學於詩書禮樂之文, 而能言其意者也." 『經書』, 成均館大學校出版部, 서울, 1992, 266면.

108. 朱子 注, '文, 謂詩書六藝之文', 『經書』, 63면.

109. 邢昺 疏, "……可以學先王之遺文, ……古之遺文者, 則詩書禮樂易春秋六經是也." 『論語』.

110. 『周易』.

111. 『諸子集成 · 荀子集解』, 第三冊, 334면.

112. "北人學問, 淵綜廣博. …… 南人學問, 清通簡要.", 『諸子集成 · 世說新語』,

53-54면.

113. 예로,『世說新語 · 文學』에서 '諸葛肱年少, 不肯學問.'이라 한 것은 '學問'을 단지 배움의 행위를 의미하는 기본정신의 뜻으로 쓰인 것이라 할 수 있다. 상게서, 50면.

114. "五年春, 罷三銖錢, 行半兩錢. 置五經博士.", 班固 撰,『漢書 · 顔師古 注』, 宏業書局, 臺北, 1974, 159면.

115. 참고: 王靜芝 著,『經學通論 · 上』, 國立編譯館, 臺北, 1972. 15-20면.

116.『禮記 · 經解』.

117. "六藝之文, 樂以和神, 仁之表也. 詩以正言, 義之用也. 禮以明體, 明者著見, 故無訓也. 書以廣聽, 知之術也. 春秋以斷事, 信之符也. 五者, 蓋五常之道, 相須而備, 而易爲之原."『漢書 · 藝文志』.

118. "孔子以詩書禮樂教, 弟子蓋三千焉, 身通六藝者七十有二人,"『史記』, 1938면.

119. "孔子曰, 六藝於治一也. 禮以節人, 樂以發和, 書以道事, 詩以達意, 易以神化, 春秋以義,"『史記』, 3197면.

120. "子曰, 志於道, 據於德, 依於仁, 遊於藝' 鄭玄 注 '藝, 六藝也,"『論語』.

121. "六藝, 謂禮, 樂, 射, 馭, 書, 數也." 邢昺 疏.

122.『經學通論』, 20-23면, 參考.

123.『梅泉集』, 靑丘文友社, 서울, 1980. 352면.

124. 尹穀과 陳東 두 사람 모두 중국 宋代의 충신으로, 윤곡은 外侵을 당하여 潭城을 지키며 버티다가 순절했으며, 진동은 충신 李綱을 위해 直諫을 하다가 棄市되었다고 전한다. 참고;『宋史卷四百四十九 · 列傳第二百九, 第二百一十四』

125. 김택영은 李建昌이건창과 더불어 매천과 가장 가까운 친교를 맺은 사람이다. 매천은『梅泉野錄』에서 그의 淸國行을 기록하였다. 김택영은 일찍이 매천에게 편지를 보내 "세상일이 가히 알만한데, 늙어 섬 아이들(日人을 지칭함)의 노예가 되기보다는 차라리 蘇州나 浙江에서 더부살이하며 만년을 보내는 것이 나을 것 같은데 자네도 나를 따라가 놀 수 있겠는가?" 한 일이 있었다. 과연 그는 乙巳勒約이 맺어지자 1908년 淸國으로 떠났다. 중국에서 처음으로『梅泉集』을 간행하였다.

126.『梅泉集』,「本傳」, 5면.

127. 매천에 의하면, 건창은 성품이 맑고 곧아 惡을 미워하며 시대와 어울리지를 않고 벼슬길에서도 원만하지 못하였으며, 甲午年 六月에 통곡을 하고 고향에 돌아와 다시는 서울에 가지를 않았고, 風病을 앓다가 江華의 田家에서 사망했다고 하였다. 김택영은 이건창을 麗韓九大家의 문장가로 꼽았다.

128.『梅泉集』, 卷四, 23면

129. 國史編纂委員會 編纂,『梅泉野錄 · 光武九年乙巳』, 新志社, 서울, 檀紀

4288. 356면.

130. 상게서, 384면.

131. 墓幕을 지칭하는 말이지만 侍墓를 위한 것이 아니라 여기서는 墓와 家廟를 관리하는 집으로 보임.

132. 『梅泉野錄』, 351면.

133. 상게서, 「光武九年乙巳」, 353면.

134. 상게서, 356-357면.

135. 越王 勾踐이 會稽山에서 吳王 夫差에게 패하였다가 臥薪嘗膽하여 雪恥하였다는 고사에서 나온 말로 즉 나라의 수치를 의미한다.

136. 『梅泉野錄』, 357면.

137. 선생은 소매에서 아편을 꺼내 술에 타 마시고 누웠는데 죽지 않자 다시 일어나 匕首를 삼키고 한나절이나 손발을 떨고 몸을 뒤척이다가 절명했다고 한다. 그는 遺疏 외에도 人民과 동생 秉珣 그리고 아들 哲憲에게 각각 遺書를 남겼다. 특히 아들에게는 "나무를 먹고 개울물을 마시더라도 修身으로 천명을 기다리며 先訓을 잘 지켜 가문의 명성을 떨어뜨리지 말라"하여 선비 집안의 정신을 보여 주었다. 상게서, 367면.

138. 상게서, 370면.

139. 상게서, 376-403면.

140. 『梅泉集 · 祭勉菴崔先生文』, 321면.

141. '國將墟矣, 民將灰矣.' 상게서, 459면.

142. 박충록 저, 『조선후기 삼대 시인 연구』, 이회문화사. 서울, 1994. 115면.

셋.

한국을 반도라고 부르는 이유

1. 경복궁은 왕비도 지키지 못했다

1895년 9월 1일 새 주한공사 미우라가 이노우에의 후임으로 서울에 도착하였다. 그로부터 37일 후 10월 8일 새벽, 일본의 군대와 영사경찰 그리고 공사관원 등으로 구성된 침략자들이 총칼을 들고 500년 조선왕조의 심장부인 景福宮경복궁 궁전을 종횡무진으로 유린하였다. 그들은 왕을 협박하고 왕태자를 기절시키면서 목표물을 찾아 심장부의 가장 깊은 內殿내전을 짓밟아 나가고 있었다. 궁궐의 호위군은 아예 보이지도 않았다. 그러다 黎明여명의 시각에 한쪽에서 침략자들의 환호 소리가 들렸다.[143]

> 옥호루에서 궁녀들과 함께 피신해 있던 왕비는 바로 앞에서 이경직이 칼을 맞고 쓰러지는 순간, 그 곳을 뛰쳐나가 마루로 달려갔다. 그러나 몇 보도 못 가서 뒤쫓아 나온 살해범들에게 붙잡혀 넘어졌고, 바로 이어 참혹한 만행이 자행되었다. 이어 그자와 패거리들은 다시 방에 들어가 왕비와 용모가 비슷한 궁녀들을 골라 살해하였다. 이른바 확인살해였다. 바로 이때 거의 절명 상태에 있던 왕비가 의식을 되찾아 실낱같은 목소리로 왕태자를 불렀다. 왕태자가 안전한가를 묻는 것이었다. 그러자 안에서 이 소리를 들은 살해범들이 다시 달려 나와 왕비를 마구 짓밟고 칼로 거듭 찔렀다. 그리고 방안의 궁녀들을 하나하나 끌고 나와 왕비의 시신여부를 확인하였다.[144]

九重宮闕구중궁궐 가장 깊숙한 곳에서 전쟁도 아닌 단순한 침략자 몇 십 명에 의해 조선왕조의 마지막 왕비는 이렇게 스러졌다. 그러나 그들의 만행은 아직도 더 남아 있었다.

> 여인들이 살해된 직후 일본패의 두목은 주머니에서 사진 한 장을 꺼내어

확인한 뒤, 시신들 중 둘을 밖으로 내가도록 부하들에게 명령했다. 이어 시신에 석유를 끼얹고 불을 질렀다. 이 두 시신 중의 하나는 왕비였으며, 이렇게 한 목적은 왕비의 모든 흔적을 없애버리기 위해서였다.[145]

참으로 허무한 순간이었다. 우리나라 반만년의 역사는 이렇게 운명을 다해가고 있었다. 이로부터 15년 후, 1910년 8월 22일 우리는 우리의 역사를 종식하는 문서에 國璽국새를 찍었다. 그리고 마지막 임금(사실 우리의 마지막 王은 高宗이라 해야 할 것이다)이 마지막 '勅諭칙유'를 내렸다.

짐이 덕이 없으면서도 어려운 대업을 이어받아 즉위하여 오늘에 이르렀도다. 維新政令유신정령에 관해서는, 그 시행에 있어 만반의 준비를 하여 소홀히 되는 곳이 없게 하려하였으나. 취약한 곳이 쌓여 고질이 되고 폐단은 극에 달한 채 시일은 경과하였지만, 이를 만회할 방법은 기대할 수 없었노라. 한밤중에도 걱정이었지만 善後策선후책은 막연했고, 이대로 가면 지리멸렬해지면서 종국에 가서는 스스로 수습도 할 수 없게 될 것인즉, 차라리 이 대임을 다른 사람에게 맡겨 완전한 방법으로 혁신의 효과를 꾀함보다 못할 지니라. 고로 짐은 두려운 마음으로 깊이 반성하여 허심탄회하게 단안을 내리노니, 한국의 통치권을 종전에 가까이 믿고 의지하던 대일본 황제 폐하에게 양여하여, 밖으로는 동양의 평화를 공고히 하고, 안으로는 八道의 민생을 보전코자 하노라. 大小臣民은 국세와 時宜시의를 깊이 살펴 동요하지 말고, 각자 생업에 열중하면서 일본제국의 문명과 새로운 정치에 복종하여 함께 행복하도록 하라. 짐의 오늘 이 결정은 백성을 잊어서가 아니라, 다만 백성의 생명을 구해야 한다는 지극한 뜻이니 그대 신민들은 짐의 이 뜻을 양지하라.[146]

임금으로서 참으로 힘든 결정이다. 그러나 상황은 이미 오래전에 끝나 있었던 것이다. 1905년 을사늑약으로 대외적 주권을 상실한 이

나라는 이미 자주독립국이 아니었다. 1907년 고종을 퇴위시킨 일본은 이미 이 나라의 실질적인 모든 권한을 직접 행사하고 있었다. 이어 純宗순종의 詔勅조칙도 발표되었다.

> 짐이 동양의 평화를 위하여 韓·日 양국의 친밀한 관계로 서로 합하여 한 집안을 이루려 하는 것은 서로가 만세의 행복을 도모하고자 함이니라. 이에 한국의 통치를 짐이 극히 신뢰하는 대일본제국황제폐하에게 양여하노니, 그에 필요한 條約조약·章程장정을 규정하고 장래 우리 황실의 영구한 안녕과 민생의 복리 보장을 위해서, 총리대신 李完用을 全權委員전권위원으로 임명하여 대일본제국 統監통감 寺內正毅사내정의; 데라우치와 會同하여 상의 협정케 하노라. 諸臣 역시 짐의 확실한 뜻을 헤아려 이를 奉行하도록 하라.
> 전권위원 이완용과 寺內正毅가 회동하여 맺은 협정의 條文은 다음과 같다.
>
> 一. 한국황제폐하는 완전히 그리고 영구히 한국 전부에 관련된 일체의 통치권을 일본제국황제폐하에게 양여한다.
> 二. 일본국황제폐하는 前條에 기록한 양여를 수락하고, 아울러 한국 전부를 일본제국에 병합할 것을 승낙한다.
> 三. 일본국황제폐하는 한국황제폐하, 황태자전하, 그리고 그 后妃와 후손들로 하여금 그 지위에 맞는 존칭과 위엄 그리고 명예를 향유하도록 하며, 아울러 이를 보장하고 지속하기 위하여 이를 유지하는데 필요한 자금을 공여하기로 약정한다.
> 四. 일본국황제폐하는 공훈이 있는 한국인에 대하여 적당한 표창을 特認특인하되 작위를 수여하고 아울러 恩賜金은사금을 지급한다.
> 五. 일본국정부는 韓人에 대한 前條의 병합 결과에 대하여 책임을 지며, 한국의 施政시정을 전부 준수하며 해당 지역의 법규 시행은 신체와 재산을 충분히 보호하도록 하되 아울러 복리의 증진을 도모한다.
> 六. 일본정부는 성의와 충실로 신제도를 존중할 만한 상당한 자격이 있는

자를, 사정이 허락하는 범위에서 한국의 제국관리로 등용한다.

七. 본 조약은 한국황제폐하와 일본국황제폐하의 裁可재가를 거친 것이므로 공포일로부터 시행한다.[147]

이 조약에 의해 한국은 '완전히' 그리고 '永久하게' 일본의 속국이 되었다. 이어서 8월 29일 한국은 왜국에 병합되었고, 국호를 다시 朝鮮이라 했으며 統監府를 朝鮮總督府라 개칭하고, 한국의 대신 이하 모든 관리들이 그에 속하여 殘務잔무를 정리하도록 했다.

우리나라가 짧은 역사의 나라도 아니었다. 전쟁을 한 것도 아니었다. 반만 년의 역사를 이어오면서 당당한 자주독립국가로서의 면모를 유지하였으며, 수준 높은 고유한 문화와 풍속을 누려왔고 이를 일본에 수없이 전해 주기도 했다. 300여 년 전, 1592년부터 7년 여에 걸쳐 왜구가 침략하고 다시 또 침략했을 때도 우리는 전 국토가 유린당하였지만 결국은 승리로 그 긴 전쟁을 끝냈다. 그 때의 왜국이 지금은 단지 몇 척의 배를 타고 와서 이 나라를 조용히 접수하였다.

이는 古朝鮮으로부터 朝鮮에 이르기까지의 반만년 역사가 끝나는 순간이었다. 이로부터 '王朝實錄'이라는 나라 역사의 기록도 끝났고, '仁義禮智'를 사람의 덕목으로 가르쳤던 교육의 이념도 이로써 끝이었으며, 錦繡江山금수강산에 年年世世 펼쳐지던 백의민족의 아름답던 풍속들도 더 이상 볼 수 없게 되었다. 그 대신 없어진 나라를 대신해서 일본과 서양을 내 나라 이상으로 섬기면서 그들 속에서 인정받으려는 안간힘을 쓰게 되었고, 사람의 덕목은 진부한 것으로 돌려버리고 출세와 재물을 두고 벌이는 치열한 생존경쟁을 신문화로 받들었다. 아울러 고유한 민족의 문화나 풍속을 부끄럽게 여기면서 倭風 또는 西洋風으로 이 나라 삼천리강산을 뒤덮었다.

우리는 그로부터 새로운 역사를 쓰고 있다. 일본의 강점은 1945년 진즉 풀렸지만 우리의 끝난 역사는 다시 살아나지 못했으며, 왜인들이 시작해준 그 역사를 지금도 계속하고 있다.

2. 청와대는 총독부의 확장이었나

경복궁

왕비의 시해를 노리고 외적이 침입한 경복궁은 더 이상 조선의 궁궐이 아니었다. 이 나라의 심장부가 전혀 무방비 상태로 버려져 있었고, 그것을 외국에서 탈취해 간 것이다.

경복궁의 역사는 조선의 역사였다. 1395년 太祖에 의해 건국 3년 만에 완공된 지 500년이 되는 1895년, 경복궁은 조선과 함께 강탈당했다. 경복궁은 주인이 바뀌어 조선총독부가 들어섰다. 그로부터 지금까지 경복궁은 복원되지 않고, 생기 없는 유물을 겨우 남기고 있을 뿐이다. 총독부 건물을 헐고 여러 궁전을 보수했으며 광화문을 제자리에 갖다 놓았지만, 그곳은 아직도 日人의 음영이 드리워져 있고, 우리는 그것을 거두어내지 못하고 있다.

경복궁은 앞에서 한 차례 더 왜구에 의해 파괴된 일이 있었다. 壬辰倭亂임진왜란[148] 때에 완전하게 약탈 燒失소실되었다. 그로부터 270여 년이 지나서 참으로 어렵게 이루어진 重建중건으로 역사를 이었다. 그러나 그 임란으로부터 300여 년 후 재차의 침입에 건물만을 남기고 경복궁 500년 역사의 정신은 사라졌다.

경복궁은 어떠한 곳이었는가?

조선의 태조는 건국과 더불어 開京에서 漢陽으로의 천도를 추진하여 태조 4년 9월 드디어 宗廟종묘에 이어 宮闕궁궐을 완공하였다. 10월 5일 태조는 종묘에 나아가 제사를 드린 후 국정 쇄신에 관한 교서를 반포하였고, 아울러 죄인들에게 特赦특사를 베풀고 건설에 공이 큰 신하들에게는 賞을 내렸다. 그리고 10월 7일 연회를 열어 鄭道傳정도전에게 새 궁전의 이름들을 짓게 하였다. 하명을 받은 정도전은 新宮의 명칭을 『詩經』의 「大雅대아 · 旣醉기취」[149] 편에 있는 시를 인용하여 '景福宮'으로 하고 그 연유에 대해서 소상하게 進言하였다.

> 신의 소견에, 궁궐은 임금께서 政事를 처리하는 곳이며, 사방에서 바라보는 곳이고 臣民이 함께 이르는 곳입니다. 때문에 제도를 장대하게 갖추어 존엄을 보이고, 그 명칭을 아름답게 하여 감화를 줄 수 있어야 합니다. 漢한이나 唐나라 이래로 궁전의 이름을 그대로 두기도 하고 바꾸기도 하였는데 그 존엄을 보이고 감화를 주고자 한 뜻은 한 가지였습니다. 전하께서 즉위하신지 3년 만에 漢陽에 도읍을 정하시어 먼저 종묘를 세우시고 이어서 궁실을 도모하시었으니, 이듬해 乙未日에 친히 衮冕곤면; 곤룡포와 면류관 즉 임금의 예복을 갖추시어 新廟신묘에서 先代의 왕과 왕후께 配享배향하시고 신궁에서는 군신에게 연회를 베푸시었습니다. 이는 대저 전하의 神惠신혜를 넓히시고 後祿후록을 펴심입니다. 술이 세 순배가 되어서 臣 道傳에게 명하시었습니다. "지금 도읍을 정하고 종묘에 배향하고 신궁을 조성하여, 군신들을 격려하고자 여기에 연회를 열었으니 그대는 의당 서둘러 궁전의 이름을 지어 나라와 더불어 무한히 아름답게 할지라." 臣이 명을 받들고 周雅주아의 '이미 (내려 주신)술에 취하였고, 이미 (베풀어 주신)恩德은덕에 배부르니, 임금님께서는 萬歲만세에 이르도록, 크게 복을 누리시옵소서'를 읊어 신궁의 이름을 '景福宮'으로 청하였습니다. 이는 전하와 자손께서 만년 태평의 대업을 이루시고, 사방의 신민이 또한 영원토록 보고 감화 받

게 하기를 바라서입니다.[150]

궁궐은 군왕이 신하와 더불어 나라와 관련된 모든 정사를 처리하는 곳이다. 때문에 사방의 모든 신하와 백성의 관심 — 때로는 인명을 다투는 절박한 사안에서부터 군왕의 仁政에 의지해야 하는 생계의 문제, 그리고 태평을 바라는 모든 臣民의 소망 등 — 이 이 궁궐에 집중된다.

궁전의 이름 어느 하나도 소홀히 할 수 없다. 하물며 한 국가의 모든 정사를 처리하는 法宮의 명칭은 왕실과 나라의 염원을 최대한 집약하여 아우를 수 있어야 한다.

임금은 새로 세운 종묘에서 처음으로 제사를 올렸으며, 이틀 후인 지금은 신궁에서 백관과 더불어 매우 공식적이면서 장중한 궁중의 연회를 열고 있었다. 웅장한 雅樂아악이 흐르고 있는 가운데 임금은 신하들에게 신궁 건설의 노고를 극진히 치하하면서 술을 권하기를 세 순배가 되었다. 그리고 특별히 정도전에게 正宮과 각 궁전의 이름을 지을 것을 하명하신 것이다.

정도전은 흐르는 음악에 맞추어 『詩經』의 「大雅에 있는 "旣醉以酒기취이주, 旣飽以德기포이덕. 君子萬年군자만년, 介爾景福개이경복. (이미 내려 주신 술에 취하였고, 이미 베풀어 주신 은덕에 배부르니, 임금님께서는 만세에 이르도록, 크게 복을 누리시옵소서)"을 읊으며 신궁을 '景福宮'으로 할 것을 아뢰었다. 「大雅」는 신하와 군왕의 朝會에 쓰이는 음악이다. 임금이 신하와 더불어 정무를 처리하는 법궁의 이름을 취하기에는 가장 적합한 典據전거가 될 수 있을 것이다. '景福'은 '大福'의 의미로 『詩經』의 여러 곳에서 쓰였다. 여기에서는 임금의 은혜에 보답한다는 의미로 子子孫孫 大福을 기원하는 뜻을 담고 있다.

臣民이 임금의 복을 기원하는 것은 왕조시대의 가장 큰 이상이 될 것이다. 이는 천하의 모든 백성이 태평하다는 것을 의미한다.

가령, 夏나라의 마지막 王인 桀王걸왕은 폭군으로 暴政폭정을 일삼았다. 이에 견디다 못한 백성들은 "이 해日가 언제 없어지려나? 내 너와 함께 없어지리!"라 하면서 王에 대한 원망을 했다. 이는 폭군 桀王이 일찍이 스스로 말하기를; "나에게 천하가 있는 것은 마치 하늘에 태양이 있는 것과 같으니 태양이 없어지면 나도 또한 없어지는 것이다."라 한데서 백성들이 桀王이 없어지기를 바라는 마음을 빗대어 말한 것이다.[151] 이것은 곧 왕을 저주하는 것이다.

태평성대를 이루어 신민의 祝壽축수를 받는 聖君의 궁궐이어야 한다는 염원이 '景福宮'이라는 명칭에 담겨 있다. 이는 곧 조선의 건국과 함께 만세창업의 기원을 나타내는 것이다.

그러나 이러한 태평성대를 단지 막연한 기대로 대신하는 것은 아니다. 정도전은 각 궁전의 여러 이름을 지었는데 그중에서도 정무에 가장 중요한 의미를 갖는 正殿정전의 명칭에는 군왕에게 잠시의 안일도 생각하지 말라는 뜻을 담았다. 즉 군왕은 오로지 부지런히 정사에 힘써야 한다는 뜻에서 '勤政殿근정전'으로 작명하고, 그 이유까지 하나하나 분명히 밝혀 두었다.

> 근정전과 근정문으로 말씀드리면. 천하의 일은 부지런하면 다스려지고 부지런하지 못하면 폐하게 되는 것은 필연의 이치입니다. 작은 일도 그러하거늘 하물며 정사와 같은 큰일에 있어서이겠습니까? 中略
> 또한 이르기를, "(文王이)아침부터 해가 질 때까지 식사할 시간도 없이 만민과 함께 하였다" 했으니 이는 文王의 부지런함입니다. 임금이 부지런하지 않을 수 없음이 이러합니다. 中略
> 그러나 임금이 부지런하기 위해서 부지런할 뿐으로 왜 부지런해야 하는지

> 를 모른다면, 그 부지런함이 오히려 번잡하고 세밀하기만 하니 이는 본받을 만한 것이 못 됩니다. 先儒선유께서 이르기를, "아침에는 정사를 듣고 낮에는 자문을 구하며, 저녁에는 법령을 정비하고, 밤에는 몸을 편안하게 한다."고 했으니 이것이 임금의 부지런함입니다. 또한 이르되, "현자를 구하는데 부지런하고 현자를 등용하여 편하다."라고 했으니 이러한 뜻에서 그 이름으로 올리는 것이옵니다.[152]

'勤政'이란 곧 정무에 군왕으로서의 모든 힘을 기울이라는 뜻에서 취한 것이다. 어찌 보면 신하가 임금에게 훈계하고 있는 듯한 모습이다. 근정전에 앉은 임금은 안일은 고사하고 등골에 땀이 배지 않을 수 없는 일일 것이다.

아침에 올라오는 政事는 온갖 이해관계가 僞裝위장으로 얽혀 있어 그 진실을 파악하기가 어렵고, 만나는 사람들은 하나같이 자신의 총명을 과시하며, 법령은 아무리 고쳐도 약자보다 오히려 강자의 편에 쓰일 여지가 더 많아 보인다. 하루 동안 쌓인 이러한 일들 속에서 어찌 편안함을 기대할 수 있겠는가?

賢者현자를 구하여 適材適所적재적소에 따라 임무를 부여하면 물론 임금은 편해질 수도 있다. 그러나 자고로 현자는 앞에 나서기를 꺼려하니 드러나지를 않고, 앞에 드러나는 사람들은 모두가 자신의 총명을 파는 사람들이니 현자를 구하는 것이 또한 얼마나 至難지난한 일인가?

그러나 이러한 일들이 해결되지 않으면 아무리 부지런해도 군왕의 책무를 해나갈 수가 없는 것이다. 단지 혼자서 열심히 일하는 것은 國事의 체계를 갖추지 못하고 오히려 일은 세밀하게 쪼개져 번다해지는 것이다. '勤政殿'의 명칭은 바로 임금은 위와 같이 지혜롭게 '勤政'하는 자세로 正殿에 임해야 한다는 막중한 책임의식을 단 두 글자로 줄여 지은 것이다.

경복궁은 백성과 임금의 염원이 함께 만나는 곳이고 그러한 의미에서 취해진 명칭이다. 근정전은 임금이 정무를 처리하는 곳이며 따라서 임금은 어떠한 자세로 정무에 임해야 하는지를 뚜렷이 나타내는 의미로 작명을 한 것이다.

조선 오백년은 매우 긴 역사이다. 중국에서는 역사의 기록이 확실하지 않은 周나라를 제외하면, 漢은 西漢, 東漢을 합해야 400년 남짓이며, 찬란했던 唐이나 宋의 역사도 각기 300여 년으로 끝이 났다. 明과 淸나라도 역시 300년 쯤으로, 어찌 보면 중국에서의 300년은 한 왕조의 한계인 것 같다.

그러나 우리나라는 高麗도 400년이 넘고 新羅는 1000년을 헤아린다. 이러한 오랜 왕조의 전통은 우연이 아니다. 더구나 큰 대륙의 한 끝에 조그맣게 달라붙어 있는 地形地勢에서 이러한 역사를 이룩해온 것은 우리가 큰 대륙의 중국보다 더 강하였다는 것을 의미한다. 이는 곧 궁궐의 명칭 하나하나에 스며 있는 우리의 치밀하고 조직적인 염원을 현실적으로 구체화시킬 수 있었던 역량의 결과라 볼 수 있다.

靑瓦臺

경복궁은 이제 역사의 유물로만 남아있다. 그 대신 그 자리의 맨 위쪽에는 청와대라는 대통령의 집무실 겸 관저가 있다. 경복궁과 청와대는 우리 역사의 괴리를 보여 주듯 한 장소에서 이질적인 모습으로서 있다.

우리나라를 일본의 식민지로 병합시킨 일본은 나라를 상징하는 조선의 궁궐을 그대로 두지 않았다. 1910년 이후로 경복궁은 급속하게 황폐해져 가고 있었다. 建春門건춘문 안에 있던 正顯閣정현각이 장충동의 南山莊남산장 별장으로 옮겨지고, 그밖에도 많은 건물들을 헐어 일본인들의 요리점이나 일본인 주택으로 옮겨지었다.

1915년에는 자신들의 한일합병을 경축하는 모임인 '朝鮮物産共進會조선물산공진회'의 개막식을 근정전에서 하면서 데라우찌 총독이 龍床용상에 앉아 조선 正宮을 모독하며 유린하는 행위를 하였다. 뿐만 아니라 궁내에 각종 건물과 진열관 등을 지으면서 각지의 유물을 끌어들였다. 이를 위해 그들은 약 4000여 칸의 건물들을 방매하거나 철거하였으니, 이는 곧 왕궁의 상징성을 파괴하고 존엄성을 훼손하는 것이었다.

결국 그들은 근정전 정면에 1926년 거대한 조선총독부 건물을 완공하면서 경복궁을 완전히 조선총독부와 그 경내로 탈바꿈시켰다. 그 앞에는 경복궁의 정문인 光化門이 있었는데, 그들은 이듬해 이 光化門을 建春門건춘문 북쪽으로 옮겨버렸다.

그리고 그들은 다시 경복궁의 후원에 총독 관저를 짓기 시작하였다. 이곳은 鍊武場연무장, 隆武堂융무당, 隆文堂융문당, 景武臺경무대 등이 있어 무술 훈련과 文武 과거장으로 쓰이기도 했으며, 王이 親耕친경을 하는 곳이기도 했다. 특히 이곳은 '天下第一福地'로도 알려져 있는 곳이었다. 그러나 이들은 이미 일찍부터 이곳의 건물들을 철거하여 공원화하였었는데 여기에 총독의 관저를 지은 것이다(1939).

일본인 총독이 경복궁의 주인이 되었다.

그러나 역사는 다시 바뀌어 그토록 강해 보였던 일본도 이 땅에서 철수하게 되었고, 우리는 다시 경복궁의 옛터를 되찾았다. 그리고 그 가증스러운 총독부 건물을 철거해 버렸다. 총독 관저도 대통령의 집무실 겸 관저로 쓰이다가 결국은 새로 지금의 청와대를 지었다. 우리는 우리의 역사를 되찾은 것처럼 보인다. 그러나 청와대는 또 무엇인가?

총독부 관저는 광복이 되면서 미군정 장관의 관저가 되었다가 이승만 대통령 때는 대통령의 집무실 겸 관저로 쓰이면서 옛날 이름을 따서 景武臺경무대로 불렸다. 그러다가 1960년 4 · 19 이후 이에 대한 국민의 정서가 좋지 않다 하여 윤보선 대통령 때 '靑瓦臺'로 바뀌었고, 노태우 대통령1988-1993 재임 때 건물들을 새로 지었지만 그 명칭은 바뀌지 않았다.

'靑瓦臺'는 문자 그대로 푸른 기와집이라는 뜻이다. 윤보선 대통령 때 파란색이 평화를 상징하는 좋은 점도 있다 해서 그렇게 지었다 하는데, 사실은 미국의 '백악관WHITE HOUSE'이라는 명칭을 흉내 낸 것일 뿐이다. 푸른 색(靑)은 우리의 五行으로는 '木'에 해당하며 이를 우리 인체에 적용하면 '肝간'이고, 五志로 말하면 '怒'氣를 나타낸다. 평화나 대통령과는 관련을 맺을 만한 단서가 없는 색깔이다.

청와대를 영어로는 그 기와와 상관없이 단지 'BLUE HOUSE'로 번역했는데, 박정희 대통령 부인은 이를 싫어하여 'CHONGWADAE'로 하라 했다 한다. 전해지는 말로는, 박정희 대통령 때 청와대를 '黃瓦臺'로 개명하자는 건의가 있었다 한다. 황색이 더 존귀함을 나타낸다는 뜻이었는데 대통령 부부가 이를 반대한 것으로 전한다.[153]

하마터면 묘한 일이 일어날 뻔했다. '黃瓦臺'를 영어로 하면 'yellow house'일터인데, 당시의 인천에 있는 미군들을 위한 윤락지구를 그렇게 불렀다. 이러한 우스운 일이 있을 수 있었던 것은 그러한 명칭이 우리의 현실과는 맞지 않는 것이었기 때문이다. 건물을 색깔로 지칭하는 것은 우리의 습관이 아니다.

청와대라는 명칭에는 건물의 주체가 나타나 있지 않다. 주인이 없는 빈집을 이르는 말이거나 혹은 주인이 무엇을 하는 사람인지 모를 때 쓸 수 있는 어휘이다. 예로 面長이 사는 집은 일반적으로 면장 댁이라 하기 마련이다.

미국과 같이 여러 민족이 어울려 사는 사회는 서로가 직접적인 인간관계가 없이도 이웃하여 함께 살게 되며, 따라서 상호 관련성이 전혀 없기 때문에 단순히 '하얀 집'으로 부를 수도 있을 것이다.

그러나 우리처럼 단일 민족이며 특히 부락 단위가 흔히 한 씨족으로 형성되는 사회에서는 보통 친족관계에 의한 호칭을 붙이거나 그렇지 않은 경우에는 진사 댁이거나 의원 댁 또는 바느질 집 등이 일반적이다. 누구의 집인가 하는 것이 중요한 것이지 어떤 집이 있는가 하는 것은 별 의미가 없는 것이다.

"전하와 자손께서 만년 태평의 대업을 이루시고, 사방의 臣民이 또한 영원토록 보고 감화받게 하기를 바라서" '景福宮'이라는 명칭을 지었다. 여기에는 국민의 만세태평의 염원이 담겨 있다.

청와대는 무슨 의미를 전하고 있는가? 한 나라의 행정 수반이 집무하는 곳이 도대체 푸른 기와와 무슨 연관이 있는가?

최근 우리는 光化門을 본래의 자리에 복원시켰다. 그런데 현판을 두고 말이 많다. 복원이란 원래의 모습을 찾는 것인데 한글로 새로 쓰자는 주장까지 가세한다.

정도전은 '午門'을 설명하면서 천자와 제후는 남쪽을 향해 앉아 정무를 살핀다 하였다. 이것이 光化門이 正門이 된 까닭이다. '光'은 '光被四表'광피사표를 나타낸 말로 陽光이 사방을 덮는다는 뜻이다. '化'는 '化育萬物'의 함축으로 만물을 生長하게 한다는 의미이다. 즉 정문을 통하여 나가는 왕의 政教정교가 모두 백성을 태양과 같이 光明으로 교화할 수 있기를 바란다는 염원이 이 명칭에 새겨져 있는 것이다. 뜻글자로 특정한 의미를 취해 만든 명칭을 그 뜻을 버리고 소리만을 취한다면 그 명칭의 의미는 사라져 버린다.

경복궁과 청와대, 같은 장소에서 매우 이질적인 문화를 상징하면서 물과 기름처럼 겉돌며 서 있다. 어찌 보면 청와대는 경복궁의 역사를 계승하지 못하고 조선총독부를 확장시켜 놓은 듯하다.

3. '반도'라 부르지 말라

왜 半島라 부르나

> 대륙으로부터 한반도로 전파되어온 금속 문화의 영향은 한강 이남인 한반도 중·남부에는 뒤늦게 미칠 수밖에 없었다.[154]

韓沽劤한우근 교수가 쓴 『韓國通史한국통사』의 한 단락이다. 이 책에는 '韓國'과 '韓半島'라는 명칭이 엇갈려 쓰여 있는데 '韓半島'라고 쓰인 곳에 '韓國'으로 바꾸어도 내용에 전혀 차이가 없어 보인다. 오히려 한국으로 사용하는 것이 더 정확하다고 볼 수 있다. 왜냐면 여기에서의 한반도는 사실상 한국을 지칭하는 것이기 때문이다. 즉 한국의 일부로 한반도라 한 것은 아니다.

'半島'라는 어휘는 지형의 조건에서 유래된 것이다. 다만 이 말은 일본의 수탈시기 이전에 쓰인 흔적을 찾을 수가 없다. 중국에서도 마찬가지이다. 이는 日人이 자신들이 창조해낸 半島史觀의 단서로 사용한 어휘이다.

'半島'의 사전적 의미는 육지에서 튀어나온 부분을 뜻하기보다는 이제 바다 가운데서 융기되기 시작하여 막 섬으로 만들어지고 있는 것을 뜻하는 어휘라 할 수 있다. 가령 우리나라의 이어도는 사실상 암초와 섬의 중간쯤이다. 섬이라고 할 만큼 수면위로 드러나 있지 않다. 그러나 곧 드러날 것 같은 암초로 형성되어 있고 우리는 그 위에 인공시설을 했다. 이러한 것을 반도라 부를 수도 있을 것이다.

중국의 『中國地名詞典』에는 山東省의 成山을 설명하면서 '陸連島육련도'[155]라는 어휘를 사용한 것이 보인다. '육지와 연결된 섬'이라는 의미이다. 즉 반쪽짜리 섬이라고 하지는 않는다. 그리고 이것은 지형을 설명하는 말일 뿐으로 지명으로 쓰이지도 않는다. 참고로 영어의 'peninsula'는 '陸連島'로 번역하는 것이 정확하며 '반도'는 의미상 잘못된 번역이다.

山東省의 바다 쪽 끝을 보면 기다랗게 튀어나온 곳이 있다. 지도에 이곳은 '成山角'이라 표시되어 있는데 이는 우리 '호미곶'의 '곶'과도 같은 의미로 쓰인 것이다. '成山角'은 '成山頭' 또는 '山東高角'으로도 불린다 한다. 모두 우리의 '곶'이나 '岬갑'과 마찬가지로 육지에서 튀어나온 것을 의미한다. 이러한 지형을 섬으로 비유하지는 않는다.

'半'은 흔히 '반쪽'을 의미한다. '半人'은 '半偏반편'이라는 뜻으로 모자라는 사람을 지칭한다. '半身'은 '全身'의 반쪽이다. '半身不遂반신부수'는 반쪽을 못 쓰게 된 것을 뜻한다. '半島'는 반쪽짜리 섬인 것이다. 어떤 시각에서 보아도 '半島'는 한 나라나 그 나라의 국토를 지칭하는 용어가 될 수 없다. 우리는 단지 별 생각 없이 왜정 때의 습관을 따르고 있을 뿐이다.

우리나라는 을사늑약에 의해 사실상 없어졌었다. 늑약에 의하면 일본인이 우리나라를 역시 일본으로 호칭해야 했다. 그러나 동등한 대우를 해 주기는 싫었을 것이다. 그렇다고 이미 사라진 조선이나 대한제국 같은 명칭을 되살려주기는 더욱 싫은 일이다. 그때 일본은 全島 즉 완벽한 섬나라인데 비해 우리는 반쪽짜리 섬이라는 해괴한 명칭을 만들었다. 그로부터 '반도'는 일본이 우리를 비하하면서 차별하기에 더 없는 호칭이 되었다.

'한반도'는 세계의 여러 곳에 반도가 있다 하여 이를 구별하기 위해 특별히 우리가 '한국'의 '한'을 '姓'으로 덧붙인 것이다. 그러나 세계의 어디에도 그 나라의 명칭을 우리처럼 반도라고 부르는 곳은 없다.

우리나라의 국호는 '대한민국'이며 이를 줄여 '한국'이라고 일반적으로 사용하기도 한다. 왜 굳이 우리의 국호를 사용하지 않는가? 한국의 영토를 지칭할 때 지정학적으로 특별히 반도라고 한다는 궤변도 있다. 또는 북한을 포함하는 용어라고도 한다. 그러나 한국은 경우에 따라 북한을 포함한다. 우리는 북한을 국가로 인정하지 않는다. 한국은 당연히 북한을 포함하는 것이다. 그 나라의 국호는 영토를 포함하는 것이다. 이 세상에 국호와 국토를 분리해서 지칭하는 나라는 없다.

우리의 헌법 제3조의 "大韓民國의 領土는 韓半島와 그 附屬島嶼부속도서로 한다"는 조항은 당시 일본의 교육을 받은 사람들이 일본을 그대로 따라 만든 것이다. 이러한 헌법을 유지하면서 특히 요즘처럼 한반도라는 말을 끊임없이 국제적으로 사용한다면, 최근 만주 일대의 역사를 자신들의 역사라고 우기는 중국과의 역사분쟁에서 우리는 매우 불리한 처지에 서게 될 것이다. 즉 그곳은 반도가 아니고 대륙이기 때문이다. 압록강 너머 만주가 한반도에 속한다고 할 것인가?

이마가 튀어나온 사람을 짱구라고 하기도 한다. 다분히 모욕적인 언사가 될 것이다. 어찌 '김 짱구'라 하듯이 나라의 명칭을 '한반도'라 하여 모욕할 수가 있는가? 우리에게도 지형이 튀어나온 곳의 명칭으로 '간절곶' '장산곶' '호미곶' 등이 있다. 그러나 모두 고유의 명칭에 붙여 부르며 '곶'에는 어떠한 폄하의 의미도 없지 않는가? 모두가 마을의 이름이 있고 그에 조그마한 지형적 특성을 가미한 것일 뿐이다. 한 나라의 국호를 단지 지형의 특성만으로 대신할 수는 없는 것이다. 이유도 되지 않는 궁색한 변명을 하면서 우리의 국호를 피하고 굳이 일본이 우리에게 지어준 별호를 따라 부르면서 일본을 성토하는 우리의 모습을 한 번 돌아보아야 한다.

"독도는 한반도에 속한다"가 아니다. "독도는 한국에 속한다" 또는 "독도는 한국의 영토이다"라고 해야 할 것이다. 이를 두고 남한인지 북한인지 헷갈리는 사람이 있지는 않을 것이다.

위의 『韓國通史』는 1970년 초판을 발행하여 1986년 31판을 발행했고, 다시 1996년에는 개정판 15쇄를 인쇄한 것으로 되어 있다. 우리나라 역사학계에 미친 이 책의 영향은 가히 짐작할 만하다.

경복궁의 주인이 왜구의 손에 참변을 당한지 100년이 훨씬 지난 지금 아직도 우리는 우리의 역사를 찾지 못하고 있으며, 이 땅에는 '半島'의 음영이 걷히지 않고 있다.

반도사의 저술

유교적 정치이념에 입각한 문치주의(文治主義)의 사회에서 유교가 성할 것은 당연한 일이었다. 유교의 정치이념은 불교의 공덕사상(功德思想)을 배격하고 도덕적 합리주의에 입각한 중앙집권적 귀족정치를 실현하는 데 있었다. 그리고 이러한 정치이념은 점차 고려 귀족의 넓은 지지를 받게 되었다. 그 결과 신라 때에만 해도 불교와는 비교조차 안 되던 유교가 장차 불교를 억누를 수 있을 정도로까지 성장하게 되었던 것이다.

그런데, 고려의 귀족들이 문벌을 준중하는 풍조는 유교에까지 영향을 끼

쳐서 사학(私學)의 발달이라는 새로운 경향을 대두하게 하였다. 문종(文宗, 1046-1083) 때에 해동공자(海東孔子)라고 불리던 최충(崔冲)이 9개의 전문 강좌로 나누어 강의하는 9재학당(九齋學堂)을 만들었는데, 이를 최공도(崔公徒; 후에 문헌공도, 文憲公徒)라고 하였다. 이것이 사학의 시초가 된 것이다. 당시에는 최공도를 비롯하여 12의 사학이 있었으므로 이를 12도(徒)라고 불렀다. 최충이 문하시중(門下侍中)이라는 수상직에 있던 사람인 것과 같이 12도의 창설자는 대부분이 전직 고관이었고, 또 당대의 대학자로서 과거(科擧)시험의 시험관인 지공거(知貢擧)였던 경우가 많았다. 이러한 모든 조건은 문벌 존중의 경향과 함께 귀족의 자제들로 하여금 관학인 국자감(國子監)보다는 사학인 12도에 가는 것을 영광으로 생각하는 풍조를 낳게 하였다. 이 결과로 학벌(學閥)이라는 새로운 파벌 관념을 귀족들이 가지게 되었던 것으로 생각된다.

사학의 융성은 자연히 관학(官學)의 부진을 초래하였다. 이를 우려하여 관학의 진흥을 꾀하고자 노력하는 시책들이 나오게 되었다. 우선 예종(睿宗, 1105-1122)은 최충의 9재를 모방하여 여택재(麗澤齋, 『주역(周易)』)·대빙재(待聘齋, 『상서(尙書)』)·경덕재(經德齋, 『모시(毛詩)』)·구인재(求仁齋, 『주례(周禮)』)·복응재(服膺齋, 『대례(戴禮)』)·양정재(養正齋, 『춘추(春秋)』)·강예재(講藝齋; 무학, 武學)의 칠재(七齋)라는 7종의 전문강좌를 설정하여 각기 전문 분야의 탁월한 학자로 하여금 강좌를 담당케 하였다. 또 양현고(養賢庫)라 하여 일종의 장학재단을 설치하기도 하고, 궁성 안에 청연각(淸燕閣)과 보문각(寶文閣)이라는 학문연구소를 설치해서 경사(經史)를 연구케도 하였다. 예종의 뒤를 이은 인종(仁宗, 1122-1146) 역시 그 뜻을 이어 경사(京師) 6학(學)의 제도를 세워 고려의 관학기관을 정비하였던 것이다. 이리하여 김인존(金仁存)·김부식(金富軾)·윤언이(尹彦頤)·정지상(鄭知常) 등등 대학자가 배출되기에 이르렀다.[156]

『한국사신론』이라는 책에서의 한 단락이다. 역사의 한 부분을 개괄한 것으로 보인다. 일본이 우리의 역사를 연구하거나 우리가 남의 나라 역사를 공부할 때 주로 이렇게 한다. 우리가 계승할 우리의 역사가 아니기 때문에 개략적인 지식의 편린으로 충분한 것이다. 私學의 융성을 설명하면서 崔冲최충: 984-1068 선생과 관련된 조각난 지식들이 나열되어 있고 다시 官學의 부진과 이의 부흥을 설명했다. 지루하기 짝이 없는 설명이지만 시험을 보기 위해서 우리의 학생들은 읽고 또 읽으며 외워야 한다.

이러한 지식을 알고 모르고가 우리에게 어떠한 변화를 줄 수 있는가? 즉 다른 말로 하면, 우리에게 이러한 역사가 있었던 것이 과연 어떤 의미가 있는가 하는 것이다. 최충 선생이나 養賢庫양현고 그리고 淸燕閣청연각 등의 역사가 있어서 우리가 달라질 것이 있는가 하는 것이다. 만약 달라질 것이 없다면 이러한 공부를 아예 할 필요가 없을 것이며, 달라질 것이 있다면(역사가 우리에게 구체적으로 의미가 있는 것이라면) 이러한 방법으로 공부하는 것은 의미가 없다. 일본이 우리의 역사를 이러한 방법으로 연구한 것은 우리 역사에 대한 개략적인 지식이 필요했기 때문이다. 우리는 이에 대한 지식이 필요한 것이 아니고 이의 전통과 정신을 계승하는 것이 필요한 것이다.

우리의 역사책은 역사를 그대로 보여 주지 않고, 역사에 관한 논술을 하거나 또는 창작을 하는 것이 이미 고정된 풍조가 되었다. 이 책의 서명에서 이미 나타나 있듯이 '新論'은 역사를 새로운 시각에서 논술하겠다는 의미로 보이며, 따라서 자신의 창작을 뜻하는 것이 된다. 그래서인지 이러한 역사책들은 한결같이 '著書저서'로 되어 있다. 즉 이기백 지음『한국사신론』, 韓沽劤한우근 著『韓國通史』, 申瀅植신형식 著『韓國의 古代史』등과 같이 자신의 著書임을 내세운다.

역사를 저술한다고 생각하는 것은 물론 史觀사관의 문제이다. '韓國史新論'이라 하면 이는 한국사를 주제로 하는 논술일 것이기 때문에 '著述'이라 하는 것이 당연할 것이다. 그러나 그 실제 내용을 보면 한국사의 어느 특정한 분야를 새로이 연구한 결과로 쓴 것으로 보이지는 않는다. 단순한 개설서일 따름이다. 따라서 논술이라 할 수도 없다. 『韓國通史』나 『韓國의 古代史』도 마찬가지로 개설서이다. 저술에 의미를 두는 개설서는 결국 저자의 시각으로 역사를 여과하였음을 의미하며, 따라서 이러한 책에서 기술된 역사의 신뢰도는 그만큼 떨어질 수밖에 없다.

역사를 소재로 한 소설이나 잡기가 목적이 아니라면 역사를 창작할 수는 없는 것이다. 그런데 현재 우리는 창작이 아닌 역사서를 보기가 어렵게 되었다. 학교에서 쓰이는 교재의 대부분이 역사를 바로 전달하지 않고 개인의 창작을 거친다. 그렇다고 해서 이러한 창작의 내용이 특별하게 서로 독창적인 면을 보여 주는 것도 아니다. 대부분이 창의성보다는 앞사람(이를 거슬러 올라가면 결국은 日本의 침탈 시기가 된다)을 답습하여 역사와 관련된 일들을 순서대로 나열을 하고 있을 뿐이다. 우리에게는 여러 사람의 한국사가 있다. 그러나 이들 모두가 저술이면서도 뚜렷한 차별성이 있는 것은 아니며, 또한 편집이나 편찬이라 하기에는 일관된 서술의 기준도 없으며, 살아있는 역사의 기록은 더욱 찾기 어렵다.

왜정 이전의 우리는 그렇지 않았다. 훌륭한 선현들의 글을 읽고 배우면서 그 가르침을 받들고자 하는 것이 역사를 공부하는 목적이었다. 때문에 역사 앞에서는 언제나 겸허하였다. 이것은 왜정의 역사 연구와 전혀 다른 것이었다. 그러나 지금도 우리는 역사를 통해서 배우려 하지 않고 다만 역사를 평가하려고 한다. 어찌 보면 누가 자신을 낳아준 어버이인지는 상관하지 않고, 일본인들이 그랬듯이 단지 자신의 구미에 맞는 사료를 선별하여 역사를 저술하고 있는 것이다.

우리의 역사책에 역사의 생명이 전해지지 않고, 다만 사료의 개요만

이 무미건조하게 채워지는 데에는 왜정의 영향 외에 다른 이유도 있다. 李載浩이재호 교수(부산대학교 명예교수)의 탄식이 들린다.

> 國史硏究에 있어서 漢文原典한문원전의 解讀해독은 基礎作業기초작업에 속해 있고 當面당면의 切實절실한 基本問題기본문제임에도 不拘불구하고, 光復後광복후 우리나라의 文敎政策문교정책은 外國學의 傳習전습에만 偏重편중하고 國學의 一部分인 漢文敎育을 敬遠경원 等閑視등한시했으므로, 現在의 新進學徒신진학도들은 漢文理解力은 擧皆거개가 '魚魯不辨어로불변'의 딱한 處地처지에 놓여 있다(李載浩 著,『韓國史의 批正비정』序文에서).

옛날 傳寫전사를 하거나 刊刻간각을 할 때, 이를 서너 번 쯤 거치게 되면 자연히 '魚어' 字는 '魯노' 字가 되기도 하고 '虛허' 字는 '虎호' 字로 바뀌기도 한다는 말이 있다. 여러 번 옮겨 쓰다 보면 착오가 생긴다는 의미이다. 우리나라의 역사 문헌은 대부분이 한문으로 기록되어 있는데, 한문을 내버린 지금 우리는 역사 앞에서 문맹의 처지가 되었으니, '魚' 字와 '魯' 字의 구분조차 할 수 없게 되었음을 탄식한 것이다. 때문에 정작 우리의 역사는 문맹의 뒤로 사라지고 대신 역사의 주변을 도는 잡설이 '著述저술'된다.

李 교수는 이에 대해 "옛날 사람은 '溫故而知新온고이지신' 했으나, 지금 사람은 '埋古而造新매고이조신' 즉 옛 典籍전적의 참 뜻을 파묻어 버리고 새로운 妄說망설을 만들어낸다" 하였다. 역사는 창작에 의해 '저술'할 수 없음에도 불구하고 우리 주변에는 '저술'된 역사서만이 난무한다. 우리에게 중요한 일은 과거의 역사를 재단하거나 단죄하는 것이 아니고, 성실한 공부를 통하여 반 만 년의 역사를 계승하는 일이다. 훌륭한 先賢선현들을 배워 지혜로운 미래를 열어가는 것이 역사의 의미가 아니겠는가?

『高麗史』의 「列傳」에 있는 崔冲최충 선생의 기록을 본다.

> 최충의 字는 浩然호연이고 海州해주 大寧郡대녕군 사람으로 풍채가 큼직하고 지조가 굳세었다. 어려서부터 공부를 좋아하여 글을 잘 지었으며, 穆宗목종 8년1005에 과거에 장원 급제하였다. …… 中略
>
> 최충이 侍中시중으로 都兵馬使도병마사가 되었을 때 왕께 進言진언을 하였다. "작년에 서북의 각 州주와 鎭진에서 흉작이 들어 백성의 생활이 궁핍한데도, 남자는 부역에 시달리고 여자는 징발에 시달리니, 앞으로 城池성지를 수축하는 이 외의 工役공역은 모두 금하여 주시옵기"를 청하니 왕이 그대로 하였다. 또 아뢰기를; "東女眞동여진의 추장과 鹽漢염한 등 86명은 자주 변방을 침범한 자들로 지금 京館경관에 억류한지가 여러 날 되었습니다. 본시 오랑캐들이란 人面獸心인면수심이어서 형법으로 징계만 할 수도 없고, 仁義로 교화를 할 수도 없사온데, 억류한지가 이미 오래되었으니 고향에 대한 그리움도 깊을 것이고 원망도 있을 것이며, 아울러 비용도 크게 들어가니 그들을 모두 돌려보내 주시기를 청하옵니다" 하니 왕이 그에 따랐다.

선생은 70세가 되어 왕에게 퇴직을 청원하였다. 그러나 왕은 오히려 벼슬을 추가하고 예물을 보내도록 했다. 이를 들은 선생은 다시 글을 올렸다.

> 臣이 벼슬을 한 이래로 보좌를 하지도 못하고 몸만 노쇠하여 집에 들어앉기를 바라는 것입니다. 그동안의 후한 봉록도 감당하기 어려운데, 지금 또 특별히 교지를 내리시어 벼슬을 주시고 영예가 마을에까지 이르게 하시니 분수에 지나쳐 오히려 손실이 될까 두렵습니다. 내리신 분부와 새로운 은총을 거두어주시기를 바라옵니다.

그러나 왕은 듣지 않았다.

선생이 文宗 22년에 작고하자 왕은 太醫監태의감 李鹽이염을 보내어 그의 아들 등에게 詔書조서로 조문을 하였다.

> 卿경의 부친은 사람 중에서는 뛰어난 인물이었으며, 朝廷조정에서는 龜鑑귀감이 되는 보배였노라. 훌륭한 문장으로 일찍이 재상에 등용되어 세심하고 端雅단아한 기품으로 일을 도모하여 누대로 찬양이 星辰성신처럼 빛났으니, 훌륭하도다! 그의 업적이 역사에 빛날지니라. 벼슬이 자손들에게 이어지는 慶事경사를 남기고 스스로는 鳩杖구장[157]을 받아 퇴직하여, 음악과 典籍전적을 즐기면서도 짐을 도움이 컸으니, 실로 干木간목의 덕행[158]이라. 사당에서 제사를 받는 꿈[159]이었더니 홀연 孔子와 같은 기둥이 쓰러졌음을 느끼노라. 百 사람인들 어찌 이를 대신할 수 있으리오. 나라의 슬픔을 표하노라. 卿 等은 갑작스러운 親喪친상을 당하여 슬픔이 크겠거니와 마땅히 효성으로 추모의 예를 다하되 지나치게 슬퍼하여 몸을 상하지 않도록 하라.

이것이 역사의 기술이다. 500년 가까이 지속된 高麗고려: 918-1392의 역사에는 이러한 임금과 신하들이 있었던 것이다. 역사를 공부하는 것은 이러한 신의와 덕망을 배워 익히자는 것이 목적이며, 이것이 또한 역사 기록의 목적에 부합하는 것이다. 생동하는 역사의 기록은 읽기에도 자연스러우면서 흥미롭다. 우리가 이러한 原典을 직접 읽지 않고 단지 위의 『한국사신론』에서처럼 최충 관련 史料나 史實들을 개괄적으로 나열한다면 이는 흥미도 없거니와 전연 의미 없는 공부가 되는 것이다.

특히 역사에는 그 주인(주체)이 있다. 막연한 시대사는 얼핏 보면 모두가 역사의 주인처럼 여겨질 수도 있지만, 사실 누구도 그 중심에 있지 않으며 따라서 내용이 없는 역사일 뿐인 것이다.

일본은 한국의 역사를 하지 않고 반도의 역사를 강조했다. 그러면서 한국이라는 주체를 빼버린 것이다. 그리고 그 반도에 있었던 史實들을 나열하거나 논술하는 것으로 역사 공부를 대신하도록 하였다.

당시에 공부한 사람들이 이러한 일본의 영향을 받아 우리나라를 반도로 인식하면서 주어가 빠진 반도의 역사를 하게 된 것이다. 단지 이 땅에서 어떤 일이 있었는가를 연구한다. 이 땅의 주인으로서 계승해야 할 역사는 보이지 않는다.

한 나라를 망하게 하려면 그 나라의 역사를 잊게 하는 것보다 더 확실한 것은 없다. 역사가 없는 나라는 표류할 수밖에 없고 그리고 망할 수밖에 없다. 일본이 우리에게 시도했던 방법이었다.

4. 역사를 탓하는 역사학자 - 신채호

국문학이 전통을 타파하고 소위 신식 이론으로 국문학을 재구성하려고 했다면, 역사학도 우리의 역사를 부정하고 새로운 역사로 재구성하려 한다.

> 民族의 盛衰는 매양 그 思想의 趣向如何에 달린 것이며, 思想 趣向의 或左或右는 매양 某種 事件의 影響을 입는 것이다. 그러면 朝鮮近世에 宗教나 學術이나 政治나 風俗이 事大主義의 奴隷가 됨이 무슨 事件에 原因함인가. 어찌하여 孝하며 어찌하여 忠하라 하는가. 어찌하여 孔子를 높이며 異端을 排斥하라 하는가. 어찌하여 太極이 兩儀를 낳고 兩儀가 八卦를 낳는다 하는가. 어찌하여 身修 然後에 家齊요, 家齊 然後에 國治인가. 어찌하여 비록 頭痛이 날지라도 冠網을 끄르지 안하며 티눈이 있을지라도 버선을 신는 것이 禮이었던가. 先聖의 말이면 그대로 좇고 先代의 일이면 그대로 行하여 一世를 몰아 殘弱·衰退·不自由의 길로 들어감이 무엇에 原因함인가. 王建의 創業인가 威化島의 回軍인가. 壬辰의 倭亂인가, 丙子의 胡

> 亂인가, 四色의 黨派인가, 班常의 階級인가, 文貴, 武賤의 弊인가, 程朱學說의 遺毒인가. 무슨 事件이 前述한 宗敎·學術·政治·風俗各方面에 奴隸性을 産出하였는가. 나는 一言으로 回答하여 가로되 高麗 仁宗 十三年 西京戰役 卽 妙淸이 金富軾에게 敗함이 그 原因이라 한다.[160]

丹齋단재 申采浩신채호: 1880-1936는 우리나라 현대의 歷史學을 이와 같이 시작했다. 그는 우리 과거의 역사를 계승하려 하지 않고, 오히려 과거사에 대한 부정을 발판으로 하여 그의 역사학을 시작했다.

위의 글은 조선근세에 이르기까지 우리의 역사는 사대주의로 인한 노예의 역사였으며, 그리고 이러한 사대주의는 妙淸묘청: ?-1135이 金富軾김부식: 1075-1151한테 패하면서 시작되었다는 것을 골자로 하고 있다. 이 글은 계속해서 이를 고려로부터 조선에 이르는 천년의 역사에서 가장 큰 사건으로 규정 하고 있다.

단재는 이러한 사대사상의 부정으로부터 민족주의 史觀을 확립했다. 사대사상은 우리에게 있어서 역사의 주체가 없는 것이다. 그는 역사를 '我와 非我의 鬪爭투쟁'[161]이라는 시각으로 보면서, 김부식의 승리는 바로 '非我'인 중국의 유교와 같은 사상에 얽매어 우리의 주체성을 상실하게 된 계기가 되었다는 것이다. 이제 그는 '朝鮮史를 서술하려 하매 朝鮮民族을 我의 단위로' 하여 우리 민족이 바로 국사의 주체가 되어야 함을 역설했다.

그는 이러한 민족사학의 형성 과정에서 먼저 민족주의적 영웅을 정립하여 예시하였다. 즉 乙支文德을지문덕, 崔瑩최영 그리고 李舜臣이순신의 세 '巨傑거걸'을 내세우면서, 이 세 영웅이야말로 공통적으로 韓民族의 護國的호국적 人間像으로서 주변의 강대 세력(中國과 倭國)과 직접 勝敗승패를 겨룬 민족적 영웅들이라 했다.

단재의 이러한 사관은 당시의 시대적인 배경으로부터 비롯된 것이다. 그가 태어나1880 성장한 시기는 檀君단군 건국 이래 우리 민족 최대의 수난을 맞이하던 때였다.

당시 우리나라는 대원군의 쇄국에서 王妃의 개국 방향으로 정책이 바뀌면서, 일본과의 丙子修護條約병자수호조약: 1876, 壬午軍亂임오군란: 1882, 濟物浦條約제물포조약: 1882, 甲申政變갑신정변: 1884, 영국 함대의 巨文島 점령1885 등과 같은 나라를 뒤흔드는 일들이 숨 가쁘게 지나가고 있었다.

급기야 왜병이 경복궁에 난입하여 당시의 왕비를 시해하는 乙未事變을미사변: 1895이 일어났고, 이어서 乙巳勒約을사늑약: 1905이 따랐으며, 그리고 결국은 소위 한일합방1910이라는 희한한 점령 방식에 의해 우리나라는 왜국의 통치를 받게 되었다. 이는 묘청의 반역 실패와는 근본적으로 다른 우리 민족의 가장 큰 시련이었다.

朴殷植박은식: 1859-1925, 張志淵장지연: 1864-1921, 徐載弼서재필: 1866-1951 등과 같은 당시의 지식인들은 소위 신사상 신학문을 통한 민족 자주의 길을 열고자 하는 운동을 일으켰다. 단재는 비록 어려서부터 漢學을 하여 成均館에서 20代의 나이에 박사까지 하였지만, 그도 그들의 운동에 동참하였고, 鄕里에서 청소년들을 대상으로 신교육운동을 전개하기도 했다. 그는 이때 이미 구학문인 한학으로부터 벗어나야 한다는 의식을 가졌던 것으로 보인다.[162]

그는 1910년 한일합방 직전 중국으로 망명하였고, 그곳에서 더욱 많은 서양학문에 접하게 되었다. 그중에서도 그는 특히 당시 중국의 洋務運動양무운동을 이끌었던 梁啓超양계초: 1873-1929의 절대적인 영향을 받았다.

우선 단재의 민족사학에서 구체적인 예시라 할 수 있는 세 영웅의 정립은 양계초의 저서 『伊太利建國三傑傳이태리건국삼걸전』을 모방한 것이다. 그는 이 책을 譯述역술하면서1907 이태리의 맛치니, 카부르, 가리발디 이 세 영웅과 같은 우리나라의 민족적 三傑을 찾아 민족의식을 고취하고자 생각한 것으로 보인다. 위 책의 역술이 끝나고 바로 1908년부터 1910년에 이르기까지 「大韓每日申報」에 이순신, 을지문덕, 최영 장군의 전기를 연재하였다.[163]

단재의 민족주의 역사사상이 개론적으로 정리되고 민족사학의 선언적 형식을 갖춘 것은 그의 대표작이라 할 수 있는 『朝鮮上古史』의 「總論」으로 여겨진다. 이 「총론」은 어떤 의미에서는 민족사학의 綱領的강령적 성격으로 후학들에게 계승되었고, 「朝鮮歷史上一千年來第一大事件」과 더불어 사대주의 한국사에 대한 근본적 비판의 출발점이 되었다고 본다.[164] 그는 여기에서 한국사의 주체를 명확히 하고 아울러 朝鮮舊史의 결점을 보충하여 새로운 역사의 기틀을 세워야 한다는 논리를 폈다.

그러나 그의 이 「총론」 또한 1922년 양계초가 그의 대학 강의안을 바탕으로 출간한 『中國歷史研究法』의 내용과 방식을 모방하여 서술한 것으로 보인다. 申一澈신일철 교수는 단재의 역사연구에 대한 논술이 위 책의 飜案的번안적 要約요약과도 같은 인상을 받았다 했으며, 실제로 그는 이 두 책의 목차와 내용을 상세히 비교 분석하면서 그 역사이론의 틀과 개념 등이 매우 유사함을 지적하였다.

申 교수는 또한 이러한 유사성에도 불구하고, 단재는 그의 「총론」에서 양계초에 대한 한 마디의 언급도 없었음을 부기했다. 그가 굳이 이 부분을 부기한 것은 「총론」의 상당 부분이 지금으로 말하면 출처를 밝히지 않은 표절일 수 있다는 암시를 주기 위한 의도로 보인다. 申신 교수는 양계초도 그의 책에서 주로 서구근대 사학사상을 다루면서도 막상 이의 서구 사학자에 대한 언급은 매우 적었음도 밝혔

다.[165]

사실 이 당시에는 이렇듯 출처를 밝히지 않고 여기저기서 베끼는 것은 흔한 일이었고 이는 급변하고 있는 시대에 무엇인가 빨리 해야 한다는 조급한 마음에서 그렇게 하였을 것으로 생각된다.

단재, 그가 하고자 한 것은 무엇이었는가?

> 朝鮮史를 지으면 朝鮮史가 되어야 하겠거늘, 유래 朝鮮에 朝鮮史라 할 朝鮮史가 있었더냐 하면 首肯하기 어렵다. 安鼎福이 「東史綱目」을 짓다가 慨然히 內亂의 빈번과 外寇의 출몰이 東國의 古史를 蕩殘함을 悲歎하였으나, 나로써 보건댄, 朝鮮史는 내란이나 外寇의 兵火에서 보다, 곧 朝鮮史를 저작하던 其人들의 손에서 더 탕잔되었다 하노라.[166]

그는 우리의 사학에 대해서 철저하게 부정적이다. 조선의 역사가들은 조선의 역사를 왜곡시켰을 뿐이라고 매도해 버린다. 김부식 이후의 사대주의만이 비판의 대상이었던 것도 아니다. 아예 우리의 역사 전체에 대해서 부정적이다.

> 晦齋나 退溪더러 元曉와 義湘의 學術史上 위치를 물으면 一句의 대답을 못할 것이며, 元曉와 義湘에게 蘇塗나 奈乙의 신앙적 가치를 말하면 半分의 이해를 못할 것이며, 이와 비례로 李朝의 人士들이 高麗시대 생활의 취미를 모르며, 高麗나 三國의 인사들은 또 三韓 이전 생활의 취미를 모를 만큼, 飯食·居處·信仰·教育 등 일반 사회의 형식과 정신이 모두 격변하여, 금일 아메리카 사람으로 명일 러시아 사람됨과 같은 懸隔이 있으니, 이는 역사사상의 연락이 단절함이라, 어디서 과거를 溯究할 동기가 생기리요. 위 수종의 원인으로 史學이 발달되지 못한 것이다.[167]

조선을 세운 사람 모두가 고려 사람이었고 조선의 백성이 곧 어제 고려의 백성이었는데, 그가 말하는 아메리카나 러시아 운운은 우리 역사에 대한 그의 불신 정도가 얼마나 깊었는지를 말해 준다.

그에게 있어서 元曉원효나 義湘의상 그리고 晦齋회재나 退溪퇴계와 같은 우리의 선조들은 역사나 학술적 소양을 갖추지 못한 사람들이었고, 이 때문에 우리의 史學은 발달할 수가 없었다고 여기고 있다. 달리 말하면 우리의 역사나 학술은 丹齋 자신에 이르러 비로소 눈을 뜨게 되었다는 의미가 된다.

이는 오만이다. 그는 무엇 때문에 우리의 역사를 이렇듯 철저하게 부정하면서 이렇게 오만하게 되었는가?

그는 아예 우리의 역사를 하려하지 않았고, 우리의 역사 속에서 살기를 거부했다고 볼 수 있다. 그는 역사에 대한 담론을 한 것이다. 新羅에 의한 삼국통일을 비판하면서 檀君으로부터 扶餘·高句麗의 맥락을 세운다 해서 우리의 지난 역사가 달라지는 것은 아니다. 더구나 이를 통해서 우리의 주체성이 더 크게 확립되는 것을 기대할 수도 없는 것이다. 이는 단순한 관념의 담론에 불과하다.

元曉·義湘·晦齋·退溪 모두가 우리의 조상이며 우리의 부정할 수 없는 역사이다. 孤雲고운 선생께서 漢學을 했다 해서 그를 '漢文 졸업생'이라느니 또는 '朝鮮을 가져다가 純순 支那化지나화 하려는 것 뿐'[168]이었다고 비방하는 것은 그를 우리의 역사에서 몰아내자는 것이다. 역사를 자신의 구미에 맞추어 선별한다면 이는 이미 역사를 공부하는 진지한 태도가 아니며, 단지 자신의 무분별한 주관으로 역사를 재단하겠다는 稚氣치기에 불과할 뿐이다.

그의 민족사학이라고 하는 것은 결국 이와 같이 막연한 관념에 의해 沙上樓閣사상누각의 형태로 구성된 것이다. 더욱이 그는 우리 역사의 사대주의를 비판하면서 그 자신은 또한 새로운 사대사상에 빠져 있었음을 모른다. 그 자신의 민족자강사상은 스스로 창조한 것이 아니고, 앞에서 지적한 것처럼 중국의 학자들한테서 차용한 것이며, 더욱이 그것은 서양의 것을 중국인의 손을 거쳐 이차적으로 베껴 쓴 것이었다. 그러면서 우리 조상의 유가적 기상에 대해서는 신랄한 비판을 한다.

> 어찌하여 頭痛이 날지라도 冠網을 끄르지 안하며 티눈이 있을지라도 버선을 신는 것이 禮이던가?

그러한 그 자신은 그보다 더한 기상을 가지고 있었다. 그는 누구를 향해서도 고개를 숙이거나 무릎을 꿇지 않는다 했다. 그래서 세수를 할 때도 머리를 꼿꼿이 세운 채로 물을 찍어서 얼굴을 씻는 버릇으로 한 번의 세수에 옷 한 벌이 젖기가 예사였다 한다.[169]

당시의 지식인들이 나약한 체념에 빠져 자신의 조상 탓만 하면서 공허한 역사 담론이나 일삼지 않았더라면, 혹여 우리가 그처럼 허무하게 왜구의 손에 넘어가지 않았을지도 모를 일이었다.

5. 역사의 기록 이렇게 한다

중국의『史記』

우리는 역사의 기록이 있는 시대를 흔히 歷史時代 또는 有史時代라 하여 先史時代와 구분을 한다. 인간이 문자를 만들어 기록을 하게 된 것은 사람이 금수와 가장 크게 구별되는 것 중의 하나이다. 문자의 발명이 과연 인간의 절대가치 구현에 얼마만큼 긍정적인 기여를 했는지 장담을 할 수는 없지만, 인간의 문명은 문자의 기록 없이는 지금과 같지 않았을 것이다.

漢字의 역사 기록은 甲骨文갑골문으로 시작되었다. 갑골문은 지금으로부터 대략 3000여 년 전에서부터 5000여 년 전에 걸쳐 사용되었던 갑골문자의 기록을 말한다. 대체로 卜辭복사의 기록인데 命辭명사와 占辭점사가 주된 내용으로 되어 있다. 命辭는 占卜으로 묻고자 하는 내용을 기술한 것이며, 占辭는 占의 결과를 판단하는 사람의 말을 기록한 것이다. 나라의 大小事가 이러한 점복으로 결정되던 당시에 이 기록은 바로 나라 역사의 기록이 된 셈이다. 殷墟은허에서 발굴된 갑골문은 바로 殷나라의 역사기록인 것이다.

司馬遷사마천: 서기전145-?은 중국의 역사가로서는 독보적인 인물이다. 그는 후대에 길이 이름이 남은 사람들에게는 남다른 시련이 있었음을 주목했다. 즉 周의 文王은 갇혀 있을 때『周易』을 완성했고, 孔子는 厄運액운 속에서『春秋』를 기술했으며, 屈原굴원은 쫓겨난 후에「離騷이소」를 지었고, 左丘明은 두 눈을 잃고『國語』를 썼으며, 孫子는 다리를 잘리고서 그의 『兵法』을 완결하는 등 많은 예를 들었다.

그는 『詩經』의 詩 300편 대부분을 아예 聖賢들의 '發憤발분으로 이루어진 작품'이라 했다. 이러한 사람들은 모두가 마음속에 맺힌 덩어리가 있으면서 뜻을 펴지 못하니, 지난 일을 기술하여 후인들에게 남기고자 한 것이다. 左丘明은 눈을 잃고 孫子는 다리를 잘리면서 쓰임을 받지 못하니, 은거하여 悲憤慷慨비분강개한 뜻을 토로하였음은 문장으로 후세에 전하고자 함이었다.[170] 역사의 기록은 범상한 사람들이 하는 것이 아니었다.

사마천은 바로 자신의 『史記』도 이와 같은 시련 속에서 쓰였음을 토로하였다. 그가 이 불후의 대업을 시작하게 된 동기는 그렇게 특별하다고 할 수는 없었다. 그는 부친 司馬談사마담의 遺業유업을 받들었고, 어려서부터 이미 史官으로서의 교육을 받아오던 터였다. 다만 그의 부친의 遺訓유훈은 司馬氏 집안의 운명을 거는 매우 절실한 것이었다. 談은 죽음에 임박해서 아들 遷의 손을 잡고 눈물을 흘리며 두 가지를 강조했다.

하나는 자신들의 先代는 周나라 때부터 太史(史官과 曆官역관을 통솔하는 관리)를 지내면서 일찍부터 공명을 떨쳤는데 후대에 와서 쇠미하여졌으며, 이제 자신에 이르러 거의 단절의 지경에 이르렀다는 것이다.

다른 하나는 孔子가 『詩』, 『書』를 정리하고 『春秋』를 기록하여 당시의 쇠퇴해진 왕도와 예악을 진작시키고, 또한 지금까지도 학자들은 이를 準據준거로 하고 있는데, 그로부터 이미 400여 년이 지난 지금까지 제후들의 전쟁은 있었지만 역사의 기록은 단절되었다는 것이다. 지금 漢이 천하를 통일하기까지 있었던 그 많은 明主 · 賢君 · 忠臣 · 死義之士들의 역사를 기록하지 않고 버린다면, 이는 太史의 벼슬에 있는 자신에게 매우 두려운 일이라는 것이다.

사마천은 물론 머리를 숙이고 눈물을 흘리면서 자신이 비록 不敏불민하지만 선인들의 史料를 모두 정리 기록하여 누락이 없도록 할 것이라고 대답하면서 부친의 유훈을 받들었다.[171]

이렇듯 『史記』의 저술은 어찌 보면 가업의 계승이라는 평범한 동기로 시작되었다고도 할 수 있다. 다만 司馬談의 사명감은 한 가업에 국한되는 것이 아니고, 천년을 넘나드는 천하의 역사를 살펴 국가의 미래를 열어야 한다는 사관으로서의 막중한 책임의식에서 비롯된 것이었다. 그의 생각으로는, 周公의 서거 후 500 년 만에 孔子께서 나셨고, 孔子 후 지금 다시 500 년이 되었다고 보았다. 따라서 누군가가 孔子처럼 『易傳』의 뜻을 바르게 하고, 『春秋』를 계승하며, 『詩』·『書』·『禮』·『樂』의 근본을 찾아 盛世를 이어가야 한다는 의미이다.[172]

부친의 서거 3년 후 사마천은 太史令이 되었다. 그도 부친을 이어 국가의 모든 기록과 문서를 열람할 수 있는 위치에 이른 것으로 이제 본격적으로 부친의 유업을 실현해 갈 수 있게 된 것이다. 그러나 이 관직에 오른 지 약 10년 남짓 되어 그는 실로 어처구니없는 禍根화근을 만들었다.

당시 李陵이릉이 5000도 안 되는 보병을 이끌고 흉노를 정벌하러 가서 훌륭하게 싸우다가 衆寡不敵중과부적으로 패하여 흉노에 투항한 사건이 발생하였다. 이에 사마천이 비록 그와는 연회의 술 한 잔 함께 나눈 일이 없는 사이지만, 평소 그의 인품을 아껴 그를 두둔하다가 황제의 노여움을 사게 되었고, 이어서 극형을 받게 되었다. 만약 충분한 재물이 있었다면 형벌을 모면할 수도 있었지만 그의 집안에는 그러한 재물도 없었다.

형벌의 내용은 宮刑이었고, 그의 나이 약 48세였다. 그는 곧 蠶室잠실[173]로 보내어졌으며, 그곳에서 몇 개월에 걸쳐 한 나라의 太史令[174]으로서도 물론 그러하지만, 평범한 인간으로서도 상상할 수 없는 치욕의 형을 받았다. 그로부터 5년 후 53세에 그는 불후의 대작 『史記』의 초고를 완성했다.

그는 任安(少卿소경)에게 보다 더 구체적으로 자신의 심정을 토로하였다. 즉 단지 한 마디의 말실수로 이러한 화근을 초래하였으니 同鄕동향한테는 조소를 면치 못할 일이고, 조상한테 汚辱오욕을 입혔으며, 아울러 부모의 산소도 찾아 볼 면목이 없다 했다. 이러한 치욕의 후유증은 백대를 지나도 오히려 더욱 심해질 것이니, 하루에도 九曲肝腸구곡간장이요, 집에 있어도 무언가 없어진 듯 하고, 나가도 어딜 가야 할지 모르며, 이러한 치욕을 생각할 때마다 등이 땀에 젖지 않는 일이 없다 했다. 그는 10가지의 치욕을 나열하면서 그 중에서 腐刑부형: 宮刑이 가장 심한 것이라 했다.

그가 이러한 형벌에도 죽음을 택할 수 없었던 이유는 바로 후세에 전하고자 하는 '文彩'(『史記』를 의미함)를 아직 완성하지 못했기 때문이었다.[175] 史官의 집안에서 태어나 역사를 기록해야 하는 사명을 부친의 유업으로 계승한 그는 어떠한 형벌이나 수모에도 죽음을 택할 수 없었다. 그 형벌은 오히려 그의 역사에 대한 사명감을 더욱 강하게 했다.

『史記』는 史書의 규범을 보여준 불후의 巨作이었다.

『三國史記』의 '述而不作'

高麗 金文烈(金富軾김부식: 1075-1151) 公은 『三國史記』의 편찬 동기와 목적을 그의 서문에서 이렇게 적었다.

臣(富軾) 아뢰옵니다. 옛 列國들이 각기 史官을 두어 일을 기록하였으니, 孟子에 일러 晉진의 「乘승」과 楚초의 「檮杌도올」 그리고 魯노의 「春秋」가 다 하나라 하였습니다. 우리 海東三國 또한 歷史가 長久하여 마땅히 그 事實을 冊으로 기록해야 할 것이니, 老臣에게 그 編修편수를 명하시었습니다. 中略

지금의 學士大夫는 五經이나 諸子의 書, 그리고 秦漢진한의 역사에는 널리 통하여 자세히 말하는 사람이 있는데, 我國의 일에 대해서는 오히려 茫然망연할 뿐으로 그 始末을 모르니 심히 한탄스럽다 하시었습니다. 中略

또한 古記의 문자는 거칠고 어수선하여 事跡사적이 빠지거나 遺失유실되어, 君王의 善惡, 臣子의 忠邪충사, 나랏일의 安危안위, 백성의 治亂치란 등과 같은 일들을 드러내어 勸戒권계를 보이지 못하였으니, 마땅히 三長[176]의 인재로 하여금 一家의 역사를 이루어 이를 萬世에 물려주면서 日星과 같이 환하게 하고자 하시었습니다.[177]

중국은 일찍부터 역사를 기록하였다. 그래서 우리나라 사람들이 중국의 五經이나 諸子書는 물론이지만 秦漢의 역사에까지 널리 통하였다. 그러나 막상 우리나라에는 그러한 역사의 기록이 없었으니 나라의 始末조차 알 수 없는 형편임을 걱정하였다.

역사의 기록은 왜 하는가? 바로 후세에 전하여 '勸戒권계'를 보이기 위함이었다. 과거의 역사를 보면 잘한 일과 못한 일이 훤히 보인다. 다만 사람은 현재 자신이 하고 있는 일에 대해서는 대체적으로 어둡다. 과거를 보면서 잘된 일을 드러내어 이를 더욱 권장하고(勸勉권면), 잘못된 일은 이를 교훈으로 삼아 스스로 경계하도록 하는(告戒) 것을 勸戒라 하였다.

나라의 역사는 곧 나라의 지나간 발자취이다. 君臣의 자취가 있고, 安危의 변화에 따른 흔적이 있으며, 聖世와 亂世의 궤적이 서로 다르다. 이는 五經에 못지않게 후대에 큰 의미를 전하는 것이니 마치 깜깜

한 밤의 빛처럼 國事의 모든 일을 이에 비춰볼 수 있는 것이다. 이로써 권면해야 할 일들과 삼가 경계해야 될 일들이 저절로 드러나게 되니 역사 기록의 중요성을 바로 이 '勸戒'의 의미에 두었다.

> 臣은 듣건대 새 도끼자루는 헌 도끼자루의 크기에 맞추는 것이고, 뒤따르는 수레는 앞의 수레가 넘어지는 것을 보면 이를 교훈으로 삼는다 했으니, 대저 지나간 興亡흥망은 실로 장래의 勸戒가 되는 것이기에 감히 주제넘게 이를 책으로 엮어 올리옵니다.[178]

이는 「進高麗史箋진고려사전」의 앞부분이다. 지나간 흥망의 역사를 기록하여 장래의 '勸戒'가 되도록 한다는 것이 곧 『高麗史』 편찬의 주목적임을 밝히고 있다. 「進高麗史節要箋」에서는 '善惡勸懲선악권징'[179]으로 이를 나타냈다. '勸戒'의 구체적인 내용은 결국 '勸善懲惡'이라 할 수 있다. 『東史綱目동사강목』의 凡例에서도 '勸戒之意'[180]를 드러낸다 했다.

우리나라 최초의 역사서인 『三國史記』에서부터 비교적 근대의 역사서라 할 수 있는 『東史綱目』에 이르기까지 官撰관찬이나 私撰사찬을 막론하고, 역사서의 편찬은 모두가 후세에 '勸戒'를 드러낸다는 일관된 목적을 보여준다.

역사의 기록은 '勸戒'라고 하는 확실한 목적의식에서 비롯되었다. 따라서 그 기록은 이 목적에 알맞은 방식을 채택하여 매우 구체적이면서 명확한 체계를 갖추어 이루어졌다. 아무리 객관적인 사실도 기술방식에 따라 전달되는 의미는 크게 다르게 나타날 수 있다. 기록에서 가장 중요시 하는 것은 사실을 사실로 전달하는 것이었다. 즉 편수자의 주관이 개입되는 것을 최대한 방지하는 것이 중요했다.

『三國史記』로 말하면, 이 책은 개인의 저술이 아니라 공동편찬이다. 王仁宗의 명을 받들어 김부식의 책임 하에 10명의 편사관이 공동으로 이룩한 官撰 史書인 것이다. 특히『三國史記』는 紀傳體기전체라는 공식적인 틀 속에서 本紀, 志, 年表, 列傳으로 구성되어 있어, 이미 개인의 주관이 끼어들 여지를 상당히 배제하고 있다. 金文烈 公의 주관적인 史觀이 드러나는 곳은 그의 편찬 동기를 밝힌「進三國史記表」와 志의 序文 그리고 列傳의 論撰논찬 정도이다. 그러나 무엇보다도 편수자들의 태도가 중요할 것이다. 아무리 사실이라 하더라도 의도에 따라서 사실이 왜곡될 수도 있기 때문이다.

申瀅植신형식 교수는 김부식은 '사실을 사실대로' 기록하려는 객관적 서술 자세를 갖고 있었으며, 이는 春秋筆法춘추필법 이후 '述而不作술이부작'의 원칙이었고, 따라서 당시의 역사편찬은 기존 사서의 편집에 불과하였던 것이 일반적 경향이었다고 했다.[181]

여기서 '春秋筆法'이란 '述而不作'을 의미한 것이며, 이는『論語』의「述而」편 서두에 나오는 孔子의 말이다.[182] 이 句에 대한 朱子의 해석은 이렇다.

> 옛것을 기술하여 전할 뿐이다. 짓는다는 것은 처음으로 창작하는 것이다. 그런고로 짓는 것은 성인이 아니면 할 수 없는 것이고, 단지 기술하는 것은 현자 정도면 할 수 있는 것이다.…… 대저 옛것을 믿고 이를 전하고자 기록한 것이다. 孔子는『詩經』·『書經』을 刪定산정하고,『禮』·『樂』을 정하였으며,『周易』을 '贊찬'하고,『春秋』를 修撰수찬하였는데 모두가 先王의 옛것을 전할 뿐으로 일찍이 지은(作) 일이 없다.[183]

위에서 언급한 여섯 경서는 '六經'이라 하는데 이는 지금으로 말하면 인문학의 정수를 이루는 내용들이다. 그 내면의 의미는 인간의 문명이 지속되는 한 바뀌지 않을 것들이다. 이 모두는 孔子의 손을 거친 것으로 전해진다. 다만 孔子는 이들 전해져 오는 기록들을 편수하였을 뿐으로 스스로 창작을 하고자 하지 않았다는 의미이다.

창작은 성인이나 하는 것이라 하면서 孔子는 스스로를 낮추어 단지 그 기록의 임무만을 자청한 것이다. 그러나 朱子는 孔子를 단지 겸손한 사람만으로 생각하지는 않았다.

> 孔夫子께서는 뭇 성인들이 이루어 놓은 것을 모아 折衷절충을 하였으니, 그 일은 단지 記述하였을 뿐이지만 그 功은 오히려 짓는 것보다 倍가 되었다.[184]

'述而不作'에는 스스로 짓지 않고 성인의 창작에 기탁하여 자신의 뜻을 더욱 효과적으로 펴는 孔子의 겸손하면서도 지혜로운 자세가 담겨 있었던 것이다. 『三國史記』도 이러한 자세를 염두에 둔 것이라 할 수 있다. 「進三國史表」에서 '君王의 善惡, 臣子의 忠邪, 나랏일의 安危, 백성의 治亂 등과 같은 일들을 드러내어 권계를 보이지 못하였으니' 하는 것은 과거의 역사를 전하여 후세에 권계를 보이고자 함을 나타낸 것이다. 이는 王의 뜻이었고 김부식은 이러한 御意어의를 받들었다. 이처럼 王이 직접 訓戒하지 않고 역사를 기록하여 권계의 뜻을 기탁하고자 하는 것은 이것이 바로 王의 어떠한 훈계보다 더 강력한 감화의 힘을 발휘할 수 있기 때문이다.

『三國史記』의 이러한 정신과 원칙은 『高麗史』의 편찬에서도 마찬가지로 유지되었다. 邊太燮변태섭 교수는 이에 대해 '以存其實'의 史觀에서 역사적인 사실을 그대로 轉載전재할 뿐으로, 역사적 사실에 대한 자의적인 작문을 하지 않았다고 하면서, 『高麗史』에는 『三國史記』에 있었던 편찬자의 論贊논찬마저 두지 않고, 단지 旣存史料기존사료를 편집하여 자기류의 역사 해석을 최대한 방비하였다고 하였다.[185]

특히 邊 교수는 “오늘의 역사가들이 史料를 자기 마음대로 요리하여 時代史를 서술하는 것과는 근본적으로 다른 것이었다.”라는 것을 지적하였다.[186]

현대에 저술되고 있는 ‘時代史’는 그 역사의 중심이 곧 ‘時代’가 된다. 우리의 그렇게도 많은 현대의 역사서들이 바로 이러한 시대 순에 의거하여 사건들을 나열하고 있다. 때문에 그곳에는 시간의 흐름에 따른 상황의 설명이 있을 뿐으로, 정작 있어야 될 역사의 주인은 드러나지를 않는다.

과거 전통의 紀傳體史書에서 ‘本紀’는 군왕의 역사를 기술한 것이다. 물론 시간의 순서에 따른 편년의 기록이지만 그 역사의 중심에는 군왕이 있다. 申瀅植 교수는 『三國史記』「本紀」의 내용을 정치 · 천재지변 · 외교 · 전쟁의 4항목으로 나누면서 이 속에서 국가의 3요소인 왕 · 신하 · 백성이 각기 그들의 책무를 다하는 것을 기록하고 있다고 했다.[187] 즉 역사의 주인을 중심으로 기록한 것이다. 군왕의 역사 기록은 후대 군왕에게 훌륭한 귀감이 될 것이다.

‘列傳’은 바로 王 외의 역사적인 인물을 기록한 것이다. 다만 당시의 판단으로 후세에 길이 전할 만 하다고 여긴 역사적인 인물로 한정이 되어 있기 때문에 많지 않은 사람이 선정되었을 뿐이다. 이 또한 당시 나라와 사회를 주도하는 관리나 지식인들에게 勸勉과 告戒의 의미를 일깨워 줄 뿐만 아니라, 일반인들에게도 인생의 지혜를 보여 줄 것이다.

『高麗史』도 『三國史記』와 마찬가지로 紀傳體의 史書이다. 따라서 ‘本紀’가 있고 ‘列傳’이 있으며 ‘志’, ‘表’가 있다.

그러나 『高麗史』에서의 ‘本紀’는 ‘世家’로 한 등급 낮추어져 있으니, 「纂修高麗史凡例찬수고려사범례」에서 그 이유가 밝혀져 있다.

『史記』에 의하면 天子는 '紀'라 하고, 諸侯는 '世家'라 하는데 지금 『高麗史』를 纂修함에 王紀를 世家라 하는 것은 그 名分을 바르게 함이다.

天子의 역사를 本紀라 한다면 『高麗史』에서도 응당 이와 같아야 할 것인데 이를 제후로 낮추어 世家라 하는 것은 스스로의 지위를 격하시키는 것이다. 더욱이 이에 대해 "名分을 바로 한다(正名分)" 하는 것은 의아스러운 일이다. 邊太燮 교수는 이를 당시 大明關係를 고려한 事大史觀의 결과이며, 조선 초기 편찬자들의 보다 철저한 儒敎史觀을 반영한 것이라 했다.[188]

이 말이 틀리는 것은 아니겠지만 이는 먼저 당시 우리나라와 中國 사이의 물리적 힘의 역학관계 속에서 부득이한 선택이었다고 보아야 할 것이다. 우리나라 전역이 蒙古몽고에 유린되고 우리는 곧 元의 駙馬國부마국이 되어 그 지배를 받아 왔다. 끝도 없는 貢物공물의 요구와 심지어는 童男 · 童女까지 바쳐야 했던 상황이 조선의 신하들 뇌리에 아직 남아 있을 때이다. 위에서 '正名分'이라 한 것은 뼈아픈 선택이었을 것이다. 이를 두고 사대사관으로 매도하는 것은 당시의 현실에 대한 적절한 상황 인식은 아니라고 보인다.

'志'와 '表'는 당시 역사적 배경을 수록한 것이다. '志'는 당시의 文物制度를 서술한 것으로, 天文 · 易 · 五行 · 地理 · 禮 · 樂 · 輿服여복 · 選擧 · 百官 · 食貨 · 兵 · 刑法의 十二志로 나뉘어 수록되었다. '表'는 王의 卽位즉위와 崩御붕어 그리고 中國과의 관계 등 비교적 중요한 사항에 대한 간략한 기록을 하였다.

'述而不作'은 기록하는 사람의 주관을 배제하고, 사실을 사실대로 전하는 것을 말한다. 즉 역사에 대한 기록자의 포폄의도를 최대한 방지하여 선입견이 개입되지 않도록 하는 것이다. 이것이야말로 우리나라 역사 기록의 전통적인 방식이었다.

한편 '述而不作'은 역사를 계승하는 전통적이고도 훌륭한 방식이었다. 기록자 私見의 여과를 배제함으로 후손들은 과거의 역사를 직접 대하여 그것을 자신의 역사로 인식할 수 있게 한 것이다. 현재 우리가 단지 신채호의 역사서만을 본다면 우리 역사의 사실을 볼 수 없게 된다. 따라서 역사는 계승될 수 없고, 신채호의 사상만을 배우게 되는 것이다. 부분적으로는 그를 따라 분명한 근거도 없이 孤雲 선생을 증오할 수도 있을 것이다.

6. 왜 역사를 기록하는가

앞에서 예를 든 『한국사신론』은 역사의 기술에 있어서 시대를 중심으로 한다. 즉 「제1장 원시공동체의 사회」는 '구석기시대'로부터 '신석기시대'로 이어지는 서술을 하였다. 「제4장 전제왕권의 성립」은 '신라의 반도 통일과 발해의 건국'으로부터 시작하여 '발해의 사회와 문화'로 맺어진다. 제6장과 제7장은 고려를 '문벌귀족의 사회'와 '무인정권'의 시대로 묶어 서술한 것이다.

'구석기', '전제왕권' 또는 '신라의 반도 통일' 속에 역사의 주체는 매몰되어 보이지 않는다. '신라의 반도 통일'에서 우리는 무엇을 배워야 하는가? 조선을 '양반사회의 성립'과 '사림세력의 등장' 등으로 재단하여 묶었다. 우리는 그로부터 또 무엇을 보아야 하는가? 역사의 주인과 생명이 사라진 유물의 목록을 억지로 보기를 강요하고 심지어 외우기까지 하고 있는 것이다.

『三國史記』나 『高麗史』 등에서 보이는 역사의 기록은 역사의 주체를 중심으로 하여 이루어진 것이다. 가장 앞에 나오는 '本紀' 또는 '世家'는 王, 臣下 그리고 백성이라는 국가의 3요소를 중심으로 하여 기록한 것이다. 이 외에도 역사에서 권계의 의미가 매우 크다고 여길만한 인물들에 대해서는 따로 列傳으로 기록을 하였다. 왕이나 이러한 인물들은 포폄 없이 '사실 그대로' 기록하여 후손들이 역사를 직접 만날 수 있도록 하였다. 극히 간단한 예를 몇 가지 들어본다.

역사적인 여인들

列傳의 기록에는 역사를 움직인 여인들의 기록도 적지 않다. 『高麗史』의 「列傳」은 앞에 '后妃傳'으로 시작되는데, 모두 29王妃 125명이 수록되어 있다. '后妃傳'의 앞에는 간략한 서문을 두어 관련 제도를 설명하였다. 즉 王母를 王太后라 칭하고, 王의 正室을 王后라 칭하며, 妾은 夫人이라 칭하였는데, 貴妃 · 淑妃 · 德妃 · 賢妃가 모두 夫人으로 正一品에 속한다 하였다.

또한 '后妃傳'을 두는 이유를 설명하였는데, "무릇 夫婦란 人倫의 근본이다. 국가의 治亂치란이 이에 말미암지 않음이 없으니 어찌 신중하지 않을 수 있겠는가? 고로 后妃傳을 둔다."고 하였다. '국가의 治亂이 모두 이로 말미암았다' 함은 고금동서를 막론하고 여인의 역할이 지대했음을 나타낸다. 太祖의 王后 둘의 기록을 본다.

> 태조 神惠王后신혜왕후 柳氏는 貞州 사람으로 三重大匡삼중대광 柳天弓의 딸이다. 天弓 집은 큰 부자여서 고을 사람들이 長者 집이라고 불렀다. 태조

가 弓裔궁예를 모시는 장군이 되어 병사를 이끌고 貞州를 지나다 오래 된 버드나무 아래서 말을 쉬게 하였는데, 왕후가 길옆 냇가에 서 있었다. 태조가 그 德容덕용을 보고 그대는 누구집의 딸이냐고 물었는데, 대답하기를 이 고을 장자 집의 딸이라고 하였다. 이에 태조가 그 집에 가서 묵었다. 그 집에서는 군대에게 풍성한 향연을 열어 주고, 왕후로 하여금 태조의 寢席침석을 모시도록 하였다. 그 후로는 소식이 끊어져 왕후는 정결을 지키고자 머리를 깎고 비구니가 되었다. 태조가 이를 듣고 불러서 부인을 삼았다.

궁예의 말년에 洪儒홍유, 裴玄慶배현경, 申崇謙신숭겸, 卜智謙복지겸 등이 태조의 집에 와서 (弓裔의)폐립을 논의하려 했는데, 왕후가 알기를 바라지 않아서 왕후에게 밭에 오이가 있으면 따 달라고 하였다. 왕후가 그 뜻을 알고 나왔다가 다시 북쪽의 쪽문으로 들어가 가만히 휘장 속에 숨었다. 이에 여러 장군들이 추대의 뜻을 말하니 태조가 노기를 띠고 거절을 하는데 매우 강경하였다. 왕후가 급히 휘장 속에서 나와 태조에게 이르기를; "義로 虐政학정을 몰아내는 것은 예로부터 자연스러운 것입니다. 지금 여러 장군의 말을 들으니 妾도 흥분이 되는데 하물며 대장부이겠습니까?"라고 하면서 손수 갑옷을 가져다가 입혀 주니, 여러 장군들이 그를 옹위하고 나가서 곧 즉위하였다. ……薨去훙거하니 시호를 神惠王后라 하고 顯陵현릉에 合葬합장하였다.[189]

『高麗史』가 어떠한 의도와 방법으로 편찬되었는지를 알 수 있게 한다. 아직 왕이 되기 전 몇몇 장군들을 집에서 맞이하는 태조와 그의 부인 모습이 저절로 떠오른다. 그 부인이 아니었다면 역사는 또 어떻게 되었을 것인가? 역사의 기록 방식은 그래서 중요하다. 살아있는 역사를 죽이지 않고 생명의 힘으로 전해야 하기 때문이다. 그러나 현대에 와서 이러한 기록이 역사학자의 주관에 의한 여과를 거치면서 곧 生氣를 잃고 죽은 역사가 되어버린다.

后妃傳의 두 번째 인물은 莊和王后장화왕후이다.

莊和王后 吳氏는 羅州나주 사람으로, 조부는 吳富伅오부돈이고 부친은 多憐君다련군인데 대대로 이 州의 木浦목포에서 살았다. 多憐君은 沙干사간 連位연위의 딸 德交덕교를 아내로 맞아 왕후를 낳았다. 왕후가 한번은 꿈을 꾸었는데 浦口에 용이 나타나서 뱃속에 들어가므로 놀라서 깨었다. 이 꿈을 부모에게 이야기 하니 모두 기이하게 여겼다.

얼마 되지 않아 태조가 水軍將軍수군장군으로 羅州에 出鎭출진하여 배를 목포에 정박하였는데, 냇가에 오색의 雲氣운기가 떠 있는 것이 보였다. 가까이 가니 왕후가 빨래를 하고 있었다. 태조가 그녀를 불러 가까이 했는데, 그녀의 집안이 빈천하여 임신을 시키지 않으려고 자리(寢席침석)에 흘렸다. 그러나 왕후가 바로 그것을 몸에 取하여 임신을 했고, 아들을 낳았으니 惠宗혜종이 되었다. 얼굴에 자리 무늬가 있어 세간에서 주름 임금이라 했다.

항상 잠자리에 물을 부었고, 또 큰 병에 물을 담아 팔을 씻는 것을 좋아 했으니 과연 용의 아들이었다. 나이가 7세가 되자 태조는 그가 왕위를 이을 덕성을 지녔음을 알았으나 어미의 출신이 미천하여 이어받지 못할 것이 걱정되었다. 이에 柘黃袍자황포; 왕의 옷를 상자에 담아 왕후에게 주었다. 왕후는 이것을 大匡대광 朴述熙박술희에게 보였더니 술희는 그 뜻을 헤아려 그를 後嗣후사로 정할 것을 청하였다. 왕후가 薨去훙거하니 시호를 莊和王后장화왕후라 하였다.[190]

역사의 기록은 흥미가 있다. 모두가 살아가는 이야기들이다. 관념의 나열이나 허구가 아닌, 그것도 역사에 위대한 인물들의 범상치 않은 이야기들이다. 위의 기록은 모두 그대로 받아들이기에는 다소 무리가 있다. 그러나 왕이 되기 전에 가문도 확실하지 않은 여인과의 관계에서 얻은 아들을 왕의 後嗣후사로 삼으려 하는데 어찌 약간의 허구가 개입되지 않을 수 있겠는가. 이 또한 삶의 역사이다.

번잡한 설명은 뜻을 가리거나 왜곡시킨다. 불필요한 논쟁으로 이어지기도 한다. 野合으로 얻은 아들을 후사로 정하고 싶은 태조의 심정이 옷 한 자락에 실려 전해진다. 차마 대신들에게 입을 열지 못하고

王이 거꾸로 신하들의 배려를 바라는 마음이다. 만약 일이 제대로 되지 않을 경우에는 이는 단지 왕후에 대한 자신의 사랑의 징표일 뿐이다. 여기에는 끝없는 소모적인 논쟁을 피하는 王의 지혜가 결과적으로 자신의 뜻을 살리고 아울러 모든 사람을 편안하게 하고 있다. 이러한 지혜는 그로부터 천년이 지난 현대에도 전혀 달라지지 않는 것이다. 과연 우리가 역사를 왜 기록해야 하는가를 보여준다.

다만 이 기록은 그 자체로 놀라운 것이다. 『高麗史』는 高麗 34王 475년의 역사를 조선에 와서 기록한 것이다. 따라서 위의 기록은 이미 그 발생 당시로부터 500여 년이 지난 시점에서, 정도전 등 조선의 대표적인 성리학자들의 집단 30여 명으로 구성된 『高麗史』 修史官들에 의해 이루어진 것이다. 그들이 태조의 野合을 이렇게 적나라하게 기록한 것이다. 莊和王后는 「后妃傳」의 두 번째에 올라온 인물이다. 당시의 유교적 윤리의식으로 이렇게 기록할 수 있었다는 것은 상당히 의아스럽다. 이것은 역사를 기술함에 있어서 자신들의 사상을 철저하게 배제하고 오로지 直筆하겠다는 신념으로 밖에는 보이지 않는다. '以存其實'의 원칙과 '述而不作'의 정신일 것이다.

『三國史記』에는 后妃列傳이 없다. 그러나 여기에서도 훌륭한 여인의 역사는 빠지지 않는다.

> 高句麗 平岡王평강왕 때의 사람으로, 용모는 울퉁불퉁 하니 우습게 생겼지만 마음은 밝았다. 집이 몹시 가난하여 항상 걸식으로 어미를 공양하였고, 헤어진 적삼과 떨어진 신발로 저자거리를 오가니 사람들이 그를 가리켜 바보 溫達온달이라 했다.
> 평강왕의 딸이 울기를 잘하니 王이 놀리기를; "너는 언제나 울음으로 내 귀를 시끄럽게 하니 커서 사대부의 아내가 될 수는 없겠고, 바보 온달에게나 보내야겠다." 왕이 매번 그리 말하였다. 그 딸이 16세가 되어, 上部의 高

> 氏에게 시집을 보내려하자 공주가 말하기를; "대왕께서는 언제나 저는 반드시 온달의 아내가 되어야 한다고 말씀하셨는데 오늘 무슨 이유로 그 말씀을 바꾸십니까? 匹夫도 食言을 하지는 않으려 하는데 하물며 至尊지존이실진대! 고로 왕이 된 자는 戲言희언을 하지 않는다 했는데 지금 대왕의 명령은 잘못되었으니 따를 수가 없습니다." 中略
> (온달 장군은)신라군과 阿旦城아단성 아래에서 싸우다 流矢유시에 맞아 떨어져 죽었다. 장사를 지내려하는데 靈柩영구가 움직이지 않으니 공주가 와서 관을 쓰다듬으며 말하기를; "死生이 결정되었으니 이로 돌아가시옵소서!" 하니 이에 움직여 곧 장사를 지내었다. 대왕이 듣고서 비통해 했다.[191]

대왕이 어찌 희언을 할 수 있는가? 당시 엄격했던 신분상의 차등에 의한 역차별을 극복하고, 자신의 신념을 끝까지 달성한 의지의 여인 평강공주는 그로부터 1500년을 헤아리는 지금까지 우리의 생동하는 역사 속에서 살아 숨 쉬고 있다. 뿐만 아니라 나라에 대한 충성을 옛날 고루한 봉건시대의 잔재쯤으로 여기는 현대인에게도 온달 장군의 충성과 효성 그리고 아내에 대한 신의와 사랑은 당시와 전혀 다르지 않는 감동으로 와 닿는다.

역사적인 賢者

> 비록 산과 바다가 높고 깊은 것을 마다하지 않듯이 (聖上께서)포용의 성은을 베푸시어도, 실로 먼지가 쌓이고 이슬이 떨어지는 정도로 미미할 뿐으로, 보탬이 될 능력이 없음이 부끄럽습니다.[192]

眞樂公진락공 李資玄이자현: 1061-1125 선생은 이십칠 세에 벼슬이 大樂署令대악서령에 이르렀으나, 갑자기 부인이 세상을 떠나자 옷을 떨치고 일어나 멀리 淸平山에 들어가 文殊院문수원을 수리하여 거주하였다.[193] 睿

宗재위: 1105-1122은 일찍부터 그를 흠모하여 왕궁으로 그를 불렀는데, 그는 이를 사양하는 陳情表진정표를 올리고 거동하지 않았다.

위의 "산과 바다가 높고 깊은 것을 마다하지 않듯이"의 出典은 『管子』의 「形勢解」편이다. "바다는 물을 가리지 않으니 크게 될 수가 있고, 산은 土石을 사양하지 않으니 높아질 수가 있다. 明主는 사람을 싫어하지 않으니 群衆을 이룰 수가 있고, 선비가 배움을 싫어하지 않으니 聖賢이 될 수 있는 것이다."[194] 이는 사람을 가리지 않는 넓은 군왕의 포용력을 비유한 것이다.

眞樂公은 임금께서 자신을 부르는 넓은 도량을 칭송의 의미에서 이와 같이 비유하였다. 그러나 그는 자신이 도성 문을 나올 때 이미 다시는 京城의 땅을 밟지 않기로 맹세하였으니 임금의 詔書조서을 받들 수 없다 했다. 그리하여 그는 임금께 자신을 단지 "濠水호수 다리 아래의 물고기처럼 한가로운 즐거움을 누리게(俾濠梁之魚비호량지어, 有從容之樂유종용지락)"[195] 해 달라는 진정표를 올린 것이다.

公의 비교적 자세한 행적은 金富儀김부의: ?-1136의 「淸平山文殊院記」에 나타나 있다.[196] 그에 의하면, 睿宗은 후일 政和7년1117에 南京지금의 서울으로 행차를 하게 되는데, 그때 公을 開京(開城)보다 가까운 그곳으로 다시 불렀다. 아울러 신하의 굳은 소신에 어쩔 수 없었던 임금은 친히 五言絶句를 지어 신하에 대한 애모의 정을 담아 보냈다.

평생에 보기를 원하는데,
그리움은 날로 더 하는구료.
高賢의 뜻은 꺾기 어려우니,
내 마음을 어찌 하리오?

願得平生見원득평생견, 思量日漸加사량일점가.

高賢志難奪고현지난탈, 其奈予心何기내여심하?

이번에도 公은 사양하는 '第二表'를 올렸으나, 마침내는 임금의 깊은 정을 거역하기 어려워 그해 8월에 南京으로 나와 알현하였다. 임금께서는 "도덕이 높은 노인을 여러 해 동안 傾慕경모하였는데 신하의 예로 만날 수 없다." 하여, 그를 殿上전상으로 올라와서 절을 하게하고 임금도 답배를 하였다. 그리고 임금과 신하는 편안하게 앉아 茶를 놓고 한가롭게 이야기를 하였다. 公은 임금의 명에 따라 잠시 淸涼寺청량사에 머물렀다.

당시 公은 57세로 추정되며, 임금은 文宗33년1079 태생으로 公보다는 18년 年下가 된다. 임금이 신하에게 이토록 깍듯하며 배움에 대한 자세가 그처럼 진지하니 신하가 자신의 소신을 굽히지 않으면서도 임금한테 감복을 한 것이다. 君臣間의 정과 예가 참으로 아름다운 조화를 이루었다.

『破閑集파한집』에는 睿宗이 南京에서 李資玄 선생에게 修身 · 養性의 요령을 물은 일을 전한다. 선생은 "양성은 寡欲과욕보다 더 좋은 것이 없습니다. 폐하께서 유의 하시옵소서"라 했고, 이에 임금은 찬탄을 금치 못하면서, '말은 들리지만 道는 헤아릴 수 없고, 몸은 보이지만 뜻은 굽힐 수 없으니, 정말로 巢父소부 · 許由허유의 亞流로다.'라 하고, 茶와 藥을 하사하여 산으로 돌아가게 하였다.[197]

선생은 젊은 나이에 산에 들어가 임금의 간곡한 부름도 외면하면서 그의 일생을 소박하게 보냈다. 수신 · 양성이라는 임금의 어려운 질문에도 지극히 간단한 대답을 올렸다. '寡欲' 단 두 글자로 족한 것이었다. 진리는 알고 보면 단순한 것이다. 평생을 복잡한 인간으로 살아야 하는 제왕에게 가장 긴요한 충언일 수도 있다. 더 이상의 말은 단지

空談이 될 뿐이다. 그는 임금께 『心要』 한 권을 저술하여 올리고 자신은 다시 산으로 돌아갔다

李資玄 선생의 사촌 중에 李資謙이자겸: ?-1126이 있었다. 둘은 당시 외척 세력을 쌓은 李子淵이자연: ?-1086의 손자였다. 李資謙의 둘째 딸은 睿宗의 王妃였다. 예종이 崩御붕어하자 이자겸은 어린 仁宗을 즉위하게 하고, 셋째 딸과 넷째 딸을 연달아 왕비로 들였다. 인종은 이자겸의 외손자였다. 말하자면 외손자에게 이모들을 데려다가 결혼을 시킨 것이다. 외손자가 이모와 결혼을 했으니, 이들 세 자매들이 하나는 인종의 어머니이고 다른 둘은 인종의 妃가 되어 하루아침에 姑婦고부 사이로 바뀌어 버렸다. 세 딸을 패륜으로 몰고 간 그 아버지 이자겸은 임금 이상의 온갖 영화를 다 누릴 수가 있었다.

결국 그는 마지막 욕심인 왕위의 찬탈까지 기도했던 것으로 알려졌다. 왕비인 그의 딸(넷째)을 통해 독약을 넣은 떡으로 시해하려 했는데, 왕비가 왕에게 이를 고백하면서 떡을 까마귀에게 던졌고 까마귀가 그것을 먹고 죽었다. 그러자 다시 왕비에게 독약을 보냈는데 이번에는 왕비가 가다가 일부러 넘어지면서 땅에 쏟았다. 이 공로로 역적 이자겸의 딸이었지만, 왕비는 인종의 두터운 은총을 받을 수가 있었다.[198] 후일 이자겸은 그의 일당들과 함께 잡혀 대부분 귀양의 형을 받았고, 그는 귀양지 靈光영광에서 죽었다. 그의 일대기는 『高麗史』 「列傳」의 叛逆一반역일에 올라 있다.

한 시대의 두 사촌 형제, 이자현 선생은 '寡欲'을 실천하면서 산에서 은거 생활로 한 평생을 보냈는가 하면, 이자겸은 끝없는 욕심을 부리면서 이를 성취해 나갔다. 그러나 왕위 찬탈이라는 마지막 욕심을 채우지 못하고 귀양지에서 죽었다. 그리고 후손에게는 반역의 집안이라는 영원한 팻말을 달아 놓았다.

이들 사촌형제에 관한 이 기록은 과연 역사의 교훈이 어떠한 것인지를 보여준다.

그 외에도 예종은 왜 修身과 養性을 물었는가?

예종은 7男 4女(모두 肅宗숙종 妃 明懿太后명의태후 柳氏유씨 소생으로 肅宗은 오직 한 王后에서만 자녀를 두었다.)의 長子로 태어나 肅宗 5年1100에 王太子로 冊立책립되었다. 아무런 欠缺흠결이 없는 조건에서 최상의 교육을 받았을 것이고, '修身' 정도라면 10여 세에 이미 충분히 공부했을 터였다. 지금은 임금이 된지도 12년이다. 그런데 아직도 그러한 것을 물어야 하며, 또한 임금은 과연 평소 '寡欲'을 '유의하지' 못했는가?

우리는 100년의 양식을 쌓아두고서도 만족을 모르고 허둥댄다. 짐승에게서 찾아볼 수 없는 이러한 어리석음은 사람이 짐승보다 못한 면을 보여 주는 것이다. 재물로 자신의 인생을 허비하고 있다는 것을 모르는 것은 지식의 문제가 아니고 단지 깨달음과 실천의 문제일 뿐이다. 이는 예종 임금도 다하지 못한 공부이다.

역사는 훌륭한 선현들의 기록을 통하여 우리를 변화시킨다. 그것이 역사를 기록하고 또 배우는 목적이다.

흔들리는 민족의 역사

朝鮮에 외래의 문물이 들어오기 시작하였다. 조선은 상당한 혼란을 겪게 되었다. 인생에 대한 가치관이 근본적으로 흔들리게 되기도 했다. 생명은 부모로부터 이어받았다는 것이 전통적인 사고였다. 그런데 이를 부정하고, 하늘 어딘가에 있는 초월적 존재가 인간의 생명을 주재한다는 당시로서는 매우 해괴한 종교가 이 땅에 들어온 것이다.

당연히 나라가 뒤집힐 일이었다. 사람들이 이를 은밀히 받아들였다가 발각이 되어 잡혔다.

> 사대부 집안의 木主는 天主敎에서 금하는 것이니 차라리 사대부에게 죄를 얻을지언정 천주에게 죄를 얻는 것을 원하지 않았습니다. 결국 집안의 뜰을 파서 신주를 묻었습니다. 또한 죽은 사람 앞에 술과 음식을 올리는 것도 천주교에서 금지하는 것입니다. ……
> 어찌 감히 부모를 장사하는 일을 소홀히 하오리까? 상여 줄을 잡는 예와 4척의 높이로 봉분을 돋는 것은 풍속을 따르지 않은 것이 없습니다. 다만 5월에 모친상을 당하고 8월 그믐에야 기한을 넘겨 장사를 지낸 것은 집안에 전염병이 돌아 외부 사람들과 접촉을 하지 않았기 때문입니다.[199]

天主를 섬기기 위해서 땅을 파서 神主를 묻었다.

尹持忠윤지충: 1759-1791이 전라도 관찰사로부터 조사를 받으면서 스스로를 소명한 供述공술의 일부이다. 그는 邪學사학에 빠져 神主를 불태우고 祭禮제례를 폐하였을 뿐만 아니라 부모의 시신까지 제때에 장례를 지내지 않고 버렸다는 혐의를 받고 있었다. 여기에서 그는 모친의 장례는 전염병으로 기한을 넘겼을 뿐이고 신주와 제례는 천주교에서 금지하는 것이어서 스스로 폐했음을 인정했다. 이때 같은 혐의로 함께 잡혀온 윤지충의 외사촌 權尙然권상연: 1751-1791도 제례를 폐하였음을 실토하였다.

尹持忠의 이러한 행위는 당시에 있어서 반역과도 같은 것이었다. 조정은 난리가 났다.

> 옮겨 바꿀 수 없는 것이 綱常강상이라는 것입니다. 우리 동방이 예의로서 나라를 세운 지가 수천 년이 되었습니다. 비록 매우 패악하고 크게 무도한 자가 있다 해도 부모가 살았을 때는 섬기고 죽으면 장사지내는 예를 감히

> 어기는 사람이 없었습니다. 혹 예법에 어긋나는 일이 시골 천민들의 무지한 망동의 행태 속에서 나타나도 동네에서 그것을 배척하거나 수령이 징계하여 한 치도 이를 거스르지 못합니다. 오직 저 持忠의 무리들이 감히 스스로를 오랑캐와 금수를 따르면서 소귀신과 뱀 귀신에 빙자하여 제사를 폐지하는 것도 모자라 초상을 당하더라도 魂帛혼백을 세우지 않고 부모가 죽어도 조문을 받지 않으며, 심지어는 그 조상의 신주를 불태워 묻기까지 합니다. 그런 줄을 모르고 가서 조문하는 사람이 있으면 대수롭지 않게 대답하기를 "축하할 일이지 위로할 일이 아니다."라고 합니다. 아, 통탄할 일입니다. 천지가 생긴 이래 어찌 이런 변괴가 있을 수 있습니까?
> 율문에 이르기를 "남의 신주를 손상시킨 자는 그 죄가 살인과 같다." 고 하였는데, 하물며 제 손으로 그 조상의 신주를 태워버렸으니, 이는 弑逆시역의 변괴와 조금도 다르지 않습니다.[200]

이 글은 당시 洪樂安홍낙안: 1752-?이 蔡濟恭채제공: 1720-1799에게 보낸 편지의 일부이다. 綱常강상[201]의 윤리를 무너뜨리는 무리에 대한 성토의 글이다. 당시에 강상은 국법의 근거라 할 수 있고, 국가와 사회의 정신적 기반이라 할 수 있다. 이것이 흔들리면 일차적으로 가정과 사회의 규범이 무너지고 다음으로는 점차 나라의 기강이 서지 않을 것이다.

이 둘은 형장으로 끌려갔다.

윤지충과 권상연은 형장에서 "신주에 절하고 천주를 배반하라"는 형 집행관의 요구를 거절하였고, 결국 둘은 함께 신념을 지켜 사형을 받았다. 그러나 당시 正祖는 두 사람의 형을 사형에서 귀양으로 감하는 조치를 내리고 급히 使者를 보냈는데, 다만 그 사자가 전주에 도착하기 전에 이미 사형이 집행되었다 한다.[202]

神主는 본시 중국에서 종묘에 모셔진 국왕의 位牌위패를 말하는 것이었다. 그러나 후에는 민간에서도 죽은 사람한테 신주를 세우게 되었으며, 이를 靈牌영패 또는 神位라고도 했다. 이는 『後漢書 · 光武紀上建安二年』의 기록에 의거한 것이다. 그렇다면 우리나라에 처음 유학이 전래될 때 이러한 儀禮의례도 이미 함께 전해졌을 것으로 볼 수 있을 것이다. 이는 곧 당시를 기준으로 약 1500년을 헤아리는 역사를 가진 전통 의식이 되었음을 의미하는 것이다. 이제 그 전통이 심각한 위협을 받게 되었다.

天主인가? 神主인가?

한마디로 천주는 당시의 西學이었으며, 신주는 우리 역사의 상징이었다. 지금도 우리는 이에 대해서 과학적인 논쟁을 할 수는 없다. 天主는 서양 어딘가의 진리이며 神主는 이 나라의 진리였다. 진리의 보편성은 그 방법의 획일성을 의미하는 것은 아니다. 食色은 인간의 본성이지만 그것을 충족시키는 방식은 시간과 공간에 따르는 제약과 특성이 있다. 時空의 차이에 따라 求愛의 방식도 다르고, 식사의 내용과 예법도 다르다.

천주와 신주는 서로 다른 思考의 방식이다. 당시 천주를 받아들이는 처지에서는 신주를 우상 숭배나 미신으로 여겼지만, 신주의 처지에서는 서학은 바로 邪學이었다. 소위 천주라는 귀신 앞에서는 군왕도 없고 아비도 없는 無君無父의 悖倫패륜이었다. 나라에 대한 충성과 부모에 대한 효도를 가장 중요한 덕목으로 삼고 있는 이 나라에서 이를 홍수나 맹수보다 더 무서운 것으로 여겼음은 당연한 일이다.

이에 그 심판은 엄중하였다. 윤지충과 권상연 두 사람의 사형 외에도, 이 둘을 배출한 전라도 珍山郡진산군은 5년을 기한으로 縣현으로 강등되어 53개 고을의 제일 끝에 두게 되었으며, 진산 군수는 파직 유

배되었다.[203]

그러나 이러한 서학을 추종하는 세력은 수그러들지 않았다. 오히려 급속도로 확산되고 있었는데 權哲身권철신 · 權日身권일신 형제, 丁若鍾정약종 · 丁若銓정약전 · 丁若鏞정약용의 3형제, 그리고 이 丁氏 집안의 사위였던 李承薰이승훈 등은 천주교 전파의 핵심 역할을 한 인물들이었다.

당시 大提學대제학에 있던 李晩秀이만수는 그의 「討邪奏文토사주문」에서 李檗이벽과 정약종 · 정약전 · 정약용 그리고 李家煥이가환 등이 양서를 강독하면서, 이를 추종하여 마침내는 부모를 버리고 도당을 체결해서 이 학술로 온 나라의 풍속을 바꾸려고 하였다는 정약종의 供招공초 내용을 기술하였다. 또한 周文謨주문모가 黃沁황심, 玉千禧옥천희와 약속하여 帛書백서를 양인에게 전하려다 실행하지 못하고 잡혔는데, 그 백서에는 泰西西洋 諸國의 여러 나라에 구원을 청하여 선박 수백 척으로 精兵정병 5 · 6만과 화포 등의 병기를 싣고 와서 이 나라를 진멸하자는 음모가 있었음을 밝혀냈다. 그는 "도적을 불러들이고 문을 열어 나라를 바칠 계획을 만들어 냈으니, 臣과 온 나라의 臣民은 놀래고 분개하여 가슴과 뼈가 함께 떨립니다."라 하면서 통탄하였다.[204]

서학을 추종하는 무리들이 이 나라의 오랜 풍속을 바꾸려 했으나 뜻과 같이 되지 않고 오히려 쫓기는 몸이 되자 궁여지책으로 서양의 무력을 빌리고자 한 것으로 보인다. 이때의 辛酉1801邪獄사옥에 죽은 사람이 300여 명을 헤아린다 한다.

예전에 한 젊은이가 이라크에서 납치되어 잔인하게 피살되었다. 언론의 보도에 의하면, 그는 기독교의 전도사 신분이었으며, 그가 일하던 회사도 기독교와 관련 있는 회사라 했다. 언론은 이어 아랍사람들은 기독교인 보기를 자기 부모 죽인 원수처럼 본다는 어느 교민의 말을 인용했다. 이 젊은이의 피살이 종교와도 관련이 있을 것이라는 보도였다.[205] 아랍의 종교와 기독교, 과연 어느 종교가 진리인가? 우리가 죽기 전에는 알 수 없는 일이다. 그럼에도 불구하고 이러한 의미를 알 수 없는 전쟁은 끝나지 않고 있다.

우리나라에 들어온 서학은 200년이 지난 지금 이제는 더 이상 邪學이 아니다. 당시의 邪學은 이제 우리의 正學이 되었고, 우리 역사의 많은 부분이 오히려 이의 그늘에 가려져 있다. 여기에도 물론 보이지 않는 이질감이 작용한다.

당시 윤지충과 권상연이 처형을 당한 全州府城전주부성 豐南門풍남문 밖에는 현재 천주교회가 세워져 있다. 1907년 보두네Francois Xavier Baudounet: 1859-1915 신부가 착공하여 1914년에 완공하였는데, 풍남문의 성벽을 헐어낸 돌을 주춧돌로 사용하였다 한다.

경기도 광주군 퇴촌면에는 옛날 天眞庵천진암 터가 있다. 위의 권철신 · 일신 형제와 정약종 · 약전 · 약용 형제 그리고 이승훈 · 이벽 · 이가환 등이 비밀리에 모여 천주교 교리를 토론했던 곳이다.

지금은 이곳에 옛날의 천진암이란 사찰은 흔적도 없고 세계사적인 역사가 이루어지고 있다. 이곳에 산을 깎고 계곡을 메우면서 옛 마을을 합쳐 20여만 평의 성역에 5만여 평 내외의 대성당 터 수평 광장을 조성하고 아울러 100년의 계획으로 대성당 건립을 하고 있는 것이다.

서양에서 들어온 종교가 그 세력을 과시하기 위해 우리 역사의 자락을 덮으면서 하늘을 찌르고 있다. 이 터 뒤로는 당시에는 邪學의 魁首괴수로 일컬어졌던 사람들, 즉 권철신 · 권일신 · 정약종 · 이승훈 · 이벽 5인의 묘가 각지로부터 移葬이장되어 와서 성현으로 받들어지고 있다.

이제는 이 땅에서 신주와 천주는 同床異夢동상이몽으로 공존한다.

200여 년 전 우리 조상들의 추상같은 호령 속에서도 그 명맥을 유지하면서 도처에 십자가를 걸었다. 십자가는 십자가에 못 박혀 죽은 예수의 상징이라 한다. 그런데 이를 우리식으로 말하면 예수의 神主가 된다. 다만 우리의 신주는 一字形의 나무판을 수직으로 만들어 세우는데 이 신주는 十字形으로 실내에서는 주로 벽에 걸어 둔다.

우리는 단지 한 토막의 나무로 된 신주를 바꾸어 걸면서 얼마나 크고 많은 대가를 지불하고 있는가?

---

143. 참고; 이민원 著, 『명성황후시해와 아관파천』, 국학자료원, 서울, 2002. 56-93면.
144. 상게서, 93면.
145. 상게서, 94면.
146. 『梅泉野錄』, 543면.
147. 『梅泉野錄』, 543-544면.
148. 이강근 교수는 왜군이 한성에 이르렀을 때 온전한 경복궁의 모습을 보았다는 왜군 종군승의 기록을 근거로 하여, 왜적이 한성에 침입하기도 전에 백성들이 빈 궁궐에 난입하여 노비문서를 불태우고 보물을 약탈하였다는 『선조수정실록』 등의 기록은 신빙성이 없다고 주장하였다. 이강근 저, 『경복궁』, 대원사, 서울, 1998. 34-38면. 사실 여부를 떠나 경복궁은 결국 왜란으로 파괴된 것이다.
149. 위의 왕조실록에서는 '周雅'라 했는데 이는 周王室의 雅樂이라는 의미로 쓰인 것이지 주아편이라는 의미는 아니다. 한국정신문화연구원에서 펴낸 『한국민족문화대백과사전』에서는 '『詩經』 周雅에 나오는'이라 해서 마치 '周雅'라는 篇名처럼 보이는데 이는 잘못된 것이다. 여러 책자에서 '周雅' 篇이라는 설명이 보이는 것도 위 사전의 영향으로 보인다.
150. 『朝鮮王朝實錄 · 太祖卷第八四年』.
151. 이는 『書經』의 「商書 · 湯誓」編의 '時日曷喪, 予及汝皆亡'이라는 句節을 말하는 것인데, 여기서는 『孟子』의 「梁惠王 · 上」에서 인용한 것에 대한 朱子의 해석을 참조한 것이다. 『經書 · 孟子集注』, 456-457면.
152. 『朝鮮王朝實錄 · 太祖卷第八四年』.
153. 이상 청와대 관련은 청와대 웹사이트에서 참조함.
154. 韓沽劤 著, 『韓國通史』, 乙酉文化史, 서울, 1996. 19면.

155. 薛國屛 外 編,『中國地名詞典』, 上海辭書出版社, 上海, 1990. 339면 成山條 참조
156. 이기백 지음,『한국사신론』, 일조각, 서울, 2002. 150-151면.
157. 노인용 지팡이인데 머리에 비둘기를 조각하였다 한다. 비둘기는 먹이를 삼킬 때 목이 막히는 일이 없으므로, 노인들이 음식을 들다가 목이 메는 일이 없도록 기원하는 의미가 있다 한다. 위에서 文憲公도 70세가 되어 퇴직을 청원했을 때 왕은 几杖을 하사하였는데 '几'는 앉아 기대는 것이니 이 두 가지는 노인을 존중하는 뜻이라 하겠다.
158. 戰國時代 晉나라에 段干木이라는 사람이 있었는데, 그의 인품과 덕행이 널리 알려져 있어 魏文侯의 존경을 받았다 전한다. 출전;『淮南子 · 修務訓』.
159. 孔子가 堂의 중앙에서 제사를 받는 꿈을 꾸고 7일 만에 작고한 故事(출전;『禮記 · 檀弓上』를 典故로 사용한 것임.
160. 申采浩 著,『丹齋申采浩全集 · 下』·「朝鮮歷史上 一千年來 第一大事件」, 을유문화사, 서울, 1972. 100면.
161. '歷史란 무엇이뇨. 人類社會의 "我"와 "非我"의 鬪爭투쟁이 시간부터 발전하며 공간부터 확대하는 心的 활동의 상태의 기록이니,' 申采浩 著, 李萬烈 註釋,『註釋朝鮮上古史.上卷』, 螢雪出版社, 서울, 1983, 27면.
162. 崔洪奎 著,『丹齋 申采浩』, 太極出版社, 서울, 1979. 110-114면 참조.
163. 상게서, 27면.
164. 申一澈 著,『申采浩의 歷史思想研究』, 고려대학교 출판부, 서울, 1981, 12면.
165. 상게서,「總論」과『中國歷史研究法』과의 比較分析, 101-106면.
166. 申采浩 著, 李萬烈 註釋,『註釋 朝鮮上古史 · 上卷』, 螢雪出版社, 서울, 1983, 32면.
167. 상게서, 50-51면.
168. 상게서, 92-93면.
169.『丹齋 申采浩』, 203면.
170. 이 내용들은 司馬遷이 그의 친우 任少卿한테 보내는 答信에 나타나는 것으로『漢書』(班固 撰,『漢書 · 司馬遷傳第三十二』)에 전해진다. 이 글의 구체적인 내용은『史記』의 각 관련 기록에 전해진다. 가령, 文王이 紂王주왕한테 유폐를 당한 관련 기록은「周本紀第四」, 孔子는「孔子世家第十七」, 屈原은「屈原賈生列傳第二十四」, 孫子는「孫子吳起列傳第五」에 각각 보인다. 다만 左丘明의 失明에 대해서는 구체적인 기록이 보이지 않는다.
171. 司馬遷 著,『史記 · 太史公自序』.
172. 상게서.
173. 宮刑을 집행한 후에 그 죄인을 보양시키는 刑房을 말한다. 궁형을 시술하면 外風을 차단하고 따뜻하게 한 곳에서 약 3개월을 보내야 하는데, 밀폐된 방에 불을 지펴 데우는 것이 마치 누에방과 같다 해서 이렇게 부르는 것이다. 참

고;『漢書 · 司馬遷傳 · 師古注』.

174. 太史令의 지위는 周代 이전에는 上公의 지위와도 같았는데 漢代에 이르러 다소 격하된 듯하다. 하지만 그 상징적인 권위는 변함이 없고 따라서 朝會의 자리 배열은 三公보다도 위였던 것으로 여겨진다. 참고;『史記 · 太史公自序 · 索隱』.『中國歷代職官辭典』, 中國, 吉林文史出版社, 1991, 太史 條 · 上公 條 · 三公 條.
175. 위의 내용은 모두 '報任少卿書'에 나타난 것이다.
176. 唐代의 劉知幾가 역사를 기술하려면 반드시 才 · 學 · 識 三長을 갖추어야 한다고 했다. 참고,『辭源』.
177. 「進三國史記表」, 徐居正 外 撰, 민족문화추진위원회 편,『國譯東文選 · 4』, 솔출판사, 서울, 1966. 原文 一五五 - 一五六면.
178.『국역동문서 · 4』, 原文 一五九면.
179.『국역동문선 · 4』, 原文 一六三면.
180. 安鼎福 撰,『국역동사강목 · Ⅰ』, 민족문화추진위원회, 서울, 1977, 原文 四면.
181. 조동걸 외 엮음,『한국의 역사가와 역사학 · 상』, 창작과 비평사, 서울, 1994. 62면.
182. "子曰: 述而不作, 信而好古, 竊比於我老彭."
183.『經書 · 論語』, 183면.
184. 上同.
185. 邊太燮 著,『高麗史의 硏究』, 三英社, 서울, 1982. 126-131면 참조.
186. 상게서, 216면.
187.『한국의 역사가와 역사학 · 상』, 61면.
188.『高麗史의 硏究』, 46면.
189.『北譯高麗史 · 第八冊』, 신서원, 서울, 1991, 1-2면(필자 번역, 이하 동일).
190. 상게서, 3-4면.
191. 金富軾 지음, 이병도 역주,『三國史記下 · 卷第45, 列傳第5』, 을유문화사, 서울, 1996.
192.『東文選 · 4』, 原文七十一면.
193. 李仁老 著, 柳在泳 譯註,『破閑集』, 一志社, 서울, 1978. 113면.
194. '海不辭水, 故能成爲大. 山不辭土石, 故能成其高. 明主不厭人, 故能成其衆. 士不厭學, 故能成其聖.'『管子 · 形勢解第六十四』.
195. 莊子와 惠子가 濠水의 다리(橋梁) 위에서 한가로이(從容) 노니는 물고기를 두고 논쟁을 한 고사를 말함. 郭慶藩 輯,『莊子集釋 · 秋水』.
196.『東文選 · 8』, 「金富轍, 淸平山文殊院記」, 原文 二十五-二十六면.
197.『破閑集 · 卷上八』.
198.『高麗史 · 八十八』「列傳卷第一 · 后妃一」,『高麗史 · 一百二十七』「列傳卷第四十 · 叛逆一」 참조.

199. 『朝鮮王朝實錄 · 正祖實錄 · 15년 11월 戊寅(7)일』.
200. 상게서, 15년 10월 23일, 253면.
201. 三綱五常을 말한다. 三綱: 君爲臣綱, 父爲子綱, 夫爲妻綱. 五常: 仁義禮智信.
202. 참고, 이이화, 『문화군주 정조의 나라 만들기』, 한길사, 2001, 217-218면.
203. 『正祖實錄』, 15년 11월 8일
204. 「純祖實錄」, 1년 10월 27일
205. 조선일보, 2004년 8월 7일

넷.

역학관이 철학관으로 된 사연

1. 간판을 바꾼 '역학관'

우리나라 도처에 '哲學館'이라는 간판을 내건 곳을 볼 수 있다. 중국이나 우리나라에는 예로부터 四柱사주나 觀相관상 등으로 사람의 운명 또는 운세 災異재이 등을 보아주는 곳이 있었다. 이러한 곳이 예전에는 '易學館'이었는데, 언제부터인지 '철학관'으로 간판이 바뀌었다.

역학이란 현재 전해지고 있는 『周易』을 중심으로 하는 학문이다. 중국의 학문이나 사상을 거론할 때 신비스럽기까지 한 최고의 권위와 위상을 지녀 왔다고 할 수 있다. 그런데 『周易』은 본시 占書점서여서 象數學상수학으로서의 전통이 있었으며, 이것이 사주나 관상 등으로까지 확대되어, 이를 보아주는 곳을 흔히 역학관이라고 했다.

역학의 전통을 象數學과 義理學으로 나누어 볼 때, 학문적으로 상수학이 의리학에 비해 격이 낮다든지 하는 차별적인 비교는 있을 수 없다. 이것은 마치 佛敎에서 보이는 '禪선'과 '敎'의 차이로 비유할 만한 상대적인 관계일 뿐이다. 다만 경우에 따라 너무 俗化되면서 그 영업행위가 두드러져 일반의 인식이 낮아진 점은 있다.

占이나 운명 또는 風水 등을 보아주는 사람들은 원래 자신들의 행위가 가장 오랜 전통적 학문에 근거하고 있음을 드러내고 싶어 할 것이다. 그래서 혹시 사실과 다른 부분이 있다 하더라도 대체적으로는 '易學'을 표방해 왔다. 따라서 '易學'은 그들이 의지하는 최고의 典據전거이며 학문이었다.

그런데 이러한 역학이 어느 날 대학에서 '철학'이라는 신학문에 수용되어 버렸다. 이제 역학은 더 이상 최고의 典據나 학문이 아니고, 그 위에 역학을 수용해 버린 '철학'이 있었다. 따라서 이를 표방해야 한다는 절실한 이유가 곧 '철학관'이라는 새로운 간판을 걸게 되었다고 보인다.

서울대학교의 김남두 교수는 1998년도 한국철학회의 춘계 학술대회의 발제 논문에서, 철학이 지난 한 세기동안 우리의 삶에 얼마나 중요한 의미를 주었는지를 다음과 같이 설파하였다.

> 지난 100년간 대학이라는 제도를 중심으로 학적 작업이 이루어져 왔는데, 학문이 탐구되고 전수되는 이 제도가 가지는 기본적 전제들은 물론 철학에도 적용된다. 앎을 앎으로 규정하는 규범의 경우 서양 학문에서 앎을 체계화했던 기준들이 대학 안의 제반 학문들에 적용되고 있으며 연구의 방법이나 목표도 이에 수반하여 함께 규정된다. 학문의 작업을 일단 사태의 진상을 밝히는 이론theoria의 맥락에서 파악하는 서양 학문의 오랜 전통에 따라 오늘날의 대학에서는 유학이나 불교의 경우조차도 이 같은 이론적 연구의 대상이지, 이를 통해 자기 수행이나 열반이 추구되고 그 실행 수준이 평가의 대상이 되는 것은 아니다. 철학이라는 이름의 채용은 이 이름을 포함하는 학문 전체의 이념과 방법의 체계를 전제하는 것인 만큼 단순한 이름의 변화 이상을 함축한다. 조선조 500년 동안 선비 사회를 지탱해온 앎과 배움의 역할과 기준이 더 이상 앎을 추구하는 제도로서의 대학과 철학의 목표와 기준의 역할을 하지 않게 되고 새로운 앎의 이념과 역할이 제도화되는 시기로 지난 한 세기를 규정할 수 있다면, 신구의 두 상이한 앎과 배움 체계 사이의 갈등과 이 두 체계로부터 하나의 새로운 종합을 시도하려는 작업으로서 새로운 패러다임의 추구 작업은 한국철학이 피해갈 수도 없고 피해가서도 안 될 당면 문제가 아닐 수 없다.[206]

무슨 말을 하려했는가? 이해하기가 참 어렵다. 하여튼 유학과 불교까지도 철학의 관점에서 재조명되고, 조선조 500년 학문의 역할과 기준이 이제는 새로운 '한국철학'으로 대체되어야 한다는 뜻으로 보인다. 그의 이러한 철학의 강조는 우리의 학문을 철학화 또는 서양화하는 것을 의미한다. 좀 더 확실한 그의 논리가 이어진다.

> 몰락한 왕조와 함께 전통은 몰락의 상징으로 치부되고 이질적인 새로운 체계가 삶의 모든 부문에 자리를 잡았다. 철학과 여타 학문의 이 같은 수입 과정이란 한국 사회 전체의 서구화 및 근대화 과정과 평행하게 진행된 것으로, 그 사이 우리가 도입했던 서구 제도의 토대가 되는 제반 이념과 이론들의 학습 및 내면화 과정으로 이해될 수 있다. 이 같은 학습 내용들은 물론 학습 내용에 머물지 않고 오늘 우리의 삶을 질서지우는 기본 틀을 이루게 되었으며, 이런 점에서 지난 한 세기는 서양의 제반 개념 체계들을 통해 우리의 삶과 사유가 재 鑄型주형되는 과정이었다고까지 이야기 될 수 있다.[207]

역시 무슨 말인지 알기 어렵지만, 대체적으로 전통은 몰락했고 대신 새로운 질서의 틀이 마련되어 우리의 삶과 사유가 다시 주형되었다는 뜻인 듯하다. 그 사이에 철학과 여타 학문이 한국 사회 전체와 함께 서구화 및 근대화가 이루어졌다는 의미로 보인다.

위에서 말한 '서구화 및 근대화'가 "오늘 우리의 삶을 질서지우는 기본 틀을 이루게 되었다"고 하는 것은 과장만은 아니다. 현재2012년 1월 서울대학교 홈페이지 기준 서울대학교 윤리교육과 교수 모두(5인)가 서양에서 박사학위를 한 학자들이며, 교육학과의 교수 22명 중 20명의 학자가 오직 미국이라는 한 나라의 대학에서 박사 학위를 받은 학자들로 나타나 있다. 철학과의 교수는 17인으로, 이중 12인은 서양철학 전공이고, 5인은 동양철학 및 한국철학 전공으로 보인다. 이 세 학과 교수들의 전공분야는 대체적으로 그 뿌리가 철학이다. 아래에 언급한 김재권 교수가 재직하고 있는 미국 브라운Brown 대학의 철학과 전임 교수는 15명이며, 하버드Harvard 대학의 철학과도 21명에 불과하다.

과연 우리는 우리의 윤리와 교육을 포함하여 '서구화'가 확실하게

"오늘 우리의 삶을 질서지우는 기본 틀"이 되었음을 쉽게 확인할 수 있다. 역시 모두가 왜정을 계승하여 키워온 성과이다.

> 28일 서울 삼청동 아트선재센타에서 열린 김재권(66) 박사의 "제 1회 석학 연속강좌"에 쏠린 국내 학계의 관심은 예상을 뛰어넘는 수준이었다. 한국 출신의 세계적 분석철학자가 어눌한 한국어로 강연하는 동안 100여 명의 국내학자들은 그저 수강생의 모습으로 네 시간을 넘게 강연을 경청했다. 한국학술협의회 박은진(과학철학)박사는 "강의 시작 때 찾아온 학자들의 면면을 보고 깜짝 놀랐다."며 "국내에서 열린 어느 학술회의도 이 정도 비중 있는 학자들을 한꺼번에 맞은 경우는 없었을 것"이라고 말했다.[208]

위의 기사는 김재권 박사의 세계적인 위상과, 그리고 우리나라 학자들의 철학에 대한 적극성을 나타내는 것으로 보인다. 그러나 강연이 끝난 후 기자의 질문에 답한 학자들의 청취 소감은 매우 허전한 느낌을 준다. 한 교수는 "세계 철학계의 첨단 논쟁을 그 당사자로부터 듣는 격"이라고 요약했고, 다른 한 교수는 "김 박사가 강연 내내 무언가 골똘히 생각하는 듯한 모습과 질문에 답할 때 보여 주는 진지함이 인상적 이었다"라고 말했다고 기사는 전한다. 4시간이 넘게 진행된 강연에 대해 한 교수는 그 당사자를 직접 보았다는 것과, 다른 한 교수는 강연자의 모습에 의미를 두었다.

미국철학회(동부 지역)의 첫 번째 동양인 회장을 역임하였고, 미국 학술원과 프랑스 국제 철학학술원의 정회원이라고 소개되어 있는 이 세계적인 철학자를 한번 보는 것은 분명 학문적으로도 의미가 적다 할 수 없다. 그러나 그의 한국어가 이상한 것은 그럴만한 이유가 있다.

원래 그는 서울대 불문과를 다니다 한미장학위원회 장학생으로 선발돼 유학을 떠난 이래, 줄곧 미국에서 공부하여 'Brown'대학의 철학과에 재직하고 있었기 때문에 한국어가 다소 불편하여 골똘히 생각하며 어눌하게 한국어를 말했을 수도 있는 것이다.

허전함을 느끼게 하는 것은 이것만이 아니었다. 위의 행사에 이어 우리의 한 학자와 김재권 박사의 대담이 소개되었다.

> 질문 : 요즘 세계화가 추세입니다. 헬레니즘 시대에 '통 속의 철학자' 디오게네스는 '나는 코스모폴리탄'이라고 자부하며 살았다고 합니다. 김 교수는 한국에 산 것보다, 외국에서 더 오래 시간을 보냈는데 지구 전체가 하나의 공동체인 시대에서 살아가는 소감은 어떤가요.
>
> 답 : 고향을 잊어버리는 것은 원초적으로 불가능하다고 생각합니다. 경제적으로 지구화가 진행되는 것은 불가피하다고 보지만, 문화적으로는 유럽을 봐도 수백 년간 교류가 많았음에도 언어는 통합되지 않았습니다. 언어가 있는 한 문화적인 독자성은 지속될 겁니다. 요즘 우리말을 보면 외국어가 너무 많이 들어온 것 같습니다. 좋은 현상은 아니죠.

질문을 한 사람은 서울대학교 교수이며 한때 교육부 장관을 지냈었다. 한 사람은 세계화를 말했고 다른 한 사람은 문화적 독자성을 말했다. 한국에 살고 있는 교수는 세계화에 대한 관심이 높은 것 같은데, 정작 우리보다 세계화의 여건이 훨씬 좋은 미국의 명문대학 교수는 문화의 독자성을 더 중시하는 듯하다.

우리의 철학화 작업은 결국 이러한 허전한 결과를 피하기 어려울 것이다. 전통은 몰락하지도 않고 동화되지도 않는다. 그래서 전통인 것이다. 겉으로는 바뀐 것 같지만 내면까지 바뀌지는 않는다. 우리가 아무리 서구화가 되어도 한국인은 서양인과 구별되는 문화를 유지한다. 우리는 남북한으로 나누어진 최근의 시기를 제외하면, 우리의 역사 모두를 통해 중국과 잠시의 중단도 없이 밀접하게 교류를 하면서 지내왔다. 그러나 지금의 서구화처럼 이렇게 요란스러워진 적이 없었고, 오히려 우리의 고유문화는 더욱 뚜렷해지면서 중국과는 본질적으로 구별되는 민족문화를 가꾸어 왔다. 김 교수의 말처럼 경제적으로는 세계화가 당연할지 모르지만 문화의 독자성은 허물어질 수 없는 것이다.

종래의 역학관이 철학관이라는 서양의 옷을 입었다고 해서 그 내용이 달라지거나 진보한 것은 아니다. 다만 새로운 포장일 뿐이다.

『周易』이나 그에 관련된 '易學'은 철학이 아니다. 『周易』과 '필로소피Philosophy'는 처음부터 그리고 앞으로도 서로 상관이 있을 수 없는 전연 별개의 학문이다.

『周易』은 전통적 학문의 범주로 말하면 '經學'이며, 그 학문적 성격으로 말하면 이는 '文學'이다.

2. 도처에 철학이고 무조건 철학이다

『한국에서 철학하는 자세들』[209]라는 책이 있다. 이 책은 우리나라 15인(재미 철학자 포함)의 철학자에 의해 쓰인 17편의 글(논문과 잡지 발표문 등)을 편집하여 간행한 것이다.

17편의 논문은 모두 아래와 같이 대주제로 나누어 4부로 편집되었다.

제1부 韓國哲學 가능한가?
제2부 韓國思想은 무엇인가?

제3부 東洋哲學 어떻게 할까?
제4부 세계 속의 韓國哲學으로

서울대학교의 李明賢 교수는 이 책에 있는 그의 「한국철학의 전통과 과제」라는 글에서 한국철학의 전통을 세 가지로 풀이하였다.

> 첫째로 한국철학은 고대에서 '현재'에 이르기까지의 한국의 역사 속에서 이루어진 모든 철학적 사상을 말한다. 이것은 과거의 어떤 시점을 기준해서 그 이전 것만을 한국철학이라고 보는 입장의 편협성을 지적하는 것을 뜻한다. 둘째로 한국철학이란 한국 사람에 의해 새로 창출된 독자적 이론뿐 아니라, 다른 문화권으로부터 유입된 철학 이론에 대해 비판적으로 논의한 철학 이론도 포함한다. …… 中略
> 셋째로 한국철학은 한국인의 의식을 지배한 단순한 그 어떤 생각을 넘어서서 그 어떤 '이론적' 체계를 갖춘 것을 말한다.[210]

해괴한 논리다. 그는 역사를 거꾸로 보고 있다. "고대에서 현재에 이르기까지의 한국의 역사 속에서 이루어진 모든 철학적 사상"이 도대체 무엇을 의미하는가? '철학'이라는 용어가 현대에 들어온 용어인데 이를 가지고 역사를 거꾸로 보는 것이다. 우리의 지나간 역사에 없었던 것을 억지로 집어넣을 수가 있는가? 가령 "고대에서 현재에 이르기까지의 한국의 역사 속에서 이루어진 모든 샐러드"라고 한다면 말이 되겠는가?

그는 이어서 "한국철학의 역사는 한국역사의 시간 좌표와 궤적을 같이 한다." 하면서, "서양의 철학이 한국 위에 토착화하는 과정을 크게 세 시기"로 나누었다. 즉 "첫째 시기는 일제 식민지 시대요, 둘째 시기는 해방 후부터 1960년대 중반까지요, 셋째 시기는 1960년대 후반부터 오늘에 이르는 시기"라 했다.

그는 첫째시기를 '서양철학의 파종기'라 하면서도 한국철학의 역사를 한국의 역사와 같다는 표현을 쓰고 있다.[211] 여하튼 그는 한국의 철학이 왜정을 계승하고 있다는 것은 확실하게 확인시키고 있다.

그의 이러한 이론은 크게 두 가지를 포함한다. 즉 하나는 한국의 특정 고유 학문을 철학의 관점에서 재조명한 것과, 다른 하나는 한국에서 있었던 철학적 논의를 말하는 것으로 보인다. 이로 보면 철학을 서양의 학문으로 보기 보다는 보편적인 학문이나 방법으로 보고 있는 듯하다. 이는 마치 우리 고유의 학문도 철학적 관점에 의해 여과되어 재정립되어야 한다는 논리처럼 보인다.

같은 대학교 李楠永이남영 교수도 "동양에는 이천여 년 이래 철학이 있어왔다"[212]라고 전제하면서 유사한 주장을 하였다.

> 우리는 서양철학의 훈련-논리적인 개념화와 객관적인 논증법 등을 받아들이고, 이를 통해서 동양철학이 추구하는 지혜의 목적을 올바로 실현시킬 수 있다고 본다. 동양철학 연구 방식은 현대적이어야 하고 현대적 가치 체계와 간극이 없어야 한다. 그러기 위해서는 어떻게 현대적 철학 언어를 통하여 생동하는 동양철학과 그 지혜를 표출할 수 있을까, 그리고 세계 사조와 어울리고 현대 생활과 연결시킬 수 있을까 하는 것이 근본 문제라 생각한다.[213]

그가 말하는 '현대적'이라 하는 것은 사실상 서양화를 의미하는 것이다. '현대적 철학 언어를 통하여' 동양의 학문을 표출한다고 하는 것은 결국은 서양화이며 철학적 재조명인 것이다. 이것이 세계 사조와 어울린다고 생각하는 것은 매우 비현실적이다. 미국의 대학 철학과에는 동양의 철학이나 한국의 철학이 아예 없다. 철학과가 아닌 지역학 분야에서 유사한 과정이 있을 수는 있지만, 그들에게 있어서 한국철학이란 매우 생소한 용어가 될 것이다. 우리가 그들과 철학으로 어울릴 수 있다는 발상은 참으로 어리석은 생각이라 하지 않을 수 없다.

서울대학교의 심재룡 교수는 한술 더 떠 철학이라는 용어를 서양철학에만 국한하여 사용하는 것에 상당한 불만을 토로했다.

> 道學과 理學이라는 용어가 哲學으로 바뀌고, 지나간 儒學유학전통이 도매금으로 매도당하던 19세기말에는 철학은 으레껏 서양의 철학을 지칭하는 단어였습니다. 특히 외국에서 철학을 하고 귀국한 서너 명의 철학자 제1 세대와 수십 명에 이르는 경성제국대학교 철학과 출신들은 당시 일본 철학계의 영향으로 독일관념론 이른바 데·칸·쇼 및 헤겔의 변증법이 마치 철학의 대명사인 듯 여겼습니다. 해방 직전에는 그나마 皇道哲學황도철학이라는 날불한당같이 어처구니 없는 '것'이 철학이라는 이름을 달고 세상을 횡행한 적도 있습니다.[214]

이 글은 위의 책에서 편집 취지를 밝히는 서문의 일부다. 이제 '철학'은 서양의 '필로소피'만을 지칭하고 있지 않으며, 또 그래서는 안 된다는 논리로 보인다. '철학'이라는 어휘의 조어 유래를 아예 의도적으로 무시하거나 망각하고 있는 것 같다.

심 교수는 위의 서문 외에 이 책의 다른 글에서 더욱 진취적이라 할 수 있는 주장을 폈다.

> 동양철학을 학문적으로 공부하는 길은 독특한 방법론의 개발에 있다기 보다 우리가 지닌 뿌리 깊은 태도를 바꾸는 데 있다. 동·서로 나뉘어 티격태격하지 말고, 어느 문제든지 그 문제를 붙들고 씨름했던 철학자와 함께 몸소 부딪쳐서, 같이 사색의 마당에 들어서는 길이 있을 뿐이다. 동양·서양 나누는 데서 동양철학의 학문적 기반이 오히려 약화되고 무시된다고 생각

한다.[215]

굳이 동양철학이라 하지 말고 그냥 철학이라 하자는 뜻으로 보인다. 하지만, 위에서 한국철학이라 했을 때는 한국의 어느 한 분야의 학문을 서양의 철학적 관점에서 조명을 해보겠다는 의도였다. 그러나 이제 단순히 철학이라 하면서 실제로는 한국의 학문을 그 속에 포함시키겠다는 뜻이다. 그러면 위의 목차 제1부의 주제인 '韓國哲學 가능한가?'를 단지 '哲學 가능한가?'로 바꾸어야 하는데, 이렇게 되면 우리가 서양의 학문을 두고 그 사람들도 모르게 그 가능성을 따지는 꼴이 된다.

착각은 갈수록 커진다.

> 서양철학은 부단히 철학사적 전통과 대화하면서 현대의 살아 있는 철학으로 계속되고 있는 반면, 동양철학은 아무래도 과거의 것으로만 보이지 현재 우리가 '하는' 철학은 아니며 그렇게 될 수도 없다는 생각이 지워지지 않기 때문이다. 다시 말해서 동양철학은 전통만이 존재할 뿐 살아 있는 현대 철학은 아니라는 인상이 널리 퍼져 있기 때문이다. 따라서 동양철학은 철학사적 '연구'의 대상은 될지언정 현대를 살고 있는 '우리의' 철학은 더 이상 아니라는 것이다. 또 다른 말로는, 동양철학은 고대 혹은 중세 철학만 존재할 뿐 근세 혹은 현대 철학은 존재하지 않는다는 생각이 보편화되어 있다.[216]

이 말은 "동양철학이 '동양적' 철학이 되려면 그리고 한국철학이 '한국적' 철학이 되려면, 과거 한국의 철학사적 전통이나 주제들과의 역사적 연속성이 필요하다"[217]는 것을 의미한다. 그런데 도대체 한국의 어디에 어떠한 한국의 '필로소피' 전통이 있었는가?

위의 글에서 '서양 철학은 부단히 철학사적 전통과 대화하면서 현대의 살아 있는 철학으로 계속되고 있는' 것은 지극히 당연한 것이다. 그것은 바로 서양 그들 자신의 역사이기 때문이다. 그러나 우리가 서양의 역사와 대화하면서 그 전통을 계승할 수는 없는 것이다. 그가 말하는 '동양철학은 전통만이 존재할 뿐'에서의 '전통'은 사실 서양 학문의 전통이 아니며 따라서 철학의 전통이 아니다. 이러한 황당한 논리가 우리 학문의 전통을 단절시키고 있는 것이다.

예를 들어, 우리가 만일 南冥남명 曺植조식: 1501-1572 선생을 통하여 우리의 전통과 대화를 하면서 현대의 살아 있는 정신으로 계승을 한다면 이는 구체적으로 무엇을 뜻하는 것일까? 남명 선생의 학문이나 정신이 우리의 전통 속에서 연속되고 있다는 것을 우리는 어디에서 확인할 수가 있는가? 남명 선생의 墓는 학문의 세계에서 밀려난 풍수쟁이의 지나는 길목일 뿐이고, 선생의 강학당이었던 山天齋산천재는 그 후손들만의 몫이 되었으며, 선생의 학문과 덕행을 추모하기 위해 세운 德山(德川)書院은 현재 零落영락한 채로 간혹 고적 답사 일행이 머물러 점심을 먹고 가는 것이 우리의 현실이다. 우리가 우리의 역사와 대화를 하지 못하는 것은 바로 서양의 학문을 우리 것인 양 추종하면서 막상 우리의 역사는 이렇듯 자꾸 밀쳐내기 때문이다.

위의 글은 계속해서 "전통은 우리가 벗어야 할 무거운 짐이기보다는 끊임없는 대화와 재해석을 통해 우리의 삶을 인도해 줄 지혜의 원천"이라고 한다. 그러나 막상 그는 우리가 우리의 전통과 대화하자는 것이 아니고, 다만 서양의 전통과 대화를 하자고 억지를 쓰는 것이다.

김재권(미국 Brown 대학) 교수는 「한국철학이란 가능한가?」[218]라는 글에서 매우 의미심장한 논리를 폈다. 그는 우선 공상과학 이야기의 세 경우를 가정했다.

(A) 당신은 자다가 원자총에 의해 수많은 원자 · 분자들로 분해되어 죽는다.
(B) 당신은 분해되면서 당신을 이루었던 원자들은 사라졌지만, 고도의 기술에 의해 이와 유사한 원자들로 다시 재구성되어 당신과 똑같은 인간으로 살아난다.
(C) 이번에는 (B)에서와 같은 이야기이지만, 다만 원래 당신을 이루고 있던 원자들을 재결합하여 당신이 다시 살아나는 것이다.

위의 이야기에서 (A)는 죽어 사라진 것을 의미한다. 그런데 (B)는 다른 사람이 눈치를 챌 수 없을지도 모르지만, 당신 자신이 부활한 것은 아니다. (C)의 경우 당신은 살아 있는 것이다. (B)와 (C)사이에는 차이가 있으며, 그 차이는 삶과 죽음의 차이이다. 그렇지만 (B)와 (C)를 실제로 비교해 보면 유일한 차이란 바로 지금의 당신 몸이 과거 당신 몸을 구성했던 그 물질인가 아닌가 하는 점이다.

김 교수는 한 인간이 어떤 조건에서 자기 동일성을 유지해 나가는가 하는 문제를 예시하기 위해 이러한 이야기를 구성해 본 것이다. 인간은 생물학적인 유기체이기도 하지만, 이것 외에 도덕적 행위의 주체이자 도덕적 평가의 대상이 되는 것은 인간이라는 본질 때문에 그러하다고 보는 것이다. 그는 우리의 몸을 이루는 질료 내지 물질이 우리의 인간으로서의 동일성에 대해 얼마만큼 중요한 것인가에 관한 문제를 제기하는 것으로 보인다. 유사한 물질을 찾아 재생시키는 것이 부활을 의미하지는 않는다. 같을 수가 없는 것이다.

그는 이 논문의 주제인 '한국철학이란 가능한가?'에 대해 명확한 언급은 하지 않았다. 다만 '서양철학'이라고 하는 것이 적절한 표현이 아니듯이, '한국철학'이라는 표현도 사용할 수 없음을 지적한 것이다. 우리가 영국물리학 또는 중국수학이라고 말하는 것은 그것들의 起源을 지시한다는 역사적인 의미에서 사용할 뿐이라는 뜻이다. 따라서 단지 철학이라 하면 되는 것이다.

억지로 이해하고자 한다면, 이것은 한국의 학문에서 서양의 '필로소피'라고 일컬을 수 있는 것들을 모아서 재구성하자는 의미이다. 다시 말하면 한국이나 동양의 사상들을 분해해서 철학의 관점으로 추려 모으는 것이라 할 수 있다. 김남두 교수는 이러한 작업에 대해, "지난 한 세기는 서양의 제반 개념 체계들을 통해 우리의 삶과 사유가 재鑄型주형되는 과정이었다[219]"라는 말을 했다.

즉 김재권 교수의 공상과학 이야기에서처럼, 한국이라는 곳에서 한국인에 의해 형성되어온 전통사상을 한 번에 부수어 그 체계를 없애 버리는 것이다. 그리고 이 중에서 서양의 철학이라고 할 만한 것들을 다시 추려내어 재조합하여 여기에다 退溪哲學이니 또는 儒家哲學이니 하는 어휘들을 붙여준다. 과연 이것을 한국사상이라 할 수 있는가? 이것은 분해한 조각들을 다시 원상 복구하는 것과는 전혀 다르다. 이는 전혀 다른 틀로 주형해내는 것을 의미하며, 동시에 이미 동질성과 생명을 상실한 史料 모음에 불과한 것이다.

한 민족이나 어느 한 문화권의 전통 문화나 학문은 오랜 역사 속에서 유기적인 관련을 맺으면서 형성되어온 것이다. 따라서 그 체계로부터 분리된 지식들은 이미 의미를 상실하게 된다.

李楠永 교수가 "동양에는 이천여 년 이래 철학이 있어 왔다."라고 했을 때, 만일 'philosophy'를 음역으로 해서 '필로소피'라고 했더라면, 그가 과연 "동양에는 이천여 년 이래 필로소피가 있어 왔다"라는 말을 할 수 있었을 것인가? 누구도 "동양에는 이천여 년 이래 샐러드가 있어 왔다"고 말하지는 않을 것이다.

우리나라나 중국은 아직도 孔子를 중심으로 하는 유학사상이 곳곳에 배어 있음을 느낄 수 있다. 그러나 그 어디에도 '소크라테스를 중심으로 하는 철학'을 우리가 느낄 수 있다고 말할 수는 없을 것이다. 이것은 단지 외래 학문이며, 앞으로도 외래 학문일 뿐이다.

한국의 하이데거Martin Heidegger: 1889-1976연구소에서 발간된 논문집을 한국철학서라 말할 수는 있을 것이다. 한국에서 한국인에 의해 이루어진 작업이기 때문이다. 굳이 '한국철학'을 말한다면 그렇다는 의미이다. 그러나 조선시대의 性理學을 한국철학이라 말할 수는 없지 않겠는가?

우리는 언제부터인지 '한국철학', '중국철학' 또는 '동양철학'을 매우 자연스럽게 말하고 있다. 철학이란 용어의 유래를 보면 이것은 성립될 수 없는 논리이다. 철학은 외국의 어느 학문의 하나Philosophy에 대한 譯語로 造語해 낸 것이다. 왜냐면 우리는 서양과는 다른 학문의 방법과 전통을 가지고 있으며, 이것은 대체로 서양과는 크게 다른 것들이기 때문에 서로 대응하는 번역어가 없다고 보았기 때문이다.

3. '철학'이란 용어 엉터리 조어였다

용어의 造語

법률학은 법률을, 생물학은 생물을 공부하는 것이다. 철학은 무엇을 공부하는 것인가? '철'을 배우는 것인가?

> 철학이라는 말은 꽤 넓게 사용되고 있는 것 같지만, 잘 생각해 보면 뭐라고 설명할 수 없는 묘한 명칭이다. 법률학이나 사회학, 생물학, 천문학 등은 우

> 리들이 이름을 듣는 것만으로 그것이 무슨 학문인가를 대개 실수 없이 상상할 수 있다. 그렇지만 철학이라는 이름만으로는 어떤 짐작도 할 수 없다. 우선 '哲'이라는 글자부터 일반적인 단어에서 달리 사용되는 예를 찾을 수 없다. 이것은 '智' 또는 '賢' 字를 대신하는 말이라고들 하지만, 그러나 그것만으로는 철학의 의미가 확실하다고는 볼 수 없다.[220]

'철학'이란 용어에 대해 가장 먼저 회의를 나타낸 사람은 일본『哲學初步』의 저자 田中美知太郞이다. 田中 氏는 이 용어가 어휘로서 성립될 수 없는 것임을 지적하였다.

'哲'이라는 글자는 그의 말대로 일반적인 단어에서 사용되는 예가 거의 없다. 60,000여 표제어와 어휘를 수용하고 있는『現代漢語詞典』[221]에는 '哲理', '哲人' 그리고 '哲學'이라는 세 어휘가 있을 뿐이다. 그중 '哲理'와 '哲學'은 현대의 조어이고, '哲人'은『詩經』에서 쓰인 용례가 보이는데 '현명한 사람'[222]으로 쓰였거나, 또는 '智謀지모가 있는 사람'이라는 뜻으로도 쓰였다.

「大雅대아 · 瞻印첨앙」편에는 "哲夫成城철부성성, 哲婦傾城철부경성"[223]이라는 구절이 있으며, 이의 대체적인 뜻은 '智夫지부는 나라를 일으키는데, 智婦지부는 나라를 기울게 하네.'라는 의미로 본다. 이 시는 周나라의 幽王유왕이 褒姒포사라는 여인에게 빠져 나라를 망치는 것을 원망하는 노래로 알려졌다. 즉 여기에서의 '哲夫'는 '哲人'과 마찬가지로 지모가 있는 사람이라는 뜻으로 쓰인 것이다. 그러나 이것은 매우 드물게 보이는 용례일 뿐이다.

잘 쓰이지도 않는 글자로 억지로 만들어낸 '철학'이라는 造語는 우선 명칭의 내용이 모호하다는 근본적인 문제를 안고 있다. 위에서 말한 것처럼 '법률학'에서 '학'의 대상은 '법률'이 된다. '철'은 형용사형으로 '철인'이라는 말은 가능하지만 '學'의 목적어가 될 수는 없다. 따라서 '철학'은 구체적으로 무엇을 지시하는지가 분명하게 드러나지 않고 극히 애매한 어휘가 된 것이다.

우선 '철학'이라는 용어를 우리나라에서 어떻게 받아들이고 있는지를 살펴본다. 李楠永이남영 교수는 그의 「동양철학–그 연구방법 두 가지」라는 논문에서 철학의 유래를 설명했다.

> 일본의 니시 아마네西周: 1829-1897가 Philosophia를 希求哲智희구철지란 의미에서 '希哲學'1862이라 仮名가명으로 정했다가 '哲學'1874이란 학명으로 번역하기까지에는 그만한 고심이 따랐다.[224]

여기에서의 '학명'이란 '學名'을 뜻한 것으로 보이는데 바르게 쓰인 어휘는 아닐 것이다. '학명'이란 학문으로 떨친 이름이거나 또는 학술상의 편의를 위하여 라틴어로 표기하는 동·식물의 세계 공통적인 이름을 지칭한다고 되어 있다. '仮名'으로부터 '학명'에 이르기까지 어떤 과정이 있었고, 어떤 '고심'이 있었는지에 대해서는 여기에서 구체적인 설명을 하지는 않았다. 또한 위의 설명에 대한 근거를 밝히지 않아서 아쉽다.

李完裁이완재 교수도 그의 논문 「동양철학은 연구방법이 다르다」에서 비슷한 설명을 하였다.

> 철학이란 Philosophia의 擬譯語의역어이다. 동양에는 오늘날의 철학에 해당하는 학문으로 道學, 理學 등의 명칭은 있었으나, 哲學이란 명칭은 없었다. 철학은 일본 학자 西周란 사람이 서양의 Philosophy를 소개하기 위하여 만들어 낸 역어이다. 그는 Philosophia의 愛智의 정신이 周廉溪주염계의 『通書』에 나오는 '聖希天, 賢希聖, 士希賢'의 希賢의 정신과 통한다 하여 Philosophia를 希賢學이라고 했다가 '현자'가 유가적 색채가 짙다 하여 희철학으로 했다가 마침내 철학으로 확정시켰다고 한다.[225]

그는『哲學初步』를 근거로 위와 같은 설명을 한 것이다. 그런데 그의 이 설명은 문맥이 다소 껄끄럽다. 어떻게 보아도 道學이나 理學이 "오늘날의 철학에 해당하는 학문"은 아니다. 그가 말하듯이 "철학은 'philosophy'를 소개하기 위하여 만들어 낸 역어"이다. 도학과 이학이 서양의 이 학문에 해당한다는 것은 우리나라의 김치가 서양의 샐러드에 해당한다는 것과 같은 억지이다. 특히 그는 이 용어가 西周가 만들어낸 것이라 하면서, "동양에는……哲學이란 명칭은 없었다"라고 말하는 것은 아리송한 논리이다. 서양의 것이었기 때문에 조어를 하면서 만들어낸 것이 아닌가?

이완재 교수가 근거로 참고한『哲學初步』의 서두 '哲學이란 무엇인가?－그 근원적인 의미'를 보면, 이 용어가 조어된 과정에 대해 비교적 상세한 설명이 있다.

> 이것(철학)은 그렇게 오래된 단어는 아니다. 토쿠가와(德川) 末期의 洋學者 니시 아마네西周: 1829-97가 번역어로서 처음으로 이 말을 만들었다고 한다. 가장 최초로 사용된 말은 단순한 철학이 아니라 希哲學이었던 것 같다. 분큐우(文久) 2년1862에 작성되었다고 추정되어지는 그의 강의안에는 이렇게 쓰여 있다.
> "피타고라스라고 하는 현인이 처음으로 필로소피라고 하는 단어를 만들어 사용했는데, 그 뜻은 현명한 일을 좋아하는 것이라고 한다. 그와 같은 시대에 소크라테스라고 하는 현인이 있어 또 이 말을 계속 사용했는데, 그 당시에 이 학문을 하는 현자들은 스스로 소피스트라고 이름 지었다. 말의 뜻은 賢哲이라는 것으로 매우 자랑스러운 호칭이었기 때문에 소크라테스는 겸손해서 필로소플이라고 이름 붙였다. 말의 뜻은 賢哲을 사랑하는 사람이라는 것으로 소위 希賢의 뜻과 같다고 생각되어진다. 이 필로소플(소크라테스)이야말로 希哲學의 始祖라고 할 만한 어른으로 그 나라에 있어서는 우리의 孔夫子와 견줄 만하다."

여기서는 필로소피(哲學 · 希哲學)와 필로소플(哲學者)의 두 단어에 대해서, 후자 필로소플의 의미를 '賢哲을 사랑하는 사람'이라고 해석하고, 希賢과 같은 의미라고 서술하고 있다. 이 希賢이라는 말은 「太極圖」의 作者 宋의 周茂叔주무숙廉溪염계: 1017-73이 저술한 『通書』에 "聖希天, 賢希聖, 士希賢"이라는 말이 있기 때문에, 그 "선비는 현명해지기를 간절히 바란다."를 가지고 "소위 希賢의 뜻과 같다."라고 한 것일 것이다. 당시의 사람들은 儒學 교육을 받았기 때문에 이런 설명으로 필로소플과 같은 서양어의 의미를 비교적 쉽게 이해할 수 있었을 것으로 생각되어진다. 그리고 필로소피에 대해서는 賢을 哲로 말을 바꾸어 希哲學이라고 하는 말을 적용시킨 것이라고 볼 수 있다.

이 希哲學이라고 하는 말은 그의 學友 츠다 신이치로우津田眞一郎(眞道)1829-1903가 明治 7年1874에 「明六雜誌」第二號에서 발표한 논설 '개화를 진척시키는 방법을 논함'에서도 사용되었다.

"최근 서양의 天文, 格物, 化學, 醫學, 經濟, 希哲學과 같은 것은 實學이다. 云云"이라고 한 것이 그것이다. 그러나 西周 본인은 훨씬 이전부터 希를 버리고 단순히 哲學이라는 말을 사용했던 것 같다. 明治 3년1870에 창립된 育英舍육영사에서 그는 서양의 학술 전반에 대한 강의를 하고 있었는데, 이의 제목을 '百學連環'이라 하였다. 아마 'encyclopaideia'의 뜻일 것이다. 그 第二編殊別學의 第二는 哲學論이라는 제목으로, 致知學(=論理學) · 性理學(=心理學) · 理體學(有論) · 名教學(倫理學) · 政理家哲學(=政治學) · 佳趣論(=美學) · 哲學歷史(哲學史) · 實理上哲學(=實證主義哲學) 등을 다루고 있다. 철학이라고 하는 말이 政理家哲學 · 哲學歷史 · 實理上哲學 등의 용어에서 보이는 것처럼 자유롭게 사용되었다. 물론 이것은 西周의 용어이고, 이것이 그대로 바로 일반에게 통용되었던 것은 아니다. 그 외에 性理學이나, 窮理學, 또는 理學이라 하는 말도 사용되었고, 明治 3년1870의 大學規則에는 文科의 科目 중 철학은 필로소피라고 카나로 적혀 있다. 그러나 그 후 서서히 西周의 용어 '哲學'이 일반에게 사용되어지게 된 것 같다. 明治 10년1877에 創立된 東京大學의 學科名에 철학이라는 이름을 사용하고 있고, 明治 14년1881 東京大學이 발행한 『哲學字彙』는 실제로 이 이름을 表題로 하고 있다. 이 철학 사전에 수록되어 있는 철학용어의 대부분은 西周

의 造語라고 말하며, 오늘날 보통 사용하는 말들, 예로 논리학, 심리학, 윤리학, 미학 등의 학문 명칭으로부터 現象, 客觀, 主觀, 先天, 後天, 觀念, 實在, 歸納, 演繹, 總合, 分解, 分析 등 많은 術語가 그에게로 귀결되고 있다.[226]

위의 설명에 의하면, 양학에 심취한 西周가 필로소플(소크라테스)에 대해 孔夫子와 견주면서 숭앙하였고, 이를 온갖 美辭麗句로 수식하려는 의도에서 결국 이 '哲學'이라는 용어를 만들어낸 것으로 보인다. 처음으로 서양의 이 학문을 수입하면서 그가 얼마나 많은 정성을 기울이면서 이 용어를 사용하게 되었는지 짐작할 만하다.

그러나 그의 이러한 조어는 문제가 있다. 西周는 우선 중국의 학문이나 문화적 배경을 무시한 채 단지 그의 막연한 崇洋思想을 나타내기에만 급급했던 것 같다. 그가 차용한 典據전거는 서양의 사상과는 근본적으로 다른 것이며, 또한 '哲學'이라는 용어는 아예 구체적으로 무엇을 지칭하는 것인지 전혀 알 수 없는 희한한 단어임을 그는 깨닫지 못한 것이다.

西周는 처음에 '賢哲'이라는 어휘에 다시 周敦頤의 '士希賢'이라는 句節을 합하여, '希哲'이라는 단어를 만들었다. 그런 연후에 다시 '希'를 버리고 단지 '哲學'이라고 사용하였다.

우선 그의 典據를 살펴본다. '賢哲'은 『韓非子』의 「有度」편에서 '賢哲之臣'[227]으로 쓰인 어휘인데, 이는 대체로 "賢明하고 叡智예지를 갖춘 臣下"라는 뜻으로 보인다. 군왕의 인재 등용에 관한 조언으로 쓰였다. 그러나 그 용법에 있어서 '賢哲한 臣下'라는 의미로 쓰인 것으로, 이를 '賢哲한 학문'이라 사용할 수는 없는 말이다.

다시 '士希賢'을 살펴보면, 이는 『通書』의 「志學第十章」에 있는 구절이다.

> 성인은 하늘을 따르고자 하고, 현인은 성인을 따르고자 하며, 선비는 현인을 따르고자 한다. 伊尹이윤과 顏淵안연은 大賢이다. 이윤은 군왕이 堯舜이 되지 못하여, 丈夫가 適所를 얻지 못하니 마치 저자거리에서 매를 맞는 것처럼 부끄러워하였다. 안연은 怒氣노기를 다른 사람한테 옮기지 않았으며, 잘못을 되풀이 하지도 않고, 석 달을 仁에 거스른 일이 없었다. 이윤이 뜻한 곳에 뜻을 두고, 안연이 배운 것을 배우는데, 이 보다 더 잘 하면 성인이고, 이에 도달하면 현인이며, 이에 이르지 못하더라도 美名을 잃지는 않으리라.[228]

이는 우리가 어디에 뜻(志)을 두고 무엇을 배울(學) 것인가를 명확하게 제시하는 것이다. 그래서 이 章名이 곧 「志學」이다. 여기에서 周茂叔(敦頤)이 제시하는 '士希賢'의 이상적인 大賢人이 바로 이윤과 안연이었다.

여기에서 다시 이윤과 안연 관련 기록을 살펴본다.

이윤은 요 · 순의 善政을 최고의 이상으로 삼았다. 위에서 이윤이 요 · 순을 언급한 내용은 『孟子』에서 인용하는 글이라 보인다. 이윤은 요 · 순의 義와 道가 아니면 거들떠보지도 않았는데, 湯王탕왕이 세 차례에 걸쳐 그를 초빙하자 그는 생각을 바꿨다.

> 내가 논밭에 살면서 요 · 순의 道를 즐기기 보다는, 내 어찌 이 王으로 하여금 요 · 순과 같은 군주가 되게 하지 않을 건가? 내 어찌 이 백성들로 하여금 요 · 순 시대의 백성이 되도록 하지 않으리오? 내 어찌 직접 그것을 이루어보지 않겠는가?[229]

그래서 이윤은 湯王을 도와 夏의 暴君 桀王걸왕을 멸하고 商朝를 세워 백성을 구하게 하였다. 맹자는 말하기를, "이윤은 천하의 백성 하나하나가 요순의 선정과 같은 혜택을 받지 못한다면 이는 바로 자신이 그들을 물속에 집어넣는 것과도 같이 여겼다."라 했다. 이윤의 뜻은 바로 이러한 것이었다.

「志學」에서 안연 관련 내용은 『論語』를 인용한 것이다.

> 애공이 물었다. "제자 중에 누가 배움을 좋아(好學) 하였습니까?" 공자가 대답했다. "顔回안회라 하는 자가 배움을 좋아 했습니다. 怒氣를 (다른 사람에게) 옮기지도 않고, 잘못을 두 번 되풀이 하지도 않았습니다. 불행히 명이 짧아 (일찍) 죽었습니다. 이제는 없으니 배움을 좋아 한다는 사람에 대해서 들어보지 못했습니다."[230]

"怒氣를 옮기지 않는다" 하는 것에 대해 朱子는 程子의 말을 인용하여 '顔子의 怒는 사물에 있는 것이지 자신에 있지 않기 때문에 옮기지 않는다'라 해석했다. 즉 甲에 대해 화난 것을 乙로 옮기지 않는다 한 것이다. 또한 안회는 잘못된 일이 있으면 그 잘못되었음을 모르는 일이 없고, 그것을 알고 나면 다시는 되풀이 하지 않았다.

이상에서 우리는 孔子가 말하는 '好學'의 기준이 무엇인가를 명백하게 알 수 있다. 이것은 지식의 추구와는 상관이 없는 것으로, 다만 사람의 도리를 실천하는 것이다. 西周가 소크라테스를 孔夫子에 비교한 것은 이 둘의 사상이 전혀 다른 것임을 의식하지 못한 탓이다.

다시 말해, 西周가 典據로 사용한 '賢哲'이나 '士希賢'의 내용은 서양의 사상과는 매우 다른 것이다. 우리나라 초기 철학자 중의 한 사람으로 서울대학교 철학과 교수를 지낸 安浩相 氏는 이를 '앎知에 대한 사랑'으로 파악하였다. 그는 '필로소피아philosophia'가 아리스토텔레스Aristoteles: B.C.384-B.C.322에 이르기까지 오로지 알기를 위한 앎이 目的이 되어 이론적 요소가 主가 되었으며, 이의 범위는 일체의 學的 探求와 인식으로 神學과 물리학 같은 자연과학까지도 이에 포함되는 것으로 보았다.[231] 여기에서 말하는 '學的 探求와 인식'은 孔子의 '好學'과는 사실상 기본적으로 시각이 다른 것이다.

특히 '希哲學'이라 했다가 '希' 字는 빠지고 다만 '哲學'이라고 하면서 田中 氏의 말처럼 반쪽짜리 어휘가 된 것이다.

> 철학은 希哲學으로서만 의미를 가질 수 있는 것으로, 哲學이라는 반쪽의 말만으로는 아무런 의미도 있을 수 없다는 것을 알 수 있다. 철학이라는 이름이 뭐랄까 설명할 수 없는 묘한 이름이라는 이유도 사실 거기에 있다고 할 수 있을 것이다.[232]

여기에서 '希哲學'의 '希' 字는 왜 생략되었는지의 설명은 없다. 그러나 이와는 상관없이 田中 氏는 철학이라는 용어가 잘못되었음을 충분히 지적하고 있다.

西周가 '철학'이라는 용어를 만들어 낼 때, 그는 우선 중국 문화나 학문의 전통과 성격에 대해 충분한 고려를 하지 않았다고 보인다. 아울러 그는 위에서처럼 글자나 어휘의 기본적인 의미에 대해서도 충분한 감각을 지녔던 것으로는 보이지 않는다. 그는 '소피스트sophist'에 '賢哲'이라는 의미를 부여했지만, 플라톤Plato이나 아리스토텔레스Aristotle는 '소피스트sophist'에 대해 '거짓 지식으로 돈을 버는 사람one who makes money by sham wisdom'으로 간주하였다. 西周는 '필로소피philosophy'라는 학문을 소개함에 있어 그 전통 속에서 나타나는 全面貌를 보지 않고, 그 역사의 한 단면만을 본 것이다. 사실 '필로소피'는 서양 고유의 학문이고, 우리에게 있어서 그것은 고유명사이며 따라서 이는 우리의 기존 어휘로는 번역할 수가 없는 것이었다.

피타고라스Pythagoras는 西周의 말대로 최초로 자신을 '필로소퍼philosopher'로 여긴 사람이라 한다. 그가 말한 것으로 여겨지는 비유가 있다. 즉, 축제의 경기festal games장에 오는 사람들에는 세 부류가 있는데, 경기에 참가하여 명성을 찾는 부류와, 장사를 하여 수입을 잡으려는 부류, 그리고 관람자spectators가 된 것을 만족해하는 부류의 사람최상의 사람들들이 있는 것이다. 그가 말하는 '필로소피'는 바로 이 세 번째 부류의 사람이 되고자 하는 것이며, 그들은 명성이나 이윤을 제치고 다만 묵상contemplation에 의해 진리에 도달하는 것을 추구한다.[233]

그런데 그의 '필로소피'는 크게 두 가지의 서로 다른 내용으로 나누어 볼 수 있다. 하나는 神性과의 융화assimilation to the divine라는 종교적인 측면과, 다른 하나는 우주의 수학적 기초mathematical basis of the cosmos라는 측면이다. 그에게서 종교religion와 과학science은 같은 통합된 세계를 보는 시각의 두 가지 양상two aspects of the same integrated world view이었다.[234]

그러나 유가의 전통 사상에서 종교와 과학은 언제나 사람을 중심으로 하는 인본사상에 밀려나 있었다. 인간사회에서는 인간이 절대권위를 지니며, 따라서 인간 위에 어떤 초월적인 존재를 두지 않는다. 간혹 귀신을 말하지만 이는 인간 위에 군림하는 것이 아니고 서로 관여하지 않는 다른 세계의 존재일 뿐이다. 서양의 종교와는 근본적으로 다른 사상이다.

이처럼 '哲學'이라는 용어는 처음부터 문제가 있었고, 아울러 이에 대한 검증은 지금까지 없었다. 그러나 '哲學'은 이미 널리 쓰이고 있는 일반명사가 되었다. 따라서 문제가 있더라도 이를 그대로 사용하는 것이 오히려 소모적인 혼란을 피할 수 있는 방법이다. 다만 '哲學'이란 용어의 어휘적 의미는 완전히 무시하고, 단지 서양의 '필로소피'를 대신하는 말로만 쓰는 것은 가능할 것이다. 그리고 그렇게 되어야 한다.

이 용어를 만들어 낸 일본은 어떠한가? 교토대학京都大學에서 문학박사 학위을 한 오이환 교수는 「일본철학의 훈고적 전통과 사변적 전통」이라는 그의 논문에서, 일본에서의 이 용어 사용에 대해 간략한 설명을 하였다.

> 일본에서 일반적으로 철학이라고 할 때는 서양철학만을 의미하며, 중국에 대해서도 그러하지만 자국을 포함한 동아시아 세계의 정신사에 대해서는 철학이라는 말을 별로 쓰지 않고 思想으로 통칭해오고 있는 터다. 그것은 철학이라는 단어 자체가 그리스에서 유래하는 서양어의 여러 가지 번역어 중 하나로 정착된 것으로서, 이 지역에서는 그것에 해당할 만한 전통적 학문이 따로 존재하지 않았던 것이며, 현실 혹은 실천의 문제를 중시해온 동아시아 세계에서는 서양에서 철학이라고 부르는 것에 상당할 만한 논리적·추상적인 사변의 전통이 별로 풍부하지 않다는 점에 기인한다고 볼 수 있다.[235]

만일 오 교수의 이 설명이 틀리지 않는다면, 일본과 우리가 사용하는 철학의 의미가 서로 크게 다르다고 할 수 있다. 즉 일본은 철학이라는 용어를 처음 사용할 때의 의미를 어느 정도 유지하고 있다고 보인다. 대체로 '思想'이라는 용어를 많이 사용하고, '철학'이라는 용어는 상대적으로 서양의 '필로소피'만을 지칭한다는 설명이라 할 수 있다.

'哲學'이라는 용어를 단지 '필로소피'의 의미만으로 사용한다면 문제될 것이 전혀 없다. 이는 단순한 音譯과도 같은 것이기 때문이다. 우리가 意譯이 불가능한 것을 의역으로 보고 '한국철학'과 같은 희한한 단어를 만들어 사용하기 때문에 학문의 혼란을 야기하는 것이다. 이는 사실상 우리의 전통학문을 서양학문의 언저리에 편승시켜 그 연장으로 보겠다는 의미 없는 생각의 발로일 뿐이다.

중국으로의 逆輸入역수입

중국도 우리와 똑같이 철학이라는 용어를 쓴다. 이는 漢字를 가장 늦게 전해 받은 일본으로부터의 逆輸入이라 하겠다. 우리보다 훨씬 앞서 서양화를 이루어온 중국의 상황도 함께 살펴 볼 일이다.

중국의 철학사를 하나 거론한다면 아마도 우선은 馮友蘭풍우란의 『中國哲學史』가 될 것이다. 勞思光은 胡適호적과 馮友蘭의 두 『中國哲學史』를 거론하면서, 胡適의 『中國哲學史』는 미완성일 뿐이며, 풍우란의 『中國哲學史』가 비록 성공한 '중국철학사'로 인정할 수는 없지만, 이외에 거론할 만한 '중국철학사'가 더는 없다 하였다.[236] 그는 자신이 『中國哲學史』를 저술하기까지 풍우란의 저술이 유일한 '중국철학사'였음을 인정한 셈이다.

풍우란과 노사광 두 사람의 『中國哲學史』는 그 첫 권이 각각 1931년과 1967년에 출판되었기 때문에, 적어도 36년은 풍우란의 이 책이 대표적인 『中國哲學史』로 인정되었다고 할 수 있다(여기에서는 다만 노사광의 관점을 인용했을 뿐으로, 그의 저서가 풍우란의 저서를 대체할 만큼 인정받고 있는가 하는 것은 별개의 문제이다).

그러면 풍우란은 어떠한 시각에서 그의 책을 기술하였는가? 그는 緖論을 이렇게 시작하였다.

> 哲學은 본시 서양의 명사다. 지금 중국철학사를 말하고자 하는데, 그 주요 일 중의 하나는, 중국역사상 각종 학문 중에서 서양의 철학이라 이름 지을 수 있는 것들을 뽑아 서술하는 것이다.[237]

이 말은 사실상 지금까지 우리가 사용하고 있는 '哲學'이라는 용어의 개념을 명확히 해 주고 있다고 보인다. 위의 글 중 "중국역사상 각종 학문 중에서 서양의 철학이라 이름 지을 수 있는 것"이 바로 풍우란이 저술하고자 하는 철학의 내용이다. 이를 바꿔 말하면 "중국역사상 각종 학문 중에서 'philosophy'라 이름 지을 수 있는 것"이 될 것이다.

그는 이어서 '철학이라 부를 수 있는 것'에 대한 범위를 설정하였다. 즉 그는 서양철학의 범위를 설정하여 그가 저술하고자 하는 중국철학사의 자료 선정 기준을 삼은 것이다. 그는 우선 서양철학의 내용을 宇宙論 · 人生論 · 知識論으로 三分하였다. 그리고서는 魏晉위진 사람들의 玄學, 宋明 사람들의 道學, 그리고 淸代의 '義理之學'이 서양에서 말하는 철학과 그 연구 대상이 대체로 비슷할 것이라 했다.

또한 그는 『論語』의 "夫子之言性與天道(公冶長)"에서 '性'은 서양철학의 인생론에 해당하며, '天道'는 우주론에 상당할 것으로 여겼다. 그런데 방법론(지식론)은 子學時代에 토론되기는 했지만 宋明 이후는 연구되지 않았으며, 다만 '義理之學'에서 '학문을 하는 태도(爲學之方)'라는 성격이 다른 방법론이 있었음을 부언했다.[238]

그는 바로 이러한 내용에 근거하여 "중국철학사 자료의 선별 기준(中國哲學史取材之標準)"을 마련하였고, 이 기준에 의거하여 '중국철학사'를 기술한다는 의도를 서론에서 밝혔다.

그런데 그가 이러한 기준을 설정하여 그가 말하는 '중국의 각종 학문'을 보니 중국철학은 상당히 취약하였다. 그래서 그는 중국철학의 약점과 그 이유(中國哲學之弱點及其所以)에 대해서 간략한 설명을 첨언했다.

우선, 중국철학가의 철학은 서양이나 인도 철학가의 철학에 비해 크게 손색이 있음을 지적하면서, 이는 중국의 철학가들은 '지식을 위한 지식'을 추구하지 않았기 때문으로 설명하였다.

> 중국철학은 始終 개인과 우주를 현저하게 둘로 나누지 않았다. 서양의 근대사에서 가장 중요한 일은 '我'의 자각이었다. '我'의 자각 이후에 '我'의 세계는 '我'와 '非我'의 둘로 나뉜다. '我'는 주관의 것이며, '我' 이외의 객관의 세계는 모두가 '非我'이다. '我'와 '非我'가 나뉜 즉 주관과 객관의 사이에는 건널 수 없는 江이 생기고, 그래서 '我'는 어떻게 '非我'를 알 수 있는가 하는 문제가 생기며, 이 때문에 지식론은 서양철학의 중요한 부분이 된 것이다. 중국인의 사상 중에는 시종 현저한 '我'의 자각도 없고, 또한 현저한 '我'와 '非我'의 나뉨도 없었으니, 지식 문제는 중국철학에서 큰 문제가 되지를 않았다. …… 또한 중국 철학가들은 人事를 특별히 중시하기 때문에 우주론의 연구에 대해서는 역시 매우 간략하다. 때문에 위에서 열거한 철학 중의 각 부분들이 서양철학에서는 각 부분 모두가 극히 발달한 학설들이 있는데, 중국철학은 각 부분 마다 모두 그럴 수가 없었다.[239]

그는 중국과 서양의 사고방식에 근본적으로 어떤 차이가 있는지를 명쾌하게 설명하였다. 중국철학은 개인과 우주를 나누지 않는다 했는데 사실 모두를 하나의 유기체로 파악하는 것이 중국의 전통적인 사상이다. '我'와 '非我'가 따로 존재하지 않는다. 여기에서 그가 말하는 서양의 '극히 발달한 학설들'은 사실상 하나의 思辨사변에 불과하다. 臨床임상을 중시하는 중국의 사상과는 매우 다른 것이다. 풍우란은 이 점을 간과하고 중국에 이러한 학설이 보이지 않는 것에 대해 아쉬워했다. 그래서 그는 중국의 사상 관련 문헌 자료를 분쇄하여 서양학문(philosophy)의 관점에서 정리하고자 한 것이다.

사상이나 문화가 다르면 학문의 내용도 다를 수밖에 없다. 따라서 어느 한쪽의 학문적 용어를 다른 한쪽의 용어로 번역하는 것은 처음부터 한계가 있는 일이다.

'philosophy'를 번역할 때 우선 세 가지 방향으로 생각해 볼 수 있다. 첫째는 문화적 학문적 배경을 참작하여 그에 유사한 용어를 찾는 것이다. 이렇게 한다면 '文學'이 비교적 이에 유사하다고 할 수 있다. 서양의 'literature'는 '文章'이 이에 비교적 가깝다. 서양에서의 'philosophy'와 'literature'라는 두 용어의 관계는, 우리에게서의 '문학'과 '문장'의 관계와 매우 흡사하다. 우리가 지금은 이러한 오역의 영향으로 문학을 많이 사용하지만, 그 이전에는 주로 문장을 많이 사용했다. 'literature'와 '文章'은 똑같이 글의 영역을 의미한다. 보다 좋은 글을 쓰기 위한 분야라 할 수 있다. 이에 비해 'philosophy'와 '문학'은 본시 이러한 글의 영역과는 다른 것이다. 이 둘은 똑같이 학문적 사고를 그 영역으로 한다. 서로의 학문적 배경과 의미를 고려하여 번역을 한다면 이와 같이 번역하는 것이 가장 무난할 것이다.

둘째는, 우리의 문학과는 상당히 다르다고 보고 조어를 하는 것이다. '철학'도 조어지만 이는 본래의 의미와 너무 다르고, 또 앞에서 언급했듯이 어휘로서 성립조차 되지 않는 문제가 있다. 그 어휘의 본래 의미에 가까운 조어를 했어야 했다. 'philosophy'의 대체적인 의미를 그대로 전달하는 '愛智' 또는 '愛智學'으로 해도 본래의 의미에 크게 손상이 가거나 부족하지 않았을 것이다.

세 번째 방법으로는 'philosophy'를 그대로 음역하여 '필로소피'라고 해도 무방할 것이다. 어찌 보면 이렇게 하는 것이 原義에 조금도 영향을 주지 않는 가장 이상적인 방법일지도 모른다.

위의 세 가지 방법 중에서 어느 것을 취한다 해도 지금과 같은 '한국철학' 운운 하는 부작용은 일어나지 않았을 것이다. 가령 이를 두고 '한국 문학'이라거나 '한국 애지학' 또는 '한국 필로소피'라고 하지는 않았을 것이다.

번역은 일대일의 대응관계 속에서 일치점을 찾아야 한다. 그러나 나라마다 민족과 사회의 고유한 문화가 있기 때문에 서로 일치하는 용어나 의미를 찾아내는 것은 매우 어렵거나 혹은 아예 불가능한 일이기도 하다. 따라서 번역의 가장 어려운 부분은 이러한 문화적 차별성을 드러내면서 용어의 일치점을 찾는 것이라 할 수 있다.

가령, 우리는 개나 소가 나라와 민족에 따라 사람과의 관계에 따른 含意함의가 상당히 다르다는 것을 염두에 두어야 한다. 예전에 프랑스의 한 여배우가 우리나라의 대통령(김영삼)한테 편지를 보내왔다고 한다. 우리가 만일 개고기를 계속 먹는다면 우리나라 제품 불매운동을 벌이겠다는 협박이었다.

이것은 다만 서양의 'dog'와 우리나라의 '개'가 갖는 함의가 서로 틀리는 것을 모르기 때문에 일어난 일이다. 서양의 'dog'는 대체로 애완견이나 사냥개 등을 의미하기 때문에 그것이 갖는 사람과의 관계가 우선 다르다. 우리의 문화에 있어서 짐승과 사람의 구분은 비교적 엄격해서 사람이 짐승과 친구를 하는 경우는 사실 찾아보기 어렵다. 진도개나 풍산개와 같은 특수한 경우를 제외하면 우리에게 개는 그냥 돼지와 마찬가지의 식용으로 사육하는 짐승일 뿐이다.

만약에 인도의 한 아이가 그 프랑스의 여배우에게 프랑스 사람들이 소고기를 먹는 습관을 버려야 된다고 협박을 했다면 그 여배우는 어찌 했을 것인가? 그 여배우는 동물에 대해서 매우 차별적인 선입견을 갖고 있는 것이다.

지금 金海의 伽倻가야 首露王妃수로왕비 許皇后陵허황후능 앞에는 크지 않은 돌들을 석탑의 형태로 쌓아 놓은 것이 있는데, 이는 『三國遺事』의 기록에서 전하는 虎溪寺호계사의 婆娑石塔파사석탑으로 알려져 있다. 이 기록에 의하면, 許皇后 일행이 처음에는 水神의 노여움을 받아 항해가 불가하여 돌아가게 되었다. 이에 父王이 이 탑을 싣고 가라 하여 그대로 하니 편한 뱃길이 되어 올 수 있었다는 고사를 전한다. 『三

國遺事』는 이 돌이 희미한 붉은 무늬가 있는데 우리나라에서 나는 종류가 아니라 하였다.[240]

이 탑은 흩어져 있던 것을 주워 모아 재현시킨 것이다. 개별적으로는 단순한 돌들로 보이지만 쌓아 탑을 이루면 佛力을 지닌다. 慶州南山의 바위에 새긴 부처는 바로 돌에서 佛性을 발현해 내는 것이다. 같은 돌이겠지만 돌에서 佛性을 드러내는 문화적 특성은 사물을 전혀 다른 시각에서 보게 된다.

이렇듯 사물의 의미가 그 민족의 고유한 문화적 배경에 따라 얼마나 다양한 특성을 갖는 것인가를 유념해야 하는 것이다. 수천 년 사이에 형성된 문화의 한 부분을 전혀 다른 문화권의 언어로 옮기는 것이 과연 얼마나 가능한 일인가 하는 것을 염두에 두지 않을 수 없다.

다시 예를 들어, 'priest'나 'pastor'를 과연 우리말로 번역을 할 수 있는가? 이 두 어휘를 우리는 '神父'와 '牧師'로 번역을 해서 사용하고 있다. 그러나 과연 이것을 번역이라 할 수 있는가? '神父'라는 어휘는 고대 中國에서 아주 현명하여 사리 분별을 잘하는 지방 관리를 칭송하는 의미로 쓰인 용례가 보일 뿐이다.[241] 이것이 어떻게 서양의 미사를 집전하는 'priest'의 의미로 쓰이는가?

또한 '牧師'라는 용어도 고대 中國에서 牧地(말을 기르는 草地를 말함)를 관장하는 官吏를 뜻하는 말이었다.[242] 'pastor'의 의미로 쓰이기에는 너무 멀다. 다만 우리가 굳이 추측을 해본다면, 神父는 흔히 神과 연계해 주는 'father'라는 의미에서 조어를 한 것으로 보인다. 아울러 '牧師'는 서양에서 흔히 양치기 牧者shepherd로 그들의 神을 비유[243]한 데서 유래한 것으로 보일 뿐이다. 이는 우리가 사용하는 언어의 의미를 전연 무시하고 억지로 조어를 한 것이다. 즉 종교와는 전연 관련이 없는 어휘를 아무런 근거 없이 붙인 것이다.

우리에게 토속 종교와 관련된 용어로는 '巫覡무격'이 있다. '巫'는 神과 교감하는 여자를 의미한다. 神幄신악에서 玉을 받들고 神을 섬기는 모습을 象形한 것이라는 설이 있다. 또는 여자가 능히 춤으로써 신 내림(降神강신)을 받을 수 있는 자를 '巫'라 한다 했다. 이를 남자의 경우에는 '覡'이라 칭한다.[244] 神과 교감한다는 의미에서 서양의 'priest'나 'pastor' 그리고 우리의 '巫覡'은 사실상 공통적인 의미를 갖는다. 따라서 서로 대응하는 번역어를 찾는다면 이 중에서 찾아야 할 것이다. 그러나 서로의 예배의식이 다르고 서로가 숭배하는 神이 다르기 때문에 이와 같은 번역이 사실 불가능하다고 보아야 한다.

서양의 종교가 들어온 후로 우리에게는 묘한 선입견이 생겨났다. 즉 서양에서 온 것은 종교이고, 우리의 것은 미신이라는 엉뚱한 믿음이 생긴 것이다. 이는 다시 "내가 믿는 것은 종교이고 네가 믿는 것은 미신이다"라는 극한적인 대립으로까지 간다. 그러나 다행스러운 것은 철학에서처럼 巫覡까지도 신부나 목사로 부르려고 하지는 않고, 하나같이 본래의 의미를 유지하여 언어에 혼란을 초래하지는 않는다는 것이다.

우리는 일반적으로 번역에 있어서 일대일의 대응관계가 완벽하게 이루어질 것이라는 기대를 한다. 그러나 완벽한 번역은 사실상 불가능하다. 언어로 지칭하는 모든 사물은 다른 時空에 따라 서로 다른 문화적 배경의 차이를 갖는다. 다만 서로 다른 언어를 사용하면서 함께 공존하는 현대의 생활에서 번역은 어쩔 수 없이 필요하다. 그러나 우리는 이러한 번역의 한계를 언제나 염두에 두어야 하는 것이다.

4. 적국의 여자는 나라를 멸망시켰다

적국의 여자는 아름다웠다

> 西施서시는 가슴앓이가 있어 미간을 찡그리고 다녔는데, 이웃의 추녀가 그 것을 보고 예쁘다 여겨(서시가 예뻐 보이는 이유가 찡그림에 있다고 여겨) 돌아와 역시 가슴에 손을 모으고 미간을 찡그렸더라. 마을의 부자는 그 모습을 보더니 문을 굳게 닫고 나가지를 않았으며, 가난한 자는 처자를 데리고 멀리 떠나갔더라.[245]

서시는 越월나라의 미녀였다. 어느 날 그녀는 吳나라에 보내어져 吳王 夫差의 총애를 받는 몸이 되었다. 서시가 살던 마을에는 함께 일하던 같은 또래의 추녀가 살고 있었다. 그런데 그녀가 서시의 소식을 듣고서는 서시가 다른 여자와 무엇이 다른가를 곰곰이 생각하게 되었다. 그녀가 볼 때마다 서시는 언제나 미간을 찡그리고 있었다. 서시가 아파서 찡그리는 것을 모르는 그녀는 가슴에 손을 얹고 억지로 이마를 찡그리고 다녔다. 이에 동네 사람들은 피곤하였다. 우선 가진 것이 없는 단출한 살림의 가난한 사람은 그 마을을 아예 떠나 버렸고, 그럴 수 없는 부자들은 문을 잠그고 바깥출입을 하지 않았다는 이야기이다.

이로부터 훗날 '東施效顰동시효빈'이라는 말이 생겨났다. 서시에 상대적인 의미로 '東施'라 부르게 되었고, 아프지도 않은데 억지로 '찡그리는 것을 흉내 낸다'는 의미에서 '效顰'이라는 말을 썼다. 잘못된 흉내 내기를 비유할 때 쓰인다.

서시는 미천한 신분이었지만 미모 하나로 하루아침에 吳나라 王宮

에서 호사스러운 생활을 하게 되었다. 서시를 흉내 내려한 東施의 마음은 우리의 人之常情이라 할 수 있다. 그런데 이 역사의 내막은 이러한 '效顰'의 勸戒 외에, 다른 나라의 미녀들을 탐하다가 망한 왕들의 교훈적인 역사를 함께 전한다.

越은 春秋時代춘추시대: B.C.770-B.C.476의 말기에 이미 吳와는 원한관계를 맺고 있었고, B.C.510년에는 쳐들어온 吳를 크게 물리친 일이 있었다. 이에 자만을 한 越의 句踐王구천왕: ?-B.C.465은 별 준비 없이 吳를 다시 공격하다가 이미 이를 예상하고 기다리던 吳에게 대패하여 목숨까지 위태롭게 되었다. 할 수 없이 모든 보물을 바치고, 아울러 자신은 가족과 함께 吳王 夫差부차: ?-B.C.473의 시중을 드는 인질로 잡혀갈 것을 조건으로 목숨을 구하였다.

句踐王은 夫差王의 환심을 사기 위해 온갖 노력을 다 하였고, 마침내 3년 만에 석방되어 越에 돌아오게 되었다. 이때부터 그는 臥薪嘗膽와신상담을 하면서 보복을 준비하였다. 스스로는 극도로 절제하여 儉朴검박한 생활을 하면서도 손님에게는 매우 후하게 대우하고, 백성과 어려움을 같이 하면서 나라의 기반을 충실히 다져갔다.[246] 특히 그는 전쟁준비에 9가지의 계책을 사용하였다 하는데, 그중의 하나가 미녀를 보내어 적국왕의 심지를 어지럽히는 것이었다.[247]

여기에 서시와 鄭旦정단이 발탁되어 夫差에게 보내졌다. 夫差의 곁에는 지모가 뛰어난 충신 伍子胥오자서: ?-B.C.484가 있었는데, 그는 夫差에게 여자들을 받아들이지 말 것을 간언하였다.

> "賢士는 나라의 보배요, 미녀는 나라의 허물입니다. 夏나라는 妹喜말희 때문에 망했고, 殷나라는 妲己달기 때문에 망했으며, 周나라는 褒姒포사 때문에 망했습니다."[248]

그러나 夫差는 여자들을 받아들였을 뿐만 아니라, 오히려 伍子胥를 不忠하다고 죽여 버렸다. 충신은 없고 王은 미녀에 빠져있으니 바라던 기회가 온 것이었다. 越이 이틈에 군사를 일으켜 B.C.473년 吳를 멸망시켰고, 기나긴 忍苦인고의 역사를 매듭지었다. 이로써 吳나라는 春秋時代의 역사 속으로 사라지고, 越나라는 吳를 합병하여 戰國時代전국시대: B.C.475-B.C.221의 새로운 강국으로 부상하였다.

여기에는 매우 현명한 두 신하의 공로가 있었다. 그 하나는 文種문종으로 구천이 전쟁에 패하여 죽음을 목전에 두고 있을 때, 적국을 오가면서 기지를 발휘하여 구천의 목숨을 구한 일이 있을 뿐만 아니라, 국정의 전반을 충실히 살펴 전쟁에 이길 수 있는 기반을 마련했다고 할 수 있는 인물이었다.

또 다른 하나는 范蠡범려인데, 그는 실질적으로 전쟁을 수행하면서 마지막 순간 夫差의 和平 간청에 망설이는 구천을 대신하여 부차를 죽이고 완전한 정벌을 이루었다. 이 둘은 구천의 승리에 절대적인 역할을 하였다. 그러나 전쟁이 끝나고 구천이 대외적으로 막 霸王패왕의 힘을 과시하고 있을 때 范蠡는 소리 없이 사라졌고, 文種에게는 도망할 것을 권유하는 편지를 보내왔다.

> 새 사냥이 끝나면 활을 거두게 되고, 토끼를 잡으면 사냥개는 삶아버립니다. 越王은 생김새가 목이 길고 입은 새부리와 같으니 환난은 함께 할 수 있지만 즐거움을 함께 할 수는 없는 인물인데 당신은 어찌 떠나지 않습니까?

이 편지를 받고 文種은 稱病칭병하고 조정에 나가지 않았으나, 다른 신하의 참언을 들은 구천은 그에게 劍을 보내 자살하도록 하였다.[249] 다른 기록에는 범려는 吳를 멸망시킨 후 서시와 함께 五湖로 떠났다 한다. 범려는 서시를 夫差에게 보내기 전에 이미 그녀와 潛通잠통을 하였다는 기록도 있다.[250] 전쟁에서는 똑같은 賢士였지만, 전쟁이 끝나고 나서 하나는 兎死狗烹토사구팽의 운명을 맞이하였고, 다른 하나는 자신을 온전히 보전하였다.

여자 한 몸이 군대보다 강하였다

伍子胥는 왜 서시와 같은 미인을 경계하였는가? 그는 역사 속에서 미인의 힘을 보고 있었다. 특히 적국에서 보낸 미녀는 군주 옆에서 군대보다도 더 강한 힘으로 나라를 파멸시킨 역사를 알고 있었다. 伍子胥가 말한 세 여인과 관련된 고사는 그로부터 약 150여 년 전에 이미 똑같은 상황에서 똑같이 쓰인 일이 있었다.

晉진나라의 역사에서 있었던 일이다. 즉 晉의 獻公헌공이 驪戎여융을 쳐서 승리하면서 驪君을 죽이고, 그의 딸 驪姬여희를 데려와서 부인으로 삼으려 하였다. 이에 占卜을 主管하는 大夫인 史蘇사소가 이를 '不吉'하다고 간언하였다가 오히려 미움을 받게 되었다. 왕의 마음을 돌릴 수 없었던 사소는 주위의 다른 大夫들에게 이를 크게 우려하는 말을 하면서 경계해야 할 역사의 일단을 전해 주었다.

> 남자들의 전쟁이 있으면 반드시 여자들의 전쟁이 있는 것입니다. 晉나라가 남자들로 驪戎을 이겼다면, 여융은 또한 반드시 여자로서 晉을 이길 터인데, 그렇게 되면 어찌 하겠습니까? …… 옛날 夏의 桀王걸왕이 有施를 정벌하였을 때 유시에서 妹喜라는 여자를 進獻진헌하였습니다. 말희는 桀王의 총애를 받았으니, 伊尹[251]과 함께 夏나라를 멸망시키는데 공헌한 것입니다. 殷의 주왕이 有蘇유소를 정벌하자, 그곳에서는 妲己라는 미녀를 바쳤고, 달기는 주왕의 총애를 받아 殷을 멸망시키는데 膠鬲교격[252]과 함께 공헌을 한

> 것입니다.
> 周의 幽王유왕이 有褒유포를 정벌하니, 그곳에서는 褒姒포사라는 미인을 바쳤고, 포사 또한 유왕의 총애를 받아 伯服백복을 낳았으며, 이어서 太子인 宜臼의구를 축출하고 백복을 세우는 데에 虢石甫괵석보[253]와 함께 공헌을 하게 된 셈입니다. 그리하여 太子는 申國으로 도망하였고, 申人과 鄫人증인이 西戎서융을 끌어와 周를 정벌하였으니 周나라는 이로 망한 것입니다.[254]

晋의 사소는 고대의 夏 · 殷 · 周 세 나라의 왕이 모두 敵地의 여자를 맞아들여 나라가 망한 선례를 꿰고 있었다. 그런데 지금 바로 자신의 왕이 그렇게 하려하고 있다. 이를 말리지 못하면 나라가 망하는 것은 明若觀火한 것이었다.[254]

그러나 결국 獻公은 여희를 부인으로 맞이하였고, 여희는 온갖 지모를 동원하여 太子 申生을 축출하고 자신의 아들 奚齊해제를 태자로 세우는데 성공을 하였다. 여희는 이에 만족하지 않고 申生에게 누명을 씌워 자살하게 만든다.

사소가 말리지 못한 것을 伍子胥가 말리려 하다가 오히려 죽임을 당한 것이다. 그는 충신이었지만 그리 현명하지는 못했던 모양이다.

결국 역사는 세 여인의 역사가 주는 교훈과는 상관없이 그 위에 다시 여희와 서시 두 여인을 더 보태었다. 이 다섯 미녀는 모두가 남자들이 무수한 희생을 치루면서 이룩해 놓은 강대한 나라들을 혼자서 힘들이지 않고, 오히려 君王의 총애 속에서 온갖 호사를 누리면서 괴멸시켰다.

역사는 史蘇의 말처럼 남자의 전쟁 뒤에는 여자의 전쟁이 있었음을 보여 주고 있다. 남자가 힘으로 상대를 이겼다면 여자는 미모로 완전한 보복을 하였으니, 한 나라를 멸망시키는 역량으로 본다면 그 힘의 크기는 사실상 한 나라의 전체 군대와 비교해도 뒤지지 않는 힘이었다.

晉의 헌공은 중대한 일을 결정할 때에는 사소의 占卜에 의지하여 결정하였으나 이미 여희의 미모를 본 헌공의 귀에 사소의 예언은 들리지 않았고, 吳에는 越나라에서 가장 두려워하던 오자서라는 충신이 있었으나 서시의 미모 앞에서 오자서의 간언은 단지 불충에 불과하였다. 역사를 움직이는 진정한 힘은 설명이 어려운 다른 곳에 또 있었던 것이다.

夏의 桀王, 殷의 紂王, 周의 幽王, 晉의 獻公, 그리고 吳의 夫差 이들 다섯 왕들은 과연 자신의 나라에서 마음에 드는 여인을 구할 수 없어서 적국의 여인을 끌어들일 수밖에 없었는가? 혹시 적지의 여자라서 더 예뻐 보인 것은 아니었겠는가? 왕이라면 다른 나라를 정복하는 쾌감도 있겠지만, 언제나 보던 내 나라의 여자들과는 옷에서부터 머리모양이나 말의 억양 등이 모두 다른 적지의 여자들한테서 또 다른 충동을 느낄 수도 있었을 것이다. 이것을 신하들이 막을 수 있었겠는가? 서로 살아가는 풍속이 다를 뿐이지 어찌 여자가 다르겠는가? 그러나 흔히 우리는 여자가 다를 것이라고 보는 것이다.

조선이 망한 것은 꼭 일본 때문만은 아니었다. 그전에서부터 이미 들어오기 시작한 외래의 문물에 대해 지나치게 미혹되어 있던 우리가 결국은 일본을 불러들인 꼴이 된 것이다. 壬辰倭亂 7년에도 넘어가지 않았던 이 나라가 단지 몇 십, 몇 백의 일본인에게 나라를 내주게 된 것은 인천 앞바다를 뒤흔든 함포의 천둥치는 소리에 우리는 이미 놀란 나머지 스스로 넘어져 있었던 것이다.

그로부터 지금까지 우리는 계속해서 서양의 문명에 대한 '效顰'을 해오고 있다. 그들의 머리색깔이 노랗기 때문에 이것이 곧 기준이 되어 노랗게 염색을 해야 하고, 그들이 넥타이를 매기 때문에 우리는 짧은 목이 갑갑해도 그렇게 하고 있는 것이다. 학술논문도 심지어 국문학에 이르기까지 영어를 끌어들여야 하는 줄 여기고 있다. 모든 논문이 영어로 요약문을 써야 한다. 철학이 있느니 없느니 웬만한 곳에는 모두 '철학'이라는 말을 사용한다.

이제는 서양의 것이라면 무조건 취하고, 우리의 것이라면 무조건 배척하는 묘한 풍조가 만연되어 있다. 우리가 문자가 없을 때 우리는 문자를 갖다 썼고, 그리고 문익점 선생은 우리에게 없는 목화의 씨를 가져와 그로부터 우리는 棉으로 된 옷을 입을 수가 있었다. 그러나 현재 우리가 벌이고 있는 우리 학문의 서양 옷 입히기는 이와는 전혀 다른 것이다.

반대로 우리는 문화의 구심점을 잃고, 서로 다른 종교나 서로 다른 생활습관 등으로 서로가 분열되어 사회는 반목과 질시가 만연되어 있다. 한 집안의 식구끼리도 정서적으로나 문화적으로 공감을 이루기가 어렵다. 우리가 무조건 일본을 따르고 서양을 동경하는 사이 우리도 모르게 우리의 내부는 괴멸되고 있었다.

西施詠

미색은 천하가 중히 여기는데,
서시가 어찌 오래도록 미천하겠는가?
아침에는 越의 계곡에 있더니,
저녁에 吳의 왕비가 되었네.
천한 날 어찌 남과 달랐을까?
귀해지니 드문 인물임을 알겠네.
사람을 불러 향분을 바르고,
비단옷 스스로 입지 않네.
왕의 총애 따라 교태가 늘고,

왕의 사랑에 是非도 없어지네.
그때 함께 길쌈을 하던 친구는
같은 수레를 타지 못했구나.
이웃 여자에게 알리거늘
효빈으로 어찌 희망이 있겠는가?

艶色天下重염색천하중, 西施寧久微서시녕구미?
朝爲越溪女조위월계녀, 暮作吳宮妃모작오궁비.
賤日豈殊衆천일기수중? 貴來方悟稀귀래방오희.
邀人傅香粉요인부향분, 不自著羅衣부자저나의.
君寵益嬌態군총익교태, 君憐無是非군련무시비.
當時浣紗伴당시완사반, 莫得同車歸막득동거귀.
持謝隣家子지사린가자, 效顰安可希효빈안가희?

唐나라의 王維왕유: 699-759는 위와 같은 시로 사람들의 효빈의 심리를 풍자했다. 서시는 나무꾼의 딸이었다고도 한다. 매일 다른 여자들과 마찬가지로 연밥을 따거나 계곡에서 빨래를 하며 생계를 도모했는데, 어느 날 하루아침에 吳王의 궁궐에서 살게 되었으니 함께 일하던 친구가 이를 얼마나 부러워했겠는가? 그러나 결과는 효빈으로 오히려 그 醜함을 더 보태어 사람들을 도망가게 만들었다.

---

206. 김남두, 「철학사와 철학 그리고 한국철학의 패러다임」. 한국철학회 편, 『철학사와 철학』, 철학과 현실사, 1999, 12-13면.
207. 상게서, 14-15면.
208. 디지틀조선일보 2000년 10월 29일 사회기사.
209. 이 책은 '철학연구 방법론의 한국적 모색'이라는 부제를 달았다. 심재룡 외 著, 『한국에서 철학하는 자세들』, 집문당, 서울, 1986.
210. 상게서, 20-21면.
211. 상게서, 24-28면.

212. 상게서, 158면.
213. 상게서, 172-173면.
214. 상게서, 沈在龍, '묶은이가 읽는이에게 드리는 글', 4면.
215. 상게서, 沈在龍, '동양철학을 하는 두 자세', 243-244면.
216. 길희성, 「철학과 철학사: 해석학적 동양철학의 길」, 한국철학회 편, 『철학사와 철학』, 37-38면.
217. 상게서, 47면.
218. 『한국에서 철학하는 자세들』, 83-96면.
219. 『철학사와 철학』, 15면.
220. 田中美知太郎 著, 『哲學初步』, 岩波書店, 東京, 1981, 1면.
221. 中國社會科學院語言硏究所詞典編輯室 編, 『現代漢語詞典』, 新華書店, 北京, 1997.
222. '哲人之愚', '其維哲人', 『詩經 · 大雅 · 抑』.
223. 『詩經 · 大雅 · 瞻卬』.
224. 李楠永, 「동양철학-그 연구방법 두 가지」, 沈在龍 외, 『한국에서 철학하는 자세들』, 집문당, 1986, 166면.
225. 상게서, 144면.
226. 田中美知太郎 著, 『哲學初步』, 岩波書店, 東京, 1981, 1-6면.
227. "無私賢哲之臣, 無私事能之士, 故民不越鄕而交, 無百里之慼," 『諸子集成 · 韓非子集解』.
228. "聖希天, 賢希聖, 士希賢. 伊尹 · 顔淵, 大賢也. 伊尹恥其君不爲堯舜, 一夫不得其所, 若撻於市. 顔淵不遷怒, 不貳過, 三月不違仁. 志伊尹之所志, 學顔子之所學, 過則聖, 及則賢, 不及則亦不失於令名."
229. 『經書 · 孟子 · 萬章上』, 640면.
230. 『論語 · 雍也』
231. 安浩相 著, 『哲學講論』, 東光堂書店, 京城府, 昭和17年, 17-19면.
232. 『哲學初步』, 1-2면.
233. PAUL EDWARDS Editor in chief, 『The Encyclopedia of Philosophy』, The Macmillan Company & The Free Press, New York, 1978, 216면(Volumes 6, philosophy條).
234. 상게서, 37면(volumes 7, pythagoras and pythagoreanism條).
235. 한국철학회 편, 『철학사와 철학』, 철학과 현실사, 서울, 1999, 228-229면.
236. 勞思光 著, 『中國哲學史』, 三民書國, 臺北, 1981, 1-4면.
237. "哲學本一西洋名詞. 今欲講中國哲學史, 其主要工作之一, 卽就中國歷史上各種學問中, 將其可以西洋所謂哲學名之者, 選出而敍述之." 馮友蘭 著, 『中國哲學史』, 臺灣 影印, 1면.
238. 상게서, 7면.

239. 상게서, 10-11면.

240. 一然 著,『三國遺事 · 塔像(탑상) 第四』, 乙酉文化社, 서울, 1975, 218면. 許明徹 氏는 이 탑을 伽倻佛敎의 전래 근거로 보면서, 우리나라에 가장 먼저 불교가 전래된 흔적이라 주장했다. 許明徹 著,『伽倻佛敎의 考察』, 종교문화사, 경기, 1987, 48-53면.

241. 참고,『辭源』, 商務印書館, 北京, 2002.

242. 참고,『周禮 · 夏官卷三十三牧師』.

243. 예로 “The Lord is my shepherd; I shall not want.”『Companion BIBLE』, Psalms, 23-1.

244. 참고,『形音義綜合大字典』, 正中書局, 臺北, 1997.

245. “西施病心而矉其里, 其里之醜人見之而美之, 歸亦捧心而矉其里. 其里之富人見之, 堅閉門而不出, 貧人見之, 挈妻子而去走.”『莊子 · 天運』.

246. 이 내용은 司馬遷의『史記 · 越王句踐世家』를 근거로 한 것이다.

247. “越王句踐問大夫種曰, ‘吾欲伐吳奈何, 能有功乎?’ 大夫種對曰; ‘伐吳有九術.’ 王曰; ‘何謂九術?’ 對曰; ‘一曰, 尊天地事鬼神, … 四曰遺之好美, 以爲勞其志.’”『四庫全書 · 越絶書 · 內徑九術』. 463-116면.

248. 上同.

249.『史記』, 1746면.

250.『四庫全書 · 吳地記』, 587-59면.

251. 伊尹은 夏로부터 殷나라로 가서 殷을 도와 夏를 멸망시키고자 했는데, 妹喜가 夏에 災禍를 불러들였으니 妹喜는 伊尹과 함께 공을 세운 셈이다. 참고; 左丘明 撰, 韋昭 注,『國語 · 晉語一』.

252. 殷의 賢臣이었는데 周나라로 가서 周武王을 도와 殷을 멸망시켰다. 상게서.

253. 幽王의 奸臣으로 卿士를 지냈으나 결국 周의 멸망을 초래하였다.

254.『國語 · 晉語一』.

다섯.

정부가 학문(인문학)을 말린다

1. 인용도 우수업적도 없는 쓰레기 논문들

> 한국일본언어문화학회가 내는 학술지 '일본언어문화'는 2006~2007년에 논문 83편을 게재했다. 서울대 라틴아메리카연구소 학술지 '이베로아메리카연구'에는 27편이 실렸다. 한국학술지인용색인KCI에 등재된 두 학술지의 논문 110편은 2008년 국내에서 나온 논문에 한 번도 인용되지 않았다. 이처럼 외국은 물론이고 국내의 다른 연구진이 참고하지 않는 논문이 쏟아져 나오고 있다. 당사자조차 후속 연구에 활용하지 않는 논문이 80%나 된다.
> 한국연구재단은 KCI에 등재된 인문 사회과학 분야 논문 5만6천3십건을 분석한 논문인용지수IF · Impact Factor를 18일 인터넷 홈페이지에 공개했다. KCI 인용지수는 미국의 과학기술논문인용색인SCI처럼 국내 학술지의 영향력을 평가하기 위해 재단이 국내 처음으로 개발한 지수로, 분석 결과가 공개되기는 이번이 처음이다.
> 재단이 2006~2007년에 등재된 논문을 조사한 결과 76.7%가 다른 논문에 한 번도 언급된 적이 없었다. 이번 조사는 자기 논문을 인용한 횟수도 포함하므로 저자 본인조차 참고하지 않는 논문이 10편 중 8편인 셈이다.
> ……
> 교수 임용이나 승진 심사 때도 논문의 영향력이 절대적이지만 양적 평가에만 비중을 두고 있다. 예를 들어 서울대 인문대는 교수 평가 때 단독 저자 논문에 100점, 두 명의 공동저자 논문에 70점을 주는 식이다.[255]

2011년 4월 19일자 동아일보의 "대한민국 학계 현주소"라는 기사 일부이다. 두 학술지에 실린 110편의 논문이 국내에서 한 번도 인용되지 않았다는 한국연구재단(이하 재단이라 약칭함)의 분석 결과를 보도한 것이다. 인문사회과학 전체 논문의 10편 중 8편이 본인조차 참고하지 않은 논문이라 한다.

재단의 홈페이지(2012.1.6. 기준)에는 2010년도 우수연구업적 99건이 게시되어 있다. 그 중에서 인문대학 교수의 업적은 4건에 불과하고 모두 대부분이 자연과학이나 공학 분야의 업적으로 보인다. 그 4편도 모두 순수 인문학이라 보기에는 다소 거리가 있어 보인다.

2009년 우수연구업적 60건에는 단 1건이 올라 있다. 철학분야의 "17세기 자연철학"이라는 제목의 논문이다.

앞에서의 동아일보 기사는 재단의 분석결과 보도 자료를 근거로 한 것이며, 위의 우수업적 99건 및 60건은 재단 홈페이지에 게시된 것이다. 즉 재단은 스스로가 인문학 대부분의 논문이 아무도 보지 않는 사실상 쓰레기와 다르지 않다는 것이며 또한 우수연구업적도 없는 분야임을 확실하고도 구체적으로 입증한 셈이다.

이에 대해 재단은 새로운 방식을 내 놓았다. 즉 논문의 피인용지수를 평가방식으로 도입할 예정이라 한다. 참으로 한심한 일이다. 인용이 필요 없기 때문에 인용이 없는 것인데 이를 강요하겠다는 것이다. 지금까지도 그러했지만 앞으로는 더욱 희한한 재주를 보게 될 것이다. 이제부터는 학자들은 참고문헌 목록을 먼저 작성하고 그에 맞추어 논문을 쓸 것이다.

왜 인문학 논문은 인용이나 우수업적이 없는가? 그것은 학문의 성격으로부터 비롯된 것이다. 인문학자들이 특별히 게으르거나 멍청해서가 아니다. 우수논문이 없는 이유도 재단 홈페이지를 조금 자세히 보면 바로 알 수가 있다. 여기에 게시된 논문들은 세 가지의 조건에서 우수하다고 평가된 것으로 보인다. 즉 이 '논문의 핵심 연구 성과', '세계적인 파급효과', 그리고 '활용'에 대한 문항이 있고 논문마다 이에 대한 답변이 달려 있었다. 그중 '세계적인 파급효과'는 이공계에는 가능할 수 있지만 인문학 분야는 사실상 전혀 현실성이 없는 요구다. 가령 국문학이나 국사는 물론이고 영문학 분야라 하더라도 '세계적인 파급효과'를 기대하는 것은 학문의 성격을 전혀 모르는 발상이다.

다시 말하면 재단은 '세계적인 파급효과'를 기대할 수 없는 분야에서 그러한 무리한 '효과'를 요구하다 보니 우수업적이 있을 수가 없게 된 것이다.

2005년은 서울대학교 황우석 교수의 논문으로 일 년 내내 국내외의 온 세상이 시끄러웠다. 단 한 편의 논문으로도 세상을 흔들 수 있었던 것은 논문의 내용이 그만큼 '파급 효과'가 컸기 때문이다. 무엇보다 줄기세포 관련연구는 불치병 환자들에게 구체적이고도 확실한 희망을 줄 수 있는 내용이 들어있었다. 아울러 인간의 능력을 시험하는 것이기도 했다. 그 외에 사람의 난자까지도 실험의 소재가 되었다는 것은 지금까지 들어보지 못했던 충격적인 일이기도 했다. 인류에게 희망과 불안을 동시에 안겨준 잊을 수 없는 사건이었다.

1945년 7월 16일 미국은 핵폭탄 실험에 성공하였고, 8월 6일과 9일 단 두 차례 일본에 두 개의 이 폭탄을 투하했다. 약 12만 명의 인간이 남녀노소의 구별 없이 죽었다. 이는 당시 아인슈타인Albert Einstein과 몇몇 물리학자들의 연구 집적에 의한 것이었다. 그들은 서로가 서로의 논문을 참고하면서 자신의 이론을 발전시켰다. 자연과학의 논문은 때로는 가공할만한 발명으로 이어지면서 인류에 희망과 재앙을 동시에 불러오기도 한다.

위의 두 가지는 '세계적인 파급 효과'가 무한한 연구 결과였다. 이러한 연구에서는 선행연구로부터의 인용이 없을 수가 없다. 즉 황 교수와 아인슈타인의 연구는 다른 사람의 선행 연구를 바탕으로 하여 진행한 것이다. 독창이 있을 수도 있지만 대부분의 자연과학 논문은 다른 사람의 연구를 이어가는 내용이다. 줄기세포나 핵폭탄이 단 한 사람의 연구결과에 의해 이루어지는 것이 아니다. 따라서 인용은 거의 필수적인 것이다. 그 후속연구도 황 교수나 아인슈타인을 이어 계속된다.

그러나 인문학은 그렇지가 않다. 인문학은 선행연구에 이어지는 후속연구가 아니다. 가령 퇴계 선생의 성리학을 연구할 때 다른 사람의 연구에 이어 연구를 하는 것이 아니고 바로 퇴계 선생의 문헌을 보게 된다. 다른 사람의 연구를 참고할 수도 있고 아예 참고하지 않을 수도 있다. 인문학 논문의 주제는 대체적으로 독창적인 것을 선정한다. 이미 연구 결과가 있는 것은 피하거나 아니면 그와는 다르다는 것을 입증할만한 독창적인 내용을 담아야 한다.

혹시 인문학 분야에서 위대한 논문에 관해 들어본 일이 있는가? 驚天動地경천동지할 논문은 아니더라도 신문에 한 줄이라도 오를만한 논문이 있었는가? 독후감을 두고 위대하다고 하지는 않는다. 단지 비교적 잘 쓴 독후감이 어쩌다가 있을 뿐이다.

인문학은 처음부터 인용이 반드시 필요하지도 않고 위대한 논문이 나올 수도 없는 학문이다. 위 재단의 분석결과가 바로 그럴 수밖에 없다는 것을 분명하게 입증하였다.

학계의 논문 표절시비는 어제 오늘의 일이 아니다. 실제로 논문만으로 교수를 평가하는 풍토에서 논문 부정행위는 갈수록 더하고 있다. 그러나 이러한 부정행위는 잘 드러나지 않는다. 만약 자연과학이라면 객관적인 입증 절차를 거치고 아울러 후속연구자에 의해 검증될 수도 있기 때문에 부정행위의 여지가 매우 좁다고 볼 수 있을 것이다. 특히 황 교수의 경우에서처럼 영향력이 큰 논문일수록 후속연구에 의한 검증은 자연스럽게 이루어질 수밖에 없다. 그러나 인문학은 세상의 주목을 끌만한 위대한 연구도 없고, 아울러 이어지는 후속연구도 없기 때문에 표절과 같은 부정행위도 잘 드러나지 않는다.

즉 인문학은 자연과학과 전혀 다르다.

논문(인문학)은 일반적으로 학회지에 게재한다. 학회에 제출하면 학회에서는 대부분 세 사람의 심사위원을 선정하여 논문의 필자 이름을 지우고 심사를 의뢰한다. 따라서 심사위원은 누구의 논문인지 모르는 상황에서 심사를 한다. 그러나 이러한 심사과정에서 중복이나 표절이 가려지기는 매우 힘든 일이다. 심사위원이 그 분야의 국내외 논문을 모두 살펴볼 수도 없거니와 토씨만 바꾸어도 자기 방어가 가능하기 때문이다. 다만 총장에 당선되었거나 장관에 발탁되면 이에 흥미를 갖고 보는 사람들이 생기고, 따라서 이 사람들의 소문이나 제보를 통해 알게 되는 경우가 일반적이다.

대부분의 논문이 세 사람의 심사를 받으면 그 후로는 아무 일도 없이 평생 업적으로 집계된다. 등재(후보)지에만 오르면 재임용이나 승진 때에도 대부분 따로 심사하지도 않는다.

혹시 표절로 입증이 되어도 세상 사람은 별 관심이 없다. 심할 경우 장관이나 총장에 오르지 못하는 정도일 뿐이다. 그저 도덕적인 실망으로 끝난다. 인문학의 논문은 황 교수의 논문처럼 사회에 기여를 하는 것이 아니기 때문이다. 인문학의 논문은 어떤 식으로도 사회를 흔들지 못한다. 처음부터 우수업적이 있을 수 없는 분야인 것이다.

우리가 하나 더 짚고 넘어가야 할 일이 있다. 대학에서 교수 업적평가를 할 때 대체로 논문이 좌우한다. 이제는 국립대학을 포함하여 많은 대학들이 성과연봉제를 시행한다. 논문의 양은 연구비는 물론이고, 승진과 월급까지도 절대적인 지표로 작용하는 것이다.

그런데 대학에서 논문(인문학)에 대해 질적 평가를 실시하는 대학이 있다는 소리를 들어본 일이 없다. 모두가 오직 정량평가를 한다. 마치 논문의 무게를 달아 평가하는 것이나 마찬가지이다. 질적 평가가 아니라면 사람들의 불만이 클 터인데 그렇게 크게 표출되지도 않는다. 그 이유는 간단하다. 즉 질적 평가의 기준을 마련할 수 없다는 것을 누구나 알고 있기 때문이다. 그리고 정량평가가 교수를 편하게 해 주는 면도 있다. 무조건 부풀리면 되기 때문이다. 물론 학자적 양심을 가지고 있는 많은 학자들은 그렇게 못하며 불리한 여건을 감수한다.

이공계는 세계적인 학술지를 정해놓고 이의 게재방식에 따라 질적 평가를 병행하기도 한다. 가령 유명한 학술지의 표지에 선정되면 막대한 금액을 장려의 의미로 주는 대학도 많다(대학에 따라 억대의 돈을 준다). 이공계의 논문은 사실상 질적 평가가 어느 정도 가능하다는 것을 보여 주는 것이다. 따라서 논문으로 업적을 평가해도 사람들은 승복할 수 있다.

그러나 인문학 논문은 이렇게 해줄 수 있는 방법이 없다. 가령 국문학이나 국사학의 논문에 대해 억대의 장려금을 주는 곳이 있는가? 질적 평가 기준을 마련할 수 없다는 것은 무슨 의미인가? 만약 질적 평가를 할 수 없다면 그것은 매우 불합리한 제도라 할 수밖에 없다. 가장 합리적이어야 할 대학에서 이런 불합리한 일이 이렇게 오래도록 유지되고 있고 앞으로도 고쳐질 기미조차 없어 보인다.

시장에 가면 옷 한 장에 무조건 1000원 하는 곳이 있다. 예전에 '차떼기 정당'이라는 말도 있었다. 대학이 이러한 곳인가? 논문의 무게를 달아 승진을 시키고, 연구비와 월급도 그 중량에 따라 퍼주는 그러한 곳일 수밖에 없는가?

한국연구재단의 지원을 받은 수많은 인문학 분야의 논문들이 결국 어디로 가는가? 연간 약 3조의 예산을 집행하는 재단의 섣부른 제도가 자칫 인문학의 고사를 부채질 할 수 있다. 뚜렷한 심사기준을 적용할 수 없는 인문학 분야의 논문에 대한 재단의 심사는 어차피 매우 주관적일 수밖에 없다. 합리적인 심사 기준이 없이 막대한 예산을 쓰는 것은 예산의 낭비이기도 하지만, 돈에 의한 학문의 타락을 유도할 수도 있는 일이다.

그렇다면 인문학자의 업적은 평가할 방법이 없는가? 그렇지는 않다. 업적이라면 당연히 평가가 가능해야 한다. 다만 이공계와 다를 뿐이다. 일률적으로 '세계적인 파급효과'를 요구하는 것은 무지한 발상이다.

2. 인문학은 저서로 평가한다

왜 인문학에는 세상을 놀라게 할 만한 연구거리가 없는가? 이유는 간단하다. 인문학은 본래 연구대상이 아니기 때문이다. 즉 인문학은 과학이 아니다.

1993년 12월 12일 부여박물관의 발굴 팀은 백제금동대향로를 발굴했다. 놀랍고도 위대한 발굴이었다. 이 발굴은 처음부터 끝까지가 과학이다. 그러나 이 유물을 가지고 인문학의 논문을 썼을 때 이 발굴만큼 위대한 논문이 되지는 않는다. 유물이 위대했고 이러한 유물을 찾아낸 발굴 작업이 위대했을 뿐이다.

이 향로는 몸체의 하단은 용이 받치고 있으며, 몸체의 상단 즉 향로 덮개의 위에는 봉황새가 조각되어 있다. 여기에서 용과 봉황을 과학적 시각으로 보는 것은 의미가 없다. 그러나 이의 인문학적 의미는 주장하는 사람마다 다를 수가 있고, 그 주장에 대한 객관적 평가는 사실상 불가능한 경우가 대부분이다.

'性의 과학'이라는 교양과목이 있다. 과학으로 접근한 이 과목은 저자와 강의담당 모두가 생물학 분야의 교수들이다. '性'을 과학적으로 접근한다는 것은 지식의 전수를 의미한다. 물론 필요한 지식도 많이 있겠지만 자칫 책임보다는 쾌락만을 찾는 지식이 될 수도 있다. 학교의 성교육 목적이 이러한 지식으로 책임회피의 기술을 가르치자는 것은 아닐 것이다.

이러한 현실에서 성교육에 대한 논문을 쓴다면 두 가지 방향을 예상할 수가 있다. 하나는 이 과목에서처럼 우리의 신체구조와 임신이나 피임의 방법 등에 대한 과학적 지식을 토대로 하여 사람들에게 도움을 줄 수 있는 논문을 쓸 수 있다. 또 하나는 '인간의 성에 대한 책임과 의무' 정도를 주제로 할 수도 있다. 앞의 과학적 논문은 그 과학의 유용성 등과 같은 객관적인 지표에 의해 논문의 성과를 평가할 수가 있다. 특히 피임 방법의 효율이나 부작용의 개선 등에 대한 논문은 끝도 없이 나올 수 있고 이에 대한 객관적 평가는 전혀 어렵지가 않다. 그러나 두 번째의 논문에 대해서는 이것이 불가능하다. 이것은 순전히 저자의 주관적인 생각을 드러낼 뿐이다. 피임 방법은 고사하고 피임 자체에 대한 논란이 있을 것이고 이에 대한 정답은 사실상 알 수도 없다. 여기에 객관적이 평가를 하겠다는 발상 자체가 잘못된 것이다.

피임의 방법은 순전히 과학이다. 그러나 피임으로 사람을 편하게 해 주는 것이 과연 옳은 일인가 하는 것과 피임이 인간의 행복을 증진시키는가 하는 등의 문제는 과학으로 풀어지지 않는다. 그리고 이러한 문제는 논문으로 쓴다고 해도 설득력을 갖기 어렵다. 우선 그러한 논문을 보는 독자도 별로 없을 것이다. 이러한 경우 논문은 자신의 소신이나 주장에 대한 가장 재미없는 표현 방식이 될 것이기 때문이다.

결혼을 해야 되는가 아니면 안 해도 되는 것인가 하는 문제는 누구나 관심을 가질만한 주제다. 그러나 이것을 과학으로서 관심을 갖는 것은 아니다. 단지 내 삶의 가치와 관련이 있기 때문에 관심을 갖는다. 한 평생을 공부나 고상한 생각만으로 보내는 천주교의 神父나 불교의 스님들이 결혼을 하지 않는데 모두 결혼을 해야 한다고 말할 수도 없다. 그렇지만 대부분의 생물이 결혼을 하는데 결혼을 하지 않는 것이 정답이라고 볼 수도 없다. 인문학과 과학은 전혀 다른 것이다.

우리나라가 세계에서 매우 두각을 드러내는 나라이지만, 한두 가지 별로 명예스럽지 못한 1등이 있다. 이혼율이 세계에서 제일 높고 출산율이 가장 낮다. 옛날에는 프랑스가 그랬다 했는데 지금은 우리가 단연 앞서간다. 2010년 서울 강남의 30대 여성 미혼율은 43.5%라 한다. 즉 30대 여성 두 명 중의 한 명은 미혼이라는 얘기다. 만 30~39세 여성 가운데 석사 혹은 박사 학위 소지자이면서 미혼인 비율은 각각 30.4%와 36.1%였다 한다.[256]

서양의 문물이 이 땅에 들어온 후로 우리의 가치관은 크게 바뀌었다. 사람의 인생에서 결혼만큼 중요한 것은 없는 것으로 여겼는데 지금은 그렇지가 않다. 여성이 추구하는 것이 크게 달라졌다. 결혼도 선택사항으로 여기고 있으며 자녀를 갖는 것도 인위적으로 계산한다.

나라와 사회는 출산을 장려하는 여러 대안들을 쏟아내고 있다. 그러나 이것은 가치관의 문제이다. 현실적인 어려움을 극복할 수 있는 정책은 도움은 되겠지만 근본적인 문제 해결방법은 아니다. 개인의 가치관이 변해야 한다. 결혼을 하지 않는 사람한테 결혼을 설득시킬 만한 뚜렷한 논리적 근거는 별로 없다. 설사 설득이 가능했다 하더라도 현실적으로 자신의 눈높이를 낮추고 적극적으로 상대를 찾으려는 노력은 또 다른 극복하기 어려운 문제이다. 여기에 도움이 될 만한 학문분야는 무엇인가?

결혼은 인문학적으로 접근해야 한다. 결혼의 가치를 드러내는 것은 인문학이다. 申師任堂은 인문학이 추구하는 어머니 상이다. 결혼을 하고 안하고의 문제는 인문학에서 다루어야 하는 가치관의 문제이다. 우리가 이러한 문제의 정답을 아는 것은 아니다. 다만 옛 고전 속의 지혜를 더듬으면서 판단을 다듬어 갈 뿐이다. 여기에 논문은 별로 도움이 되지 않는다.

줄기세포 논문의 가치는 자연과학의 시각으로 보지 않는다. 줄기세포는 상업적 가치를 가질 수는 있지만 궁극적으로는 인문학의 시각으로 보아야 한다. 즉 이의 긍정적인 측면과 부정적인 측면이 함께 고려되어야 한다. 특히 사람의 난자가 실험실에 올랐을 때 더욱 그렇다. 아무리 상업적인 가치를 가졌다 하더라도 인간의 난자가 실험에 쓰였다고 하는 것은 인문학의 문제일 수밖에 없다. 이러한 것도 논문으로 가려지지 않는다. 역시 객관화 할 수 없는 주관적인 문제이기 때문이다.

그러면 인문학은 무엇으로 평가하는가? 논문이 아니라는 것은 확실하다.

위의 결혼과 출산의 문제, 줄기세포와 난자의 실험 문제에 대해 어떤 접근 방법이 있을 수 있는가 하는 것이 곧 인문학의 평가 방법을 제시해 줄 수 있을 것이다.

우리는 어려서부터 독서를 권장한다. 독서는 스스로 경험할 수 없는 많은 것을 경험하게 해준다. 아울러 사고력과 판단력 등 독서의 권장 이유는 누구나 공감한다. 위의 문제들도 독서를 통해 상당부분 스스로 판단할 수 있게 해 준다. 그중에는 아버지 어머니로부터 고대의 임금에 이르기까지 그 다양하고도 많은 사람들이 어떻게 결혼을 했고 어떻게 살았는지를 보여 주는 것들도 있다. 이런 책들은 생동하는 힘으로 사람들에게 결혼의 의미를 깨우쳐준다.

여기에 인문학자가 우선적으로 해야 할 일이 제시된다. 즉 위와 같은 문제에 대해 논문으로 옳고 그름을 가리는 것이 아니고, 무언가 다양한 소재들을 개발하여 사람들에게 깨달음으로 다가갈 수 있는 저서를 쓰는 것이다. 물론 저서는 하나의 방법일 뿐이다. 신문이나 방송도 있고 사회의 필요한 곳에서 담론의 방법도 있을 수 있다. 이들 모두는 대학의 담을 넘어 사회와 공유할 수 있는 내용이어야 한다.

대학의 인문학에서 가장 먼저 해결할 일은 대학의 담을 허무는 것이다. 대학의 담은 인문학의 발전을 저해하는 첫 번째 장벽이다. 가령 앞에서 언급했던 한국의 문학사 관련 책이나 한국의 역사 관련 저서들이 몇 십 년씩이나 팔릴 수 있었던 것은 대학이라는 보호막 울타리 때문이다. 시험이 아니라면 그런 책을 볼 이유가 없는 것이다. 대학의 교재는 일반 시장에서도 팔릴 수 있는 책이어야 한다. 즉 일반인들의 공감도 받을 수 있는 인문학이어야 한다는 뜻이다.

대학이라는 울타리 안에서 학점으로 연명하는 것이 인문학일 수는 없는 것이다. 대학의 울타리는 대학을 고립시키는 장벽이다. 학교 밖의 전통문화나 실용학문은 학문이 아니라면서 아예 들어오지 못하게 한다. 학교 안의 쓸모도 없는 관념의 이론은 순수학문이라면서 아예 밖의 평가조차 거부한다. 무엇보다도 이 벽을 허물어야 한다.

서울대학의 법인화 반대 이유 중의 하나가 '기초학문의 고사'를 들고 있다. 이것은 마치 특별히 보호해야 하는 학문이 있다는 것을 전제하는 듯하다. 실제로 지금까지 대학이 그렇게 해왔다.

서울대학교 철학과 교수는 17명이고 하버드대학 철학과는 21명이다. 독문학과는 서울대가 13명으로 하버드대 13명과 같다. 철학이나 독문학 모두가 서양의 학문이어서 우리가 하버드대학과 경쟁할 일도 아니며, 서울대와 하버드대학의 예산은 비교도 되지 않는다. 서울대학은 기초학문을 보호한 것이 아니고 자기 분야의 사람을 최대한 늘리면서 기초학문의 특권을 누려온 것이다.

인문학도 저서나 사회의 인문학적 활동을 통해 시장의 평가를 받아야 한다. 그리고 이 평가를 업적의 기준으로 삼으면 된다.

저서는 논문에 비해 매우 공정하고 합리적인 평가 기준이 될 수 있다. 논문은 세 사람의 심사위원만 지나면 되지만 저서는 그렇지 않다. 서점에 깔리는 순간부터 공개되기 때문에 표절과 같은 부정행위가 있을 수 없다. 소위 선진국이라고 하는 나라의 대학들은 저서를 매우 중시한다. 승진에는 반드시 저서가 있어야 하며 정해진 기간 안에 저서를 내는 것이 의무화되어 있다. 우리나라처럼 모든 저서를 단 두 편의 논문으로 계산하는 나라는 아마도 없을 것 같다.

사회에 영합하는 인기몰이 저서는 학문을 왜곡시킨다는 의견도 있다. 그러나 이것은 독자를 지나치게 폄하하고 있는 것이며, 설사 그런 면이 있다 하더라도 논문의 부정행위에 비할 것은 아니다.

3. 전통이 살아야 인문학이 산다

인문학과 전통의 지혜

朝鮮 500년은 文治의 역사였다. 한 왕조가 500년을 유지하는 것은 세계에서도 드문 일이다. 高麗도 마찬가지였다. 문치에서 '文'의 내용이 곧 우리가 말하는 인문학이었다. 이러한 經世致用경세치용의 학문이 자생력이나 경쟁력이 없다는 것은 본래의 인문학이 아니었다는 것을 의미한다. 즉 우리는 우리의 학문을 버리고 외국 학문의 파편들을 수집하면서 인문학 본래의 기능을 상실한 것이다.

인문학의 미래는 확고하고도 분명한 방향을 견지해야 한다.

인문학은 실천을 목표로 하는 학문이다. 가령 退溪 선생은 우리 연구 대상이 아니고, 우리가 모시고 배워야 하는 선생님일 뿐이다. 선생의 학문 자체가 본래 실천학문이었고, 우리도 실천을 목적으로 선생의 학문을 배우는 것이 인문학의 정신이다. 선생의 性理學에 대한 현대의 여러 학자들의 연구 결과는 단지 담론에 불과할 뿐이다. 선생의 성리학을 가지고 위대한 연구 결과를 도출할 수가 없는 것이다. 혹시 지금까지 알려지지 않은 선생의 행적을 발견했다 해도 그것이 퍽이나 위대한 결과가 될 수도 없다. 선생에 관한 모든 논문이 그저 그렇고 그런 것일 뿐이다. 대부분 연구비를 받고 쓰고 나면 그뿐이다. 즉 다시 볼일이 없는 것이다.

조선 왕조의 재상들은 모두 실천학문으로 인격과 지혜를 겸비하여 500년의 역사를 이끌었다. 李德馨이덕형: 1561-1613 정승은 뛰어난 학문과 문장으로 서른한 살의 나이에 최연소 대제학이 되었다. 壬辰倭亂임진

왜란 때에는 탁월한 외교력을 발휘하여 明나라의 지원 군대를 끌어오며 이순신을 도와 7년의 전쟁에서 왜군을 물리쳤다. 그는 훌륭한 학문과 인품으로 국난을 극복하고 백성의 추앙을 받는 유능한 재상이었다고 전한다.

조선의 관리는 먼저 학문을 닦으며 인격을 수양하였다. 이것은 곧 실천의 인문학이었다. 논문으로 지식을 검증하는 지금의 인문학은 가장 중요한 실천 덕목이 빠져 있는 것이다. 인문학자는 먼저 나라와 사회의 인격을 책임지는 노력을 해야 한다.

실천의 학문은 그 뿌리가 있다. 즉 훌륭한 선현들의 본을 받아야 하는 것이다. 이것은 곧 전통이다. 서양의 학문 속에서 이러한 것을 배우지는 못한다. 우리의 전통을 확립하여 학문적 뿌리를 찾아야 한다.

우리의 학문적 전통의 단절에는 두 가지의 요인이 있었다. 하나는 한글전용의 바람이었다. 우리의 역사는 본시 한문으로 기록되어 있었다. 조선왕조실록이 그러하고 집안마다 전해오는 문집이 모두 그러했다. 漢字를 버림으로 해서 나라의 역사가 끊어지고 가문의 전통이 사라졌다.

다른 하나는 서양문물에 대한 맹목적의 추종이다. 衣食住의 생활을 서양식으로 바꾸고 음악은 서양음악이어야 하며 학문은 모두 영어로 포장하거나 도배해야 하는 것으로 여기고 있다. 그러나 우리는 뿌리가 없는 沙上樓閣사상누각에서 언제나 불안해한다. 학문을 해도 성취감이나 만족보다 허전함을 느낀다. 정년퇴임을 하면 목욕탕과 공원을 오가며 쓸쓸한 노후를 보내는 경우가 많아 보인다. 죽을 때까지 할 수 있는 학문이 아니거나 학교를 벗어나면 바로 쓸모가 없는 학문이라면 무언가 크게 잘못되었다고 할 수 있다. 조용헌 씨는 이러한 현상에 대해 참으로 재미있는 비유를 하였다.

> 동양사상을 연구하는데 있어서도 두 가지 경향으로 나누어지는 것 같다. 講壇東洋學강단동양학과 江湖東洋學강호동양학이 그것이다. 강단동양학이란 학교에서 가르치는 동양사상을 가리킨다. 쉽게 말하면 논문 쓰는데 초점을 맞춘 것이다. 주로 이理나 기氣와 같은 개념 파악에 집중하는 경향이 있다. 분석적이고 형이상학적인 사고의 트레이닝에는 어느 정도 효과가 있지만, 현실문제의 해결에는 별로 도움이 되지 않는다. 논문을 중시하는 학교 강단에서만 통하는 동양학이다. 강단과 들어줄 학생이 있다면 모를까, 학생과 칠판 그리고 강단이 없어지면 아무런 힘도 발휘하지 못한다. 강단이라는 무대장치가 사라지면 마치 연못의 붕어가 연못 밖의 맨땅에 던져지는 꼴이 된다고나 할까. 반대로 강호동양학이란 강호에서 좌충우돌하는 실전에서 요구되는 동양학을 가리킨다. 무대장치가 없이도 그 맥을 이어가는 생명력을 지니고 있다. 해방 이후 강호동양학은 대학의 커리큘럼에서 철저히 배제되었다. 그래서 제도권보다는 재야의 기인, 달사들 사이에서 그 맥을 이어왔다. 講壇派강단파와 江湖派강호파를 구분하는 가장 확실한 기준은 학교와 강단이라고 하는 직장을 떠나도 굶어죽지 않으면 강호파에 속하고, 강단을 떠나서 굶어죽는 차원이라면 강단파로 분류된다.[257]

우리 학문의 현 실정을 매우 적나라하게 표현했다고 생각한다. 즉 이는 동양학에만 국한된 얘기가 아니다. 우리 인문학자들이 만일 학교의 강단을 떠난다면 과연 얼마나 많은 사람들이 자신이 지금까지 쌓은 內功(학문)에 먹고 사는 것을 의지할 수 있을 것인가? 어쩌면 우리는 일부 도구과목이나 실용적인 과목을 제외하면, 그 중심 내용에 있어서는 공통적으로 학교의 강단에서만 통하는 학문을 하고 있는 것인지 모른다. 즉 들어줄 학생이 없으면 아무 힘도 발휘하지 못하게 되는 것은 아닌가?

우리 전통의 학문은 그렇지 않았다. 黃喜황희정승은 90세 가까이까지 世宗大王을 모시고 정사를 돌보았다. 지금도 전통학문의 힘은 얼마든지 실감할 수 있다. 부산일보2012.1.14.에 청화학술원 박청화 대표이

사와의 인터뷰 기사가 있었다.

> 동양학 서비스에 집중하는 이유는 제도권 교육이 산업을 키우려고 지식노동자를 기르는 데 신경 쓰고, 인성교육을 소홀히 하기 때문입니다. 인생의 의미가 무엇이고, 인간은 왜 인격적으로 살아야 하나 고민할 필요가 없는 거예요. 그 준비를 반드시 누군가가 해 놓지 않으면 안 되는 겁니다. ……
> 학문으로서 명리학이 최고봉이에요. 제갈공명을 누가 천한 사람이라 합니까. 피터 드러커나 앨빈 토플러만 미래학자가 아닙니다. 제 목표는 사주명리학의 자리매김과 세계화입니다. ……
> 겨울이 길면 석 달 열흘이요 짧으면 100일이죠. 고통도 기쁨도 결국 일정한 시간을 채우고 오고 가는 겁니다. 부지런히 선행과 독서, 수양을 해야 합니다. 학술원 화장실에 무재칠시無財七施, 재물이 없더라도 일곱 가지나 베풀 수 있다는 문구를 붙여 놓았어요. 겨울이 짧길 바라고 봄이 길기를 바라지만 부질없는 허욕이에요. 부귀도 영화도, 영원한 건 없는 겁니다.

제도권 교육의 부족한 부분을 보충해준다는 뜻으로 보인다. 지금의 제도권 교육은 분명 지식 위주로 짜여 있다. 심지어는 인문학조차 논문을 학문의 기준으로 저울질하는 풍토다. “인생의 의미가 무엇이고 왜 인격적으로 살아야 하나”에 대한 고민은 고사하고 아예 관심이 없다. 누군가는 이 부분에 대한 관심과 ‘준비’가 필요하다. 박 대표는 ‘명리학’이 최고의 학문이며 이로써 부족한 인성교육을 담보한다는 뜻으로 보인다. 즉 명리학은 수양의 한 방편이라는 의미이다.

명리학은 일찌감치 제도권 교육에서 밀려난 학술이다. 별 이유는 없다. 단지 우리의 전통학문이었기 때문에 밀려난 것이다. 명리학의 뿌리는 『周易』인데 『周易』을 하는 학자들조차도 명리학을 학문으로 인정하지 않는다. 우리는 서양의 학문만이 학문이라는 막연한 잣대를 갖고 있다. 칸트나 하이데거가 아니면 학문이 아닌 것이다.

그런데 우리는 가끔 갈등을 겪는다. 대통령 선거 때에 몇몇 후보가 조상의 묘를 移葬이장했다는 소식이 신문에 보도된 일이 있었다. 옛날 삼성의 이병철 회장은 신입사원 채용 때에 지원자들의 觀相관상을 보는 것으로 유명했다. 국회의원 후보나 기업인들의 명리학에 대한 신뢰는 제도권 교육계에 있는 사람들은 대부분 알지 못한다. 또 알려고 하지도 않는다. 박 대표는 자신의 고객을 약 9만 명으로 추산하고 있으며, 지금도 기업의 신입사원 면접에 참여하기도 한다고 한다. 우리의 이러한 모순된 현실에 대해 박 대표는 이렇게 말한다.

> 우리 사회는 이중잣대를 가지고 역술업을 대합니다. 자기가 운세를 보면 신중한 것이고, 남이 보면 의지력이 나약하다고 말하죠. 그런 문화적 천대가 있는 게 현실이죠. 역사적으로 역술은 결코 부끄러운 게 아니에요.

이제 우리는 무조건 서양 학문의 언저리에 앉아보겠다는 생각을 버리고 학문의 가치를 심각하게 검토해 보아야 한다. 칸트나 하이데거가 우리 인생에 어떤 도움을 주는가? 왜정시대로부터 지금까지 우리는 이러한 서양의 지식을 좀 안다는 것을 지식인의 척도로 삼아온 것도 사실이다. 아울러 우리는 명리학은 학문이 아니고 칸트가 학문이라는 묘한 기준을 갖고 있다.

조용헌 씨의 분류로 본다면 박 대표는 철두철미 '강호파'다. 박 대표는 대학에서 강의도 겸하고 있지만 그는 대학이라는 보호막이 전혀 필요치 않다. 그에게 대학이라는 곳은 아주 좁은 공간이다. 그는 그의 사무실뿐만 아니라, 길거리나 산꼭대기, 또는 신생아실이나 개업을 하는 회사나 어디를 가든지 사람들의 환영을 받을 수 있고 또 그가 할 일은 많다. 우리는 흔히 학문을 하는 학자는 이래서는 안 된다고 생각한다.

우리가 전통을 되살려야 한다는 것은 어려서부터 千字文을 외우게 하자는 것이 아니다. 우리의 선조들의 지혜를 이어받자는 것이다. 우리는 우리의 것이라면 무조건 배척해 왔다. 이제라도 우리에게는 우리의 중요한 것이 있다는 것을 알게 해야 한다. 막연한 남의 지식으로 허세를 부릴 일이 아니고, 구체적이면서 실질적으로 의미 있는 학문을 해야 한다.

인문학의 生氣와 경쟁력

雙女墳

어느 집 두 아가씨인가 이 무덤에
적막한 문틈 봄을 원망한지 얼마였겠소
그림자는 공연히 물가 달빛을 잡는데
무덤 먼지에 이름도 묻기 어렵구료
춘정이 혹시라도 깊은 꿈에 통하면
긴 밤 나그네 달래주지 않으려오
외로운 객사에서 운우의 만남으로
당신과 洛神의 정을 이어가련만

誰家二女此遺墳수가이녀차유분, 寂寂泉扃幾怨春적적천경기원춘.
形影空留溪畔月형영공류계반월, 姓名難問塚頭塵성명난문총두진.
芳情儻許通幽夢방정당허통유몽, 永夜何妨慰旅人영야하방위여인.
孤館若逢雲雨會고관약봉운우회, 與君繼賦洛川神여군계부낙천신.[258]

孤雲崔致遠, 857-? 선생께서 18세에 중국의 과거에 합격하여 溧水縣율수현의 縣尉현위 관직을 받았다. 하루는 선생께서 고을의 남쪽에 유람을 하다가 객사에서 근처의 雙女墳쌍녀분에 관한 얘기를 듣고 무덤을 찾았다. 이 무덤에는 100여 년 전 어느 부호가 두 딸을 강제로 결혼시키려하자 딸들이 자살을 하여 묻혔다는 얘기가 전해지고 있었다. 고운 선생은 무덤 앞에서 가련한 두 아가씨를 생각하며 동정과 연모의 정을 시로 읊었다. 선생께서 지었다 하는『新羅殊異傳』에 전하는 내용이다.

고운 선생은 12세에 唐으로 유학을 온 후 지금 20세 전후의 청년이 되어 이국의 땅을 오가는 나그네였다. 자신과 비슷한 나이에 청춘의 꽃을 피워보지도 못하고 억울한 죽음으로 저승의 나그네가 된 두 여인에 대한 연민의 정이 시의 행간에 가득 스며 있다. 선생은 결국 그날 밤 꿈속에서 두 여인을 만나 운우의 정을 나누고 그 이야기를「仙女紅袋선녀홍대」라는 傳奇전기 형식의 글로 남겼다.

이후 고운 선생이 쌍녀분을 찾은 고사는 중국의 宋代에서 淸代에 이르기까지의 각종 문헌에서 膾炙회자되었다. 이러한 문헌의 내용은 대체로 일치하였다.

> 雙女墓는 현高淳縣의 동쪽 30리 花山의 李氏 집 근처에 있다. 鷄林人 최치원이 唐의 乾符건부 시기874-880 율수의 현위로 補任보임되어 있을 때 시를 지어 애도하였는데, 꿈속에서 두 여인이 나타나 감사해 하면서 "우리는 본래 宣城郡선성군의 開花縣 馬陽鄕 장 씨 집의 두 딸이었습니다. 어려서부터 筆墨을 가까이 하여 커서는 才華를 갖추었습니다. 그런데 부모님께서 鹽商염상 같은 소인배에게 시집을 보내려 하시매 원통하여 스스로 죽었으며 天寶6년747에 여기에 함께 묻혔습니다."라고 말하였다. 즐겁게 얘기를 하다가 새벽이 되어 헤어졌다.[259]

이렇듯 쌍녀분은 고운 선생과의 일화로 중국은 물론이고 한국에까지 유명해졌다. 그러나 현대로 접어들면서 매몰되었다가 1996년 北京

大學 韓國語言文化系의 韋旭升위욱승 교수가 高淳縣에 가서『高淳縣志』의 기록을 찾았고, 다시 이에 의거하여 쌍녀분을 찾아내면서 쌍녀분과 고운 선생의 고사는 다시 세상에 알려지게 되었다.

884년 28세의 나이에 唐의 使臣 신분으로 신라에 귀국할 때까지 16년을 선생은 중국에서 많은 훌륭한 자취를 남겼다. 이를 기념하기 위해 2000년에는 溧水縣政府와 韓中崔致遠紀念事業會에서 옛 유적지에 선생의 동상을 세웠다. 또한 선생께서 관직을 옮겨갔던 揚州에서도 崔致遠紀念館이 건립되어 해마다 선생을 추모하는 祭享 및 기념활동을 한다고 전해진다.

선생께서 고국을 떠날 적에 부친은 "10년 안에 과거에 급제하지 못하면 내 아들이라 하지 말라"고 하였다 한다. 선생은 부친의 분부를 받들어 다른 사람이 100번 하는 것을 1000번 하는 각오로 열심히 하여 6년 만에 급제했다. 관직을 받고도 촌음을 아껴 끊임없이 詩文을 지었는데, 선생은『論語』에 "벼슬을 하면서 여유가 있으면 배움을 계속하라(仕優則學)"는 뜻을 따랐다 했다.

선생께서 淮南節度使회남절도사 高騈고병의 막부에서 4년 동안 관직을 수행하면서 公私간에 지은 詩文이 萬餘 首에 달하기도 했다. 특히 선생은 高騈의 文官 직무를 수행하면서 황제에게 올리는 상소문, 그리고 당시 10년을 끌어온 黃巢의 난과 관련한 檄文격문 등 수많은 문서를 직접 작성하여 高騈은 물론 황제의 주목을 받았다.[260]

선생의 한 평생은 학문 그 자체였다. 관직의 수행도 학문의 실천이었으며, 객지에서 공무 외의 한적한 시간을 갖는 것도 역시 학문의 연장이었다. 「檄黃巢書격황소서」는 문장으로 반란군의 不義不忠을 꾸짖으며 장수와 같은 기상을 보였으며, 雙女墳을 찾은 선생은 젊은 청년의 감수성과 세련된 학문의 경지를 겸하여 보여 주었다.

선생은 학문적 활동과 직무의 수행 그리고 자연인으로서의 생활 모두가 하나의 맥락 속에서 이루어짐을 보여 주었다. 즉 한 평생 배우고 연마한 것 모두가 직무의 수행에 그대로 쓰이며, 자연인으로서의 생활에서도 역시 다르지 않은 것이다. 우리가 초등학교에서부터 대학에 이르기까지 배우는 것이 우리의 직장에서나 개인의 생활에서 얼마나 유용한 것이었는지를 비교한다면 지금의 학교 교육이 그렇게 쓸모 있는 내용을 갖추었다고 생각하기 어렵다.

고운 선생은 12세의 어린나이에 부친의 호령 속에 유학을 가서 중국에서 18세에 과거 급제를 했다. 16년 후 선생의 귀국은 唐나라 使臣의 신분으로 新羅를 예방하는 형식이었다. 이때 선생은 28세였다. 선생은 과거급제는 물론 중국에서 견문과 학문을 넓히고 아울러 10여 년의 관직 생활을 통하여 이미 자신의 역량과 뜻을 한껏 펼친 상황이었다.

고운 선생의 학문이 곧 인문학이라 할 수 있다. 선생께서 100여 년 전에 원통하게 삶을 마감한 두 여인의 원혼을 달래줄 수 있었던 것이 바로 선생의 생동하는 학문이었다. 자신의 고향으로부터 몇 달이 걸리는 거리의 외국에서 스무 살의 청년이 이토록 여유로울 수 있는 것도 학문의 힘이라 할 수 있다.

18세에 과거에 합격하고 현위로 시작하여 승승장구했던 관직 생활은 선생의 학문적 능력이었다. 節度使의 휘하에 수많은 관리들이 있었겠지만 선생이 유독 절도사를 대신하여 상소문이나 수많은 공문을 작성한 것도 선생의 학문이었다. 선생은 젊은 청년시절에 이미 인문학의 생명과 힘을 여실히 보여 주었다.

최근 부산대학교의 수익사업으로 운영하는 건물이 있는데 여기에 사설외국어학원이 입주해 있다. 즉 대학 안에 사설학원이 공존하는 셈이다. 우리나라는 학교가 사설학원보다 못하다는 인식이 팽배해 있다. 막상 이런 현상이 대학까지 연장되는 것을 보게 되니 대학에 있는 사람으로서 참담하다는 생각이 든다.

대학에는 영문과가 있고 또 생활영어가 교양필수과목으로 지정되어 있다. 하지만 학교의 이렇듯 요란한 영어도 결국 학생에게 필요한 만큼 지원해 주지 못한다는 것을 입증하는 셈이다. 이 학원에 가는 학생이 있다면 그 학생은 등록금을 이중으로 내는 셈이 된다. 학생들의 사고에도 문제가 있지만 학교에서 현실적으로 필요한 부분을 담보해내지 못하는 것도 사실이다. 대학까지 10년 가까운 영어를 하면서 아직도 영어를 확실하게 구사할 수 있는 학생은 적기만 하다.

고운 선생은 12살에 과연 중국어를 배워갔겠는가? 우리가 외국어를 가르치고 배우는 방식에 분명 큰 문제가 있는 것이다. 우리는 외국어를 직접 하기보다는 외국어에 관한 강의를 많이 하는 편이다. 요즘 이러한 폐단을 개선하려고 외국인 교사를 많이 채용하는데 영어를 익힌다는 한 가지 측면에서는 분명 효과적이겠지만 그러나 여기에 함께 딸려오는 다른 부작용이 오히려 더 클 수도 있다. 외국어 하나를 익히는 것은 그렇게 어려운 일이 아니지만 우리는 어렵게 한다.

외국어와 마찬가지로 학문이란 바로 실천 학문을 해야 한다. 학문에 관한 강의나 이론은 그렇게 의미 있는 방법이라 할 수 없다. 가령 문학에 관한 이론수업을 들은 학생은 그 이론으로 일자리를 구하지는 못한다. 앞에서 언급한 『한국문학사』(김윤식, 김현)의 큰 목차는 제1장 방법론 비판, 제2장 근대 의식의 성장, 제3장 계몽주의와 민족주의 시대, 제4장 개인과 민족의 발견, 제5장 민족의 재편성과 국가의 발견으로 되어 있다. 이러한 내용의 수업이 학생의 취업에 도움이 될 것이라고 보이지는 않는다. 그렇다고 학문을 하는데 도움이 되는 것도 아니다. 이것은 단지 담론일 뿐이다. 한국문학의 극히 지엽적인 한 단면을 이해하는 데는 도움이 될 수도 있다. 그러나 『한국문학사』라는 이름값을 하기에는 그냥 부족한 정도가 아니다.

만약 국문학과에서 창작을 등한시한다면 이는 국문학의 생명을 등한시하는 것과 같다. 지금 고운 선생처럼 한문으로 글을 쓰는 시대는 아니다. 그러나 글은 여전히 필요하다. 최근 국민을 울린 『도가니』와 같은 글도 있어야 하며, 『토지』나 『아리랑』 그리고 『태백산맥』 같은 글이 꼭 필요하다. 소설뿐만 아니라 詩도 있고 신문이나 잡지의 기고문도 있다. 집에서 제사를 지낼 때 쓰게 되는 글도 있고, 결혼 과정에서 오가는 예물에 쓰는 글도 있다. 그러나 우리는 학교에서 이러한 글을 꺼내는 것조차 민망해 한다. 그리고 우리는 별 쓸모도 없는 담론을 일삼는다.

고운 선생의 학업은 지금으로 말하면 고전과 창작으로 이루어졌다. 선생은 어려서부터 고전을 읽고 암송하면서 글을 익혔다고 볼 수 있다. 그 때의 수업 방식이 그랬기 때문이다. 그리고 필요하거나 감회가 있으면 이를 詩文으로 옮긴다. 고전의 글을 익히는 것은 창작의 기본 과정이며, 고전의 의미를 깨우쳐 인생의 지침을 삼는 것은 학문의 목적이었다. 고전은 창작과 학문의 원천이다. 우리의 고전을 한문학이라면서 마치 의붓자식 보듯 하는 국문학계는 국문학의 원천을 막아버린 셈이다. 그리고 그 자리에 엉뚱한 서양의 이론으로 도배를 하고 있다.

우리의 역사학계도 활력을 찾아야 한다. 『한국통사』와 같은 책의 내용을 정리하고 요약해서 암기하는 것은 시험이 끝나는 순간 사라진다. 더구나 대학을 졸업하면 이것을 기억하지도 못하며 설사 기억한다해도 쓸모가 없다.

送童子下山

절간이 적막하니 너는 집을 그리워했지
절집을 하직하고 구화산을 내려가누나
대나무로 竹馬 타던 때를 그리워하며
佛堂에서 수양에는 게으르기만 하더니
물병을 채울 때 달빛을 만질 수 없고
밥그릇 씻을 때 꽃을 희롱할 수 없나니
잘 가거라 자꾸 눈물 흘리지 말고
노승에게는 함께 해주는 노을이 있거니

空門寂寞汝思家공문적막여사가, 禮別雲房下九華예별운방하구화.
愛向竹欄騎竹馬애향죽란기죽마, 懶于金地聚金沙나우금지취금사.
瓶添澗底休拈月병첨간저휴념월, 鉢洗池中罷弄花발세지중파롱화.
好去不須頻下淚호거불수빈하루, 老僧相伴有煙霞노승상반유연하.

스님은 산을 내려가는 어린아이를 배웅하였다. 몇 해 전 할아버지와 함께 불공을 드리러 오다가 할아버지는 虎患을 당하였고, 손자는 마침 비명을 듣고 달려온 스님의 도움으로 살아났다. 자신의 거주지를 제대로 설명을 하지 못하는 어린아이를 6년을 함께 데리고 살았다. 그런데 어느 날 아이를 찾아온 엄마를 따라 아이는 집으로 돌아가게 되었다. 비록 스님이었지만 깊은 산중에서 자식처럼 함께 지낸 아이를 돌려보내는 스님의 애틋한 마음이 시를 통해 생생하게 전해진다.

함께 놀아줄 아이 하나 없는 절간에서 언제나 마음은 고향의 집과 친구들에 가 있으니 불당에서 염불이 될 리가 없다. 물을 뜨러 가면 물속에 비치는 달빛에 넋을 놓고, 그릇을 씻을 때면 주위에 피어있는 꽃을 따기에 바빴던 아이의 일상을 스님이 모를 리 없다. 우연히 잠시 함께 머물렀을 뿐 중이 될 수 없는 아이였다. 그래도 떠나는 아이는 흐르는 눈물로 스님과의 정을 감추지 못하는데, 스님은 아이를 달래 보내며 먼 산의 노을을 바라본다. 중국의 『全唐詩』에도 수록되어 있는 이 시는 신라 때 중국으로 가서 지장보살로 추존된 한국 스님의 작품이다.

스님의 俗名은 金喬覺김교각으로 알려져 있고, 신라 성덕왕의 아들이었다고도 한다. 스님은 흰 개 한 마리를 데리고 배로 중국에 도착하여 몇 군데를 거쳐 九華山에 이르게 되었다. 이 산의 주인은 閔公이라 불리는 사람이었는데 스님이 수행의 장소로 사용 할 가사 한 자락을 덮을만한 넓이의 땅을 부탁하였다. 민 공은 흔쾌히 허락하면서 위치를 선택하라 했다. 그런데 스님이 가사를 벗어 공중에 펴니 가사의 그림자가 산 전체를 덮었다. 민 공은 감격하면서 구화산 모두를 스님께 드렸다. 스님은 중생을 모두 구제하여 “지옥이 텅 비기 전까지는 成佛하지 않겠노라(地獄不空, 誓不成佛.)” 하면서 중생을 위한 수행으로 평생을 보냈다. 구화산은 곧 스님의 영험한 佛力이 알려지면서 불공을 드리러 오는 사람들이 구름처럼 몰려들었고, 이로부터 구화산은 중국 불교 4대 성지의 하나인 지장보살의 도장으로 일컬어지게 되었다.

스님은 24세에 중국에 와서 75년을 중생을 濟度제도하는 수행으로 보냈으며 794년 99세에 坐化앉은 채로 入寂함하였다고 전해진다. 스님의 유언에 따라 스님의 몸은 항아리에 옮겨졌고, 3년 뒤 스님을 탑으로 모시기 위해 항아리를 열었는데 스님은 生時의 얼굴색이었다 한다. 스님의 몸에 금물을 입혀 塑像소상으로 만들어 모셨으니 이곳을 ‘肉身寶殿육신보전’이라 한다. 그 후로 지금까지도 이곳에는 사람들이 줄을 잇고 있다.

이곳에는 '二聖殿'이라는 불당도 있다. 구화산에서 스님이 중생을 제도한다는 소식은 신라에까지 전해지면서 신라 사람들도 오게 되었다. 그중에는 스님의 외삼촌 두 분도 계셨다. 두 외숙은 스님의 귀국을 종용했으나 성공하지 못하고, 오히려 스님의 수행 정진과 제도 사업에 감복하여 이곳에서 스님을 따라 수행을 했다. 두 외숙이 입적한 후에 사람들은 이 두 분도 성인으로 여겨 '二聖殿'을 지어 두 분을 기리도록 했다.

구화산은 중국에서는 이처럼 유명한 곳이었지만 한국에는 최근에야 알려진 듯하다. 가까이에 있는 黃山은 한국인들이 발길이 끊이지 않지만 구화산은 아직 황산에 비교되지 않는다. 사실 황산은 자연경관을 보는 곳이지만 언제나 날씨가 좋지 않아 안개나 비구름 속을 헤매는 것이 보통이다. 그러나 구화산은 고적 답사의 의미가 크기 때문에, 날씨와 상관없이 중국 속의 한국 유적을 보는 것과 같아 한국인의 긍지를 느끼게 해 주는 곳이다. 스님의 덕분에 이곳에서 한국인은 최상의 대접을 받는다.

스님은 비록 청년 이후의 인생을 모두 중국에서 보냈지만 중국의 기록에는 스님이 한국사람(신라)이었음을 빠뜨리지 않았다. 구화산은 천수백 년 전부터 한류의 고장이었으며 그 열기는 아직도 식지 않고 있다. 한국과 중국은 수천 년의 교류(조공을 포함하여)를 통해서도 서로의 고유한 문화를 각자 유지하고 있다. 구화산은 중국에 있지만 일정부분은 한국 역사의 연장이며 지금도 그 역사가 이어지고 있는 것이다.

가족을 잃고 오갈 데 없는 아이가 절간에 머물렀다. 그러나 아이에게 절간은 생명을 의탁하는 이외의 의미는 없었다. 절간은 아이에게 생활의 즐거움이나 활력을 주는 곳이 아니었다. 아이는 집에서 부모와 함께 살면서 낮에는 이웃집 아이들과 대나무로 말 타기 놀이를 하면서 크고 있었다. 아이는 염불을 이해하지 못하며 또 그럴 이유도 없었다. 아이에게 엄마는 그냥 엄마일 뿐이다. 상대적으로 비교되는 엄마가 아니고 지금 자신을 찾아온 엄마가 완전하고도 절대자인 엄마이다. 이 아이에게 필요한 것은 단지 엄마와 함께 사는 것뿐이었다.

사람은 생명의 근원으로서의 부모와 조상이 있기도 하지만, 자신의 생활양식과 문화의 근원이라는 의미에서 역사도 있다. 그 역사 속에는 온갖 생활풍습이 있고 모든 의식주의 문화 하나하나에 독특한 특징이 있다. 우리는 이러한 역사를 공유하면서 한 민족으로서의 유대감을 바탕으로 함께 사는 공동체 사회를 영위해 왔다. 생명은 단지 이어 갈뿐이다. 미국이든 아프리카든 생명 자체에는 상대적인 고귀함이나 비천함이 없고 단지 똑같은 절대 의미만이 있다. 부잣집이건 가난한 집이건 자식에게는 똑같은 의미의 부모이다.

우리의 역사도 마찬가지이다. 역사는 분석이나 비판의 대상이 아니고 단지 이어가는 것이다. 역사는 계승에 의미가 있는 것이며 계승하지 않는다면 역사의 의미는 없다. 계승하지 않는 역사는 아예 공부할 필요도 없는 것이다. 계승이란 옛날사람들의 방식을 그대로 답습하는 것을 뜻하지는 않는다. 역사 속에 내재하는 생명을 이어가면서 생기를 잃지 않는 것이다. 가령 우리는 설이나 추석 같은 명절 때마다 나라 전체를 요동시키는 활력을 보게 된다. 수천 년을 이어온 생명의 활기이다. 직업과 종교가 다르고 생활방식이 아무리 바뀌어도 우리는 이 날만큼은 아직 하나라는 공동체 의식을 유지하고 있다. 이 날만큼은 정치인이나 도둑도 활동을 자제하고 한 민족의 축제에 마음을 연다.

학자들은 역사 위에서 군림하려 하지 말고 겸허한 자세로 역사를 이어가는 방법을 찾아야 한다. 현대의 시각으로 역사를 재단하는 오만함은 역사의 생명을 압살하는 결과로 이어진다. 역사적으로 한 뿌리의 후손이라는 공동체 의식이 사라지면서, 우리 사회는 각자 개인만의 사리사욕으로 오염되어 서로가 살기 어려운 상황을 만들어가고 있다.

우리의 역사가 중국에 비해서 늦었을지는 몰라도 짧은 것은 아니며, 미국에 비해 물리적 힘이 약했을지는 몰라도 부끄러운 역사는 아니다. 우리를 부끄럽게 하는 것은 바로 지금의 우리가 역사를 대하는 태도이다.

---

255. 2011-04-19 dongA.com
256. 조선일보 2011년 7월 18일 A6면
257. 조용헌 저,『조용헌의 사주명리학 이야기』, 생각의 나무, 서울, 2002. 6면.
258. 원문: 李剑國, 崔桓 著.『新羅殊異傳 輯校와 譯註』, 大丘, 영남대학교출판부, 1975. 122면(번역; 필자)
259. 江蘇省高淳縣委員會 文史資料委員會 編,『雙女墳與崔致遠』, 高淳縣 내부자료, 1998. 56면.『高淳縣志 · 古迹』재인용.
260. 참고, 黨銀平 校注,『桂苑筆耕集校注』, 北京, 中華書局, 2007. 13-14면, 772-810면.

여섯.

박사는 왜 시집가지 않나

1. 배울수록 결혼 안 한다

미혼율 이혼율 세계 최고이다

서울의 30대 여성 미혼율이 30%대로 올라섰다. 또 서울에서도 강남구는 30대 여성 미혼율이 43.5%로 치솟았다. 강남의 30대 여성 두 명 중 한 명이 결혼하지 않은 셈이다. 2005년 32.8%에서 껑충 뛴 것이다. ……
30대 남성의 미혼율은 2000년 19.3%에서 작년에 37.9%로 뛰었다. 30대 남성의 미혼자 수도 80만 명에서 148만 명으로 10년새 1.5배가량 늘었다. 30대 여성의 미혼율은 같은 기간 7.5%에서 20.4%로 올랐다.
미혼율이 높아진 이유는 우선 우리 사회의 학력 수준이 높아진 반면 취업난이 심해져 전반적으로 결혼 연령이 늦어졌기 때문이다. 2000년 남자 29.3세에서 작년에 31.8세, 여성은 같은 기간 26.5세에서 28.9세로 높아졌다. 여성들의 대학진학률도 80% 이상으로 높아졌다. 작년 통계청 조사에서 15세 이상 미혼여성 46.3%가 "결혼은 해도 좋고 안 해도 좋다"고 답변했다.
작년에 30대 후반 여성 미혼자가 25만 명을 넘어섰다. 전체 8명 중의 한 명꼴이다. 이들이 결혼하기란 쉽지 않다. 30대 후반에 결혼하는 경우가 한해 2만 6천 여 건에 불과해 이들이 40대가 될 때까지 앞으로 5년간 많아야 13만 여 명 정도만 결혼하게 될 것으로 추산된다. 이들 미혼자가 쌓이다 보면 현재 24%인 1인가구 비율이 일본 수준으로 늘어날 전망이다. 일본 도쿄의 1인가구 비율은 42.5%이다. ……
한편 여성의 학력이 높아지면서 미혼율도 올라가고 있는 것으로 조사됐다. 본지가 2010년 인구센서스 자료를 분석한 결과, 만 30~39세 여성 가운데 석사 혹은 박사 학위 소지자이면서 미혼인 비율은 각각 30.4%와 36.1%였다. 최종학력이 초등학교 졸업인 여성의 미혼율 25.7%보다 더 높았다. 특히 만 30~34세에서는 석사 학위를 받은 여성 3명 중 2명, 박사 학위를 받은 여성 2명 중 1명꼴로 결혼을 하지 않은 것으로 나타났다. 같은 연령대 남성이 학력이 올라갈수록 미혼율이 떨어지는 것과는 대조적이다.[261]

"만 30~34세에서는 석사 학위를 받은 여성 3명 중 2명, 박사 학위를 받은 여성 2명 중 1명꼴로 결혼을 하지 않은 것으로 나타났다."고 하는 것은 무엇을 의미하는가? 전체적으로 학력수준이 높아질수록 미혼율도 높아지는 것은 또 무엇 때문인가?

서울의 강남은 우리나라에서 가장 화려한 사람들이 가장 화려하게 사는 동네라고 할 수 있을 것이다. 또한 전문직 여성이 가장 많은 곳이다. 그런데 이곳의 30대 여성들의 미혼율이 전국 최고라 한다. 거의 절반이 미혼이라는 수치이다.

결혼은 해도 좋고 안 해도 좋다는 당사자들의 생각과는 달리 이와 같은 현상에 대해서 일반적으로는 우려를 나타낸다. 이 기사 자체가 이를 자연스러운 현상으로 보고 있지 않다.

"15세 이상 미혼여성 46.3%가 결혼은 해도 좋고 안 해도 좋다"는 답변은 의미 없는 물음에 의미 없는 답변이다. 왜냐면 사람이 생긴 이래 지금까지 사람들 대부분이 결혼을 했다. 모든 생물이 어떤 형태로든지 결혼(번식)을 한다. 이러한 시각으로 본다면 결혼을 안 하는 것은 분명 이상한 일이다. 다만 우리는 왜 사느냐고 묻는다면 대답이 궁색해지듯, 왜 결혼을 하느냐고 묻는다면 묻는 사람에게 시원하게 대답해줄 말이 없을 뿐이다.

교육수준이 높아질수록 결혼하지 않는다는 것은 교육의 내용이 이상했다는 의미도 된다. 교육이 결혼에 대해 부정적인 시각을 갖도록 一助를 했다고 볼 수도 있는 것이다. 현대의 교육과 현대의 문명에는 우리의 의도와는 달리 분명 이상한 결과로 나타나는 경우가 많다.

幸福指數행복지수라는 말이 있다. 몇 년 전에 영국의 한 기관에서 발표한 조사 자료에 의하면 세계에서 가장 행복한 조건에서 사는 나라는 바누아투Vanuatu였다 한다. 이름도 알기 어려운 이 나라는 인구 20

만 쯤인데 세계에서 가장 가난한 나라 중의 하나이다. 우리나라는 102위이며 미국은 150위로 나타났다. 우리가 선진국이라고 하는 나라일수록 순위는 뒤로 밀려난다. 소득과 행복이 오히려 반비례하는 현상을 보여준다.

우리가 어려서부터 학교에 다니며 어려운 살림에 유학까지 하면서 잘 나가는 직업을 얻어 지식이나 경제적으로 남에게 처지지 않는 계층에 들었는데, 결과적으로는 행복한 집단에 속한 것이 아니었다는 뜻이다. 바꿔 말하면 불행해지기 위해 힘든 노력을 했다는 의미이다.

매우 이상하게 들리는 말이지만 우리가 불행해지기 위해 노력했다는 증거는 불행하게도 여기저기서 나타난다.

우리에게는 미혼율만 높은 것이 아니다. 통계청의 자료에 의하면, 2010년 한 해 동안 11만 6천 9백 쌍이 이혼했다. 2009년의 12만 4천 건 보다는 상당히 감소한 수치였다. 같은 해 혼인은 32만 6천 1백건이었다. 2003년에는 약 30만 쌍이 결혼했는데, 그 해에 약 16만 7천 쌍이 넘게 이혼했다. 즉 그 해 결혼한 사람의 절반을 넘는 33만여 명이 이혼자가 된 셈이다. 다행인지는 모르지만 그 숫자는 점점 줄어들고 있다. 그러나 아직은 세계 최고를 유지하고 있다. 이혼은 어찌되었던 당사자들에게는 불행한 일이다. 아이가 있다면 아이에 대한 피해가 더 심각하다.

제왕절개율 세계 최고이다

우리의 과학문명은 조선시대와는 비교가 되지 않을 것이다. 우리는 이러한 과학의 발달에 대해 무한한 긍지를 갖고 있으며, 이러한 긍지가 때로는 우리의 조상님들까지도 무시하는 원인이 되기도 한다.

그런데 이상한 일이 있다.

조선시대에는 모두 집에서 아이를 낳았다. 몇 십 년 전까지만 해도 이웃집 부인들의 도움을 받으며 집에서 출산을 했던 것 같다. 그런데 언제부터인지 사람들은 병원에 가서 출산을 하게 되었고 그리고 제왕절개 수술이란 말이 들렸다. 이제는 걸핏하면 수술로 아이를 낳는다. 스스로 아이를 낳지 못하고 수술로 아이를 들어내는 것이 과연 과학 문명의 발달 때문인가?

> 제왕절개술은 생명을 보존하고 산모와 태아의 안녕을 도모하기 위하여 산모의 복벽과 자궁벽을 절개하여 분만하는 외과적 수술이다. 제왕절개술의 안전성이 증가하고는 있지만 정상 분만에 비해 모체 사망률이 2~10배에 이르고, 모아접촉 지연, 감염, 통증, 재원일수 증가, 신생아 사망률을 증가시키기 때문에 적응증을 고려하여 신중하게 이루어져야 한다.
> 세계보건기구에서는 적절한 제왕절개율의 수준을 5~15%로 권고하고 있으나, 한국은 제왕절개율 평가를 시작한 2001년 40.5%로부터 2008년 36.3%의 수준으로, 이는 유럽이나 일본에 비해 2배 가까운 수준이며 세계 최고 수준이다.[262]

이로 보면 제왕절개술이 모체나 신생아한테 좋은 점은 전혀 없고 오로지 2~10배나 높은 위험율과 많고 많은 후유증과 부작용뿐이다. 과학 문명의 발달 덕분에 우리는 산모와 신생아가 이러한 위험과 후유증에 노출된 것이다.

옛날에는 집에서 출산을 하고 하루 이틀이면 일을 할 수 있었다. 그러나 현대인은 병원에서 전신 마취를 하고 배에 흉터를 남기면서 복벽과 자궁을 메스로 절개하는 수술을 한다. 산모는 수술 후 일주일은 병원에서 수술 후속처치를 받는 환자로서 항생제와 진통제 등의 약제를 투여 받는 입원생활을 한다. 크게 지장 없이 다음의 아이를 낳을 수 있을 만큼 수술부위가 아무는 데는 약 2년의 시간이 필요하다고 한다. 이러한 과정에서 아이는 모유 대신에 소젖으로 가공한 분유를 먹게 되고 이것이 마치 문화인의 특권처럼 여겨지기도 한다.

사실 우리의 인체는 웬만한 어려움은 극복할 수 있게 만들어졌다. 나이가 좀 많아도 문제가 없으며, 아이의 머리가 골반보다 크다 해서 문제가 되는 것도 아니다. 두 아이를 인공분만으로 출산한 산모가 셋째 아이를 자연분만으로 낳는데 아무런 문제없이 매우 순조로웠다. 앞에서 두 아이에 대한 수술은 확실하게 불필요한 것이었음을 입증하는 것이다.

현대의 학교와 자유연애

교육 수준이 높아져 결혼을 하지 않게 되고, 의학이 발달하여 복부를 절개하고 아이를 낳는 것이 과연 우리가 바라던 세상이었는가?

우리는 언제부터 이렇게 되었는가? 오래되지 않았다. 왜정시대 소위 신식문물이 들어오면서부터였다.

> 여보시오 애경씨! 당신의 손목만 빌려주신다면 진고개가서 백금 반지 한개를 사드리지요! 그리고 키스-한번에는 하나커녕 둘도 사드립니다.
> 그리고 나를 한달동안만 쫄아다니신다면 포목전에 특약(特約)을 해드리지요 그리고 백화뎜(百貨店)에 한달 동안 마음대로 물건을 돈안내이고 사는 상품권(商品券)을 드리겟습니다.
> 여보시오 정숙씨! 당신은 나와 극장(劇場)에 가티가 주실수 잇다면 「파라솔」이나 씰크 양말 한 켜레를 사드리지요!
> 예나씨! 시장하시지요? 청목당에 가시랴니까? 그럿치 안흐면 우리 려관에서 청요리를 식켜다 자시랴니까?

이래서 한달에 칠백원!
이러한 학생들은 밤이면 극장으로 길로 도라다니면서 녀학생들을 모라다가 마취(痲醉)식키고만다.
칠백원은 오로지 나어린 아가씨들을 마해(魔海)로 건네이는배다!
서울의 행진!
미래조선의 어룬일 일부학생의 행진![263]

위의 글은 조선일보1928.11.7에 게재된 安夕影안석영의 漫畵漫文만화만문이다. 그는 1920-1930년대 식민지 조선의 현실을 날카로운 시각으로 응시하면서 이를 소위 만화만문으로 풍자하였다.

위의 글은 우리나라 전체의 역사에서 없었던 일을 드러내고 있다. 술집도 아닌 곳에서 여염집의 남녀가 결혼과 상관도 없이 직접 만난다는 것은 우리 역사에서 생각할 수 없었던 일이다. 그것도 돈으로 '녀학생'이나 '나어린아가씨'들을 몰아다가 마취시키는 만남은 우리의 전통문화에서는 상상할 수도 없는 일이었다. 그러나 남녀가 중매를 거치지도 않고, 결혼을 전제로 하지도 않은 만남이 우리나라 수천년 전통문화를 비웃으며 이 땅에서 이렇게 시작이 되었다. 이것은 새로운 역사의 출발이며 막을 수 없는 현대화의 물결이었다.

백금반지 한 두 개가 우습고 한 달 동안 백화점에서 아무 물건이나 살 수 있는 상품권을 주는 호기를 유지할 만한 돈이라면 거금이다. 더구나 학생의 신분으로 공부는 뒷전으로 하고 이러한 거금을 탕진하면서 여자를 따라 다녀야 했던 것은 시대의 탓이었다. 새로운 문물에 들뜬 여인들이 속옷 바람으로 거리에 넘쳐나는 상황에서 젊은 청년들이 그 충동과 유혹으로부터 자유로울 수는 없는 것이다. 이 글의 만화에서는 극장에서 담배를 꼬나문 남학생들이 여학생들의 뒤에 앉아 반라의 여인이 나오는 영화를 보는 장면이 그려져 있다. 조선시대의 엄한 예교의 구속에서 벗어나 마음껏 하고 싶은 대로 하는 시대가 도래한 것이다.

조선시대 성균관이나 서원의 학생들이 과연 이러한 미래가 올 것이라는 것을 꿈에나 생각을 했겠는가? 서로가 예의에 구애받지 않고 만나 극장에서 함께 앉아 반라의 배우들을 보고, 여관에서 청요리를 시켜먹으며 키스를 하는 것이 과연 조선에서 상상이나 할 수 있었겠는가?

> 지난 1931년의 여러 가지 류행은 매우 「스피-드」적이어서 눈깜짝할 사히에 세계를 한박휘식도랏다.
> 「파자마」라는 침의를 미국 뉴욕썰 아니 헐리웃드의 활동 녀배우들이 입고 대낮에 길거리를 나왔다는 「뉴-스」를 바더볼때에 벌서 세계에서 제일적고 저주바든 가업슨 도시인 「서울」에도 그와 조금도 다를 것 업는 침의를 입고 초가집 틈박우니로 흐느적거리고 다니는 왜장녀를 보앗다.
> 전파(電波)는 일초 동안에 지구를 네박휘를 돈다지만 녀자들의 그 조그만 해멀숙한 지나가는 류행은 왜그리 싸르고 쏘스러지기 쉬운것인지를 모르겟다.[264]

이 글 역시 조선일보(1932.1.20)에 게재된 안석영의 글이다. 만화에는 가슴과 허벅지를 거의 드러낸 속옷 뿐의 여성이 담배를 꼬나들고 맵시를 뽐내는 자태가 그려져 있다. 그러한 옷차림을 따라 하게 된 것은 단지 헐리우드의 여배우들이 그렇게 했다는 이유뿐이다. 남녀가 거리낌 없는 노출로 서로를 자극하며 노골적인 유혹으로 들떠 있는 사회를 풍자한 듯하다. 이제 수천 년에 걸쳐 형성된 우리의 전통과 규범은 우리가 벗어 던져버려야 할 구차한 굴레가 되었다.

위의 『모던쏘이京城을거닐다.』라는 책을 지은 신명직 교수는 "70여 년 전의 식민지 경성과 21세기 서울의 모습이 어느 일면에서는 너무나 똑같다는 사실을 발견하고 순간 가슴이 뜨끔해질 수도 있다"고 했다.[265] 우리가 맹목적으로 외래의 문물을 모방하는 것은 그때와 지금이 별로 다르지 않다.

미혼, 이혼, 저출산은 한때 선진국의 지표가 되기도 했다. 우리의 이러한 현상은 사실 유럽이나 미국 등의 서방국가에서 앞에서 한 차례씩 지나갔던 일이다. 이들 나라는 지금 크게 바뀌었지만 우리는 아직 그 뒤를 따르고 있다. 어쩌면 이 모든 것이 맹목적의 서양 추종과 아울러 우리의 전통에 대한 반발의 결과인지도 모른다. 이제 조금씩 우리도 바뀌고 있다. 이혼율이 감소하고 출산율은 증가하면서 우리의 전통문화에 대해 가끔은 고개를 끄덕이기도 한다.

2. 결혼 왜 하는가

헨리 8세와 아들

> 헨리Henry의 두 번째 결혼은 아들 후계자에 대한 희망을 높여 주었다. 그러나 앤 볼린Ann Boleyn은 딸 엘리자베스Elizabeth를 낳았고, 아들을 낳는 데는 실패했다. 헨리는 거의 모두 거짓으로 꾸며진 모반의 죄를 씌워 앤을 제거했다. 그녀는 1536년에 처형되었다.[266]

英國 튜더Tudor 王朝의 두 번째 왕 헨리 8세1491-1547는 아들을 원했다. 그는 둘째였지만 형이 죽는 바람에 왕위를 계승하였으며, 다른 강대국들과의 역학적인 관계를 고려하여 그는 죽은 형의 아내 즉 형수

를 아내로 맞이하였다. 이렇게 하여 첫 번째 왕비가 된 캐더린Catherine이 딸(Mary) 하나 밖에 낳지 못하자, 교황청과의 많은 어려움을 무릅쓰고 그녀와의 결혼을 무효화시켰다.

이어서 전부터 좋아했던 앤 볼린과 결혼을 했다. 그러나 그녀도 딸(Elizabeth) 하나를 낳고서는 연이은 유산으로 헨리를 실망시켰다. 결국 그는 이혼을 거부하는 앤과 그녀의 주위 인물들을 역모와 不貞의 죄목으로 엮어 처형시켰다.

斬首刑참수형을 받는 앤을 위해 특별히 솜씨 좋은 망나니를 불러주는 배려가 있었고, 앤은 처형되기 전 스스로의 목이 가는(little neck) 것을 위안으로 삼았다 한다. 앤은 비록 처형되었지만 왕비로서의 지위를 지켰기 때문에 그녀의 딸 엘리자베스는 후에 여왕으로 오를 수가 있었다.

헨리 8세의 아들에 대한 염원은 이렇게 人命을 희생시키면서 결국은 이루어졌다. 그의 세 번째 아내인 제인 세이무어Jane Seymour가 마침내 후에 에드워드Edward 6세가 될 아들을 낳아 주었다. 다만 그녀는 아이를 낳은 지 12일 만에 죽었고 아이는 어려서부터 병약했다.

그 후 헨리는 세 번의 결혼을 더 했지만 더 이상 아이를 갖지 못했으며, 그의 다섯 번째 아내 캐더린 하워드Katherine Howard도 不貞을 이유로 처형시켰다. 오직 자신의 왕좌를 물려줄 아들을 보겠다는 일념으로 여섯 번의 결혼을 했지만, 겨우 병약한 아들 하나와 딸 둘을 가질 수 있었다.

> 지난 일요일의 경악스러운 소식 이후 우리는 영국과 세계의 모든 곳이 다이애나Diana의 죽음에 대한 슬픔의 표현으로 뒤덮이는 것을 보았습니다.[267]

1997년 9월 5일 오후 6시 영국의 엘리자베스 여왕은 버킹햄 궁전Buckingham Palace에서 생방송으로 길지 않은 애도의 성명을 발표했다. 왕세자비였던 다이애나가 전달 31일 프랑스 파리에서 교통사고로 사망한 것이다. 언제나 세계의 이목을 끌었던 그녀의 죽음에 전 세계가 놀랐다.

그녀는 1981년 20세1961년생의 나이로 당시 33세1948년생의 찰스 왕자Prince Charles와 결혼을 하였다. 그런데 그들은 이 사고의 바로 1년 전 1996년 8월 헤어졌고dissolved, 다이애나는 남편과 두 아들이 있는 영국의 왕실을 떠났다. 그 후 국제적인 휴양지 등에서 그녀는 종종 다른 남자와 함께 목격되었고, 그날도 그녀와 그녀의 동반자가 함께 탄 차를 추적하는 '파파라치'와의 경주가 사고의 원인으로 보도되었다.

다이애나의 죽음이 알려지자 세계의 언론은 들끓었고, 버킹햄 궁전의 닫힌 대문 앞에는 애도의 표시로 사람들이 던진 장미가 거의 동산을 이루었다. 현대에 교통사고로 사람이 죽는 것은 흔한 일이다. 더구나 그녀는 아내로서 그리고 두 아이의 어머니로서의 역할을 포기하였고, 따라서 이제는 전통적으로 영국민의 존경을 받는 영국 왕실의 세자비도 아니었다. 사람들의 애도 속에 담긴 안타까움은 무엇에 대한 것이었을까?

단지 아들을 낳지 못했다는 이유로 처형을 당한 '왕비'와, 아들을 둘이나 낳고서도 이들의 어머니 자리를 떠나 자신의 인생을 구가하다가 길에서 죽은 '세자비'와의 시간적 거리는 461년1536-1997이었다.

어찌 보면, 헨리의 아들에 대한 염원은 불필요한 것이었다. 바꾸어 말해 딸이 왕위를 계승하면 안 된다는 그의 생각은 기우였던 것이다. 그가 그렇게 힘들게 얻은 아들은 명석하기는 했지만 어려서부터 병약하였다. 父王 헨리의 죽음으로 9살에 왕이 된 그는 섭정으로 7년1547-

1553 재위을 버티다가 결핵으로 죽었다. 아들 에드워드는 그렇게 겨우 16년을 이 세상에 머물렀다.

오히려 자신의 어머니를 사형장으로 보내면서 공주의 신분을 유지했던 엘리자베스는 그녀의 아버지 헨리 8세의 38년 재임기간1509-1547보다 훨씬 오랜 45년1558-1603을 여왕으로 영국을 통치했다. 그녀의 반세기에 달하는 재위기간을 통해, 그녀는 父王이나 世人들이 가졌던 여왕에 대한 불안(외국 왕과의 결혼을 통한 내정 간섭이나 외세의 유입 등)을 완전히 일소하고, 어떤 남자에게도 뒤지지 않는 괄목할 만한 치적을 쌓으면서 영국 역사에서 가장 찬란했던 한 시대(one of the most glorious in English history)를 열었다.[268]

엘리자베스 1세는 결혼을 하지 않았다. 그녀는 자연인 여인으로서의 생애보다는 女王으로서의 현명한 길을 선택하였다.

> 엘리자베스는 결혼하지 않는 것을 선택했다. 만일 그녀가 외국의 왕자를 선택했다면 그는 영국을 그 자신의 이익을 위한 대외정책으로 이끌어갈 것이다(그녀의 언니인 메어리가 스페인의 필립Philip과 한 결혼에서처럼). 또는 내국인과 결혼한다면 여왕을 지역 투쟁으로 몰고 갈 수도 있다. 엘지자베드는 그녀의 결혼 가능성을 대내·외 정책에 있어서 정치적 도구로 사용했다. 어찌했던 이 '처녀 여왕'은 기본적으로 그녀가 결혼한 국가가 잘되기를 위해서 개인적인 행복을 희생한 사심 없는 여인이 되었다.[269]

여왕으로서 '국가'와 '결혼'이라는 두 가지를 동시에 선택할 수 없다는 판단에서 개인적인 행복을 희생한 것은 현명한 군주로서 숭고한 덕망을 보여준 것이라 할 것이다.

그러나 튜더 왕조와 헨리의 가문은 그녀에게서 끝나게 되었다. 후손이 없었기 때문이다. 헨리의 세 자녀 중에 유일하게 결혼을 한 장녀

메어리 1세가 아이를 갖지 못했기 때문이었다. 헨리는 여섯 명의 부인을 맞이하고서도 왕조를 이어갈 후계자는커녕 겨우 자신의 아들딸만으로 혈통이 단절되는 비운으로 끝이 났다. 아마도 헨리 왕이 가장 두려워했던 것이 바로 이러한 비극이었을지도 모른다. 왕조는 물론이고 자신의 혈통이 이렇게 쉽게 단절되지 않게 하기 위해 6번이나 결혼을 감행했었다. 그러나 모두가 헛일이 되었다. 지하에서 얼마나 큰 통한의 날들을 보내고 있을 것인가?

세 여인, 앤은 아들을 낳지 못해 희생되었고, 엘리자베스는 국가를 위해 자신의 결혼을 포기했다. 그러나 다이애나는 이들과 다소 다르다. 왕실이라는 울타리와 결혼의 굴레로부터 벗어나고 싶었는지도 모른다. 남편과 아들들이 있는 왕실을 떠나 자유롭게 살다가 참혹한 모습으로 세상을 떠났다. 명예를 버린 것처럼 보이기도 한다.

2011년 4월 29일 그녀의 큰 아들은 세계의 주목을 받으며 결혼을 했다. 다이애나의 화려했던 흔적은 사라지겠지만 그녀의 생명은 후손들을 통해 이어질 것이다.

元曉원효大師 아이를 원하다

스님(元曉)이 하루는 정신이 나간 듯이 거리에서 노래를 불렀다.

> "누가 자루 없는 도끼를 허락하겠는가?
> 내 하늘을 받칠 기둥을 찍으려네."
> 사람들이 아무도 그 뜻을 알지 못했는데, 太宗王이 그 얘기를 듣고 이르되; "이 스님이 아마도 귀부인을 얻어 훌륭한 아들을 낳고 싶은 것이라. 나라에 大賢이 있으면 그보다 더한 이로움이 없으리라." 하였다. 때에 마침 瑤石宮요석궁에 과부가 된 공주가 있었다. 宮吏에게 원효를 찾아 데려 가라

명하니 宮吏가 명을 받들어 그를 찾아 나섰다. 원효가 이미 南山에서 내려와 蚊川橋문천교를 지나다가 마주치게 되었다. 원효는 일부러 물에 빠져 아래 위 옷을 젖게 했다. 궁리가 그를 瑤石宮으로 데려가 옷을 벗어 말리게 하고 그곳에서 유숙하게 했다. 공주가 과연 임신을 하여 薛聰설총을 낳았으니 聰은 어려서부터 총명하고 經史에 널리 통하여 新羅十賢 중의 하나가 되었다.『三國遺事 · 第四卷元曉不羈』

원효 스님이 薛聰이라는 아들을 두게 된 경위이다. 스님이 白晝大路에서 아이를 갖게 해 달라는 노래를 불러대는 자체가 이미 상식을 크게 벗어나는 일이었지만, 이를 괴이쩍다 여기지 않고 오히려 과부가 된 딸에게 원효를 찾아 보낸 태종왕은, 자상한 아버지로서의 배려를 하면서 다른 한편으로는 나라에 賢者를 구하는 仁君으로서의 德을 보여 주었다 하겠다. 결국 王은 이 두 남녀의 만남을 주선하여 신라에 賢人 한 사람을 더 추가하였다. 스님은 개인의 소원을 달성했고 왕은 훌륭한 王政을 폈다.

위에서 원효대사께서 도끼를 비유의 소재로 쓴 것은 우연이 아니다. 이미『詩經』의 노래에 도끼의 비유는 媒人매인과 더불어 여러 곳에서 보이며, 대사의 비유는 이를 典故전고로 사용한 것이라 할 수 있다.

나무를 어떻게 자를 것인가?
도끼가 없으면 할 수 없네.
아내를 어찌 해야 얻는가?
중매가 아니면 할 수 없네.

伐柯如何벌가여하? 匪斧不克비부불극.
娶妻如何취처여하? 匪媒不得비매부득.『詩經 · 國風 · 豳 · 伐柯』

나무를 잘라 재목을 얻으려면 도끼가 필요하듯, 내 생명을 이어받을 아이를 얻고자 한다면 아내가 있어야 한다. 그러나 아내를 얻으려면 중매쟁이가 있어야 한다. 옛날에는 남녀 사이에 직접 의사소통을 하지 않고 중간에 반드시 말을 전해 주는 사람(중매인)을 통해 의사 전달을 하였다. 때문에 직접 통혼을 할 수 없었다.

이렇듯 중매가 아니면 여자에게 말도 붙일 수 없는데 대사가 중의 신분으로 어디 가서 중매를 부탁할 것인가? 설사 중매를 해준다면 남들 앞에서 과연 떳떳하게 혼례라도 올릴 수가 있는가? 대사의 목적은 결혼이 아니고 자신의 아이였다. 그가 거리에서 노래를 부르며 정신 나간 모습을 연출하지 않을 수 없었던 이유가 여기에 있다.

대사는 자신에게 매우 불리한 신분의 제약 조건을 매우 해학적으로 극복하여 중매도 거치지 않고, 정해진 의식절차도 필요 없이, 그렇다고 野合도 아닌, 국왕의 허락 하에 당당하게 스스로의 목적을 달성하였다. 과연 대사다운 방식이라 할 만하다.

鰥寡孤獨환과고독은 나라에서 보살폈다

『朝鮮王朝實錄』의 太祖 1年(1392, 壬申年) 7月 28日 기록에는 태조의 즉위 教書가 있다. 여기에는 高麗를 무너뜨리고 朝鮮을 건국한 태조의 王政 방향을 뚜렷하게 제시하고 있다. 그 중 몇 가지를 발췌한다.

> 천자는 七廟칠묘이며 諸侯제후는 五廟이니 왼쪽에 宗廟를 그리고 오른쪽에는 社稷사직을 세우는 것이 옛날의 제도이다.
>
> 文武 두 科學과거는 어느 하나도 버릴 수 없으니 중앙에는 國學과 지방에는 鄕校를 두되 生徒를 증원하고 講學을 힘쓰게 하여 인재를 양육하

게 할 것이다.

冠婚喪祭관혼상제는 나라의 큰 법이니, 예조에 맡겨 經典을 상세히 究明하고 古今을 참작하면서 법령으로 정하여 人倫을 두터이 하고 풍속을 바로잡을 것이다.

鰥寡孤獨환과고독은 王政의 우선이니 마땅히 불쌍히 여겨 救恤구휼해야 될 것이다. 관할 부서는 굶주리고 곤궁한 사람을 救濟구제하고 그 賦役부역을 면제해 줄 것이다. 「太祖元年7月28日」

宗廟 社稷을 세우는 것은 나라의 건국을 알리는 것이다. 왕의 先代를 모신 종묘는 왕권을 상징하며, 토지와 곡식을 상징하는 사직은 국가를 뜻한다. 교서의 첫머리는 바로 종묘와 사직을 세워 조선의 건국을 선포하는 것으로 시작하였다.

다음으로는 교육을 강조하였다. 文武 두 科를 유지하되 중앙과 지방으로 나누어 각각 국학과 향교를 두고, 학생을 증원하여 인재 양성에 더욱 노력하라는 뜻이 담겨 있다.

이어 人倫과 풍속을 강조하였다. 즉 冠婚喪祭를 개인의 일로 여기지 않고 나라의 大法으로 규정했다. 관혼상제의 네 가지 의례는 매우 개인적인 일이라 할 수 있다. 그러나 개인의 인생에서 가장 중요한 일이다. 개인의 중요한 일은 곧 나라의 일이라는 의미이다.

다음으로는 환과고독에 대해 국가 정책으로서의 배려를 두었다. 홀아비(鰥), 과부(寡), 고아(孤), 그리고 늙도록 자식이 없는 사람(獨)들은 세상에서 가장 불행한 사람들이기 때문에 국가는 이들의 식량을 제공하고 보살펴야 한다는 뜻이 담겨 있다.

위는 조선 왕조의 핵심 政綱을 밝힌 것이라 할 수 있다. 나라의 근본을 세우고 이어 인재를 양성하여 나라를 훌륭하게 이끌어야 한다는 의지를 밝혔다. 다음으로는 대국민 정책이다. 즉 개인에게 중요한 일은 국가의 施策시책으로 지원하겠다는 뜻을 천명한 것이다. 특히 환과고독처럼 불행한 사람들에 대해서는 관할행정기관에서 책임지고 보살피라는 왕의 교지가 나타나있다.

『朝鮮王朝實錄』에서 '鰥寡孤獨'은 144건(한국고전종합DB)이 검색된다. 이는 환과고독에 대한 조선의 특별한 정책적 배려가 컸음을 나타내는 것이다. 몇 개만 열거한다.

> 환과고독과 老幼, 그리고 폐질환자 중에 產業이 있어 스스로 살아갈 수 있는 자를 제외하고, 궁하여 스스로 살아갈 수 없는 자는 관할 관청에서 救濟구제하여 살 곳을 잃지 않게 하라. 「定宗2年7月2日」
>
> 孝子·孝孫·義夫·節婦 등을 褒賞포상하라 下敎하시고, 또 나이 80 노인과 환과고독을 모두 救恤구휼하라 명하시었으니, 강원도 도관찰사의 청원을 따른 것이었다. 「太宗5年3月20日」
>
> 敬差官경차관을 각도에 보내 天變천변을 염려하여 민원을 묻도록 하였다. …… 환과고독 가운데 궁핍하여 스스로 살 수 없는 자나 軍民 각 戶에서 苦樂의 有無를 모두 찾아다니며 물었다. 「太宗13年12月21日」
>
> 강원도 경차관 皇甫仁이 아뢰기를; "……환과고독은 풍년에도 남에게 얻어먹고 사는데, 금년에는 입에 풀칠조차 할 수 없으니 8월 그믐날까지 구제하게 하소서." 하니, 그대로 따랐다. 「世宗4年8月25日」

백성의 생계는 기본적으로 국가의 책임이었다. 즉 스스로 해결이 되지 않는 사람들은 국가가 먹고 사는 것을 지원해 주는 것이다. 현대에도 물론 생활보호대상자 등의 제도로 최저 생계에 대한 나라의 지원이 있다. 그러나 그 분별 기준이 다소 다르다. 즉 조선시대의 환과고독은 소득보다는 개인의 불행한 여건을 기준으로 하는 지원과 배려의 대상이었다. 이들에게는 식량만이 아니고 부역과 같은 강제 노역도 면제를 해 주었다. 지금으로 말하면 병역면제와도 같은 것이다. 국가는 보다 더 적극적으로 근본적인 지원을 아끼지 않았다.

> 강원도 敬差官이 추천한 나이 30세가 지나도록 미혼인 여자 12명을 각 고을에서 收買한 물품으로 婚需를 보태주어 금년 안에 成婚을 시키는 것이 어떠하겠습니까?" 하니 임금이 그대로 따랐다. 「太宗14年5月7日」

> "전라도에 나이가 1백세 된 자가 1인, 90세인 자 5인, 80세가 1백2인입니다. 청컨대 京中의 관례에 따라 쌀과 콩을 差等있게 주시고, 나이 30세가 넘도록 미혼인 여자 5인은 官에서 婚需品을 보내 서둘러 시집가도록 하여 주소서." 하니 임금이 그대로 따랐다. 「太宗14年6月20日」

나라에서 혼수품을 보태주어 시집가는 것을 독려했다는 기록이다. 현대의 정부가 따라 하기 힘든 복지정책이었다고 하겠다. 더욱이 도내 백성의 나이를 모두 파악하여 노처녀는 시집을 보내주고, 노인들에게는 따로 식량을 보내주었다는 정책은 조선이 매우 이상적인 복지국가였다고 보인다.

환과고독의 처지에 있는 사람들을 폐질환자나 노약자와 똑같이 불행한 사람들로 분류하여 국가에서 이들의 생계를 보살폈다고 하는 것은 현대의 생계지원과는 크게 다른 시각의 차이가 있다. 현대는 문자 그대로 소득이 없는 사람에 대한 생계의 지원이다. 조선은 개인적인 불행에 대한 국가의 배려였다. 환과고독은 『高麗史』나 文集 등에서도 자주 보인다. 즉 이러한 사고방식은 옛날에 상당히 보편적이었음을 알 수 있다.

다시 말해 우리의 전통문화에서는 결혼과 자녀가 곧 행복과 불행을 가르는 첫 번째 기준이었다고 할 수 있다. 때문에 결혼은 개인만의 문제가 아니고 국가적인 차원에서 보살펴야 하는 가장 기본적인 일이었다 할 것이다. 개인의 불행은 곧 나라의 憂患우환이 되는 것이다.

결혼은 공동체의 근원이다

> 大道가 실행되면 천하가 모든 사람에게 公有된다. 어질고 능력 있는 사람이 등용되어 신의와 화목의 분위기가 조성된다. 그래서 사람들은 자신의 부모만 알거나 자신의 자식만을 챙기지 않는다. 노인들은 모두 천수를 누리게 하고, 젊은이들은 능력을 발휘하게 하며, 어린이는 양육을 받고, 환과고독과 폐질환자는 모두 보살핌을 받는다. 남자는 직분(직업)이 있고 여자는 시집을 간다. 재물이 거리에 버려져서는 안 되겠지만 그렇다고 자신에게 쌓아두지 않는다. 능력을 쓰지 않으면 안 되겠지만 그렇다고 자신을 위해 사용하지는 않는다. 그래서 어떤 음모가 있어도 실현될 수가 없고, 도적이나 반란이 일어날 수가 없으니 밖에 나갈 때도 문을 잠글 필요가 없다. 이를 大同이라 한다.[270]

중국이나 우리나라는 똑같이 더불어 사는 세상을 추구해 왔다. 그것이 대동 세계다. 오랜 세월 지속되어 온 우리의 전통 정치 이상이라 할 수 있다. 여기에 포함된 중요한 사상은 이렇다. ㉠ 천하가 만인에게 공유되는 세상, ㉡ 어질고 능력 있는 사람들이 관직에 올라 신의와 화목을 중시하는 세상, ㉢ 모든 사람이 편안하고 불행한 사람은 보호를 받는 세상, ㉣ 남자는 직업을 갖고 여자는 결혼할 수 있는 세상, ㉤ 재물이나 능력을 자신이 아닌 사회를 위해 쓰는 세상, ㉥ 음모나 도적 반란이 없는 세상이 곧 대동사상이 표방하는 세계라 할 수 있다.

이 중에서도 가장 기본적인 것은 남자는 일(직업)을 갖고 여자는 시집을 가는 것이다. 남자가 일과 관련해서 사심을 갖거나 욕심을 부리면 사회가 혼탁해지면서 모두가 힘들어진다. 능력이 없는 사람이 관직을 탐하고, 덕이 없는 사람이 致富치부를 하면 사회가 어지러워지는 것은 당연하다.

여자가 결혼을 하지 않거나 결혼을 하더라도 잘못되면 역시 사회는 불안하다. 옛날에 여자는 따로 직업을 갖는 것이 아니고 결혼을 하여 가정의 살림을 맡았다. 가정이 이루어지지 않거나 원만하지 않으면 사회가 불안해지는 것 또한 당연하다. 위에서 "여자는 시집을 간다(女有歸)"라 한 것은 가정과 사회는 남자보다 사실상 여자의 역할이 더 크다는 것을 암시한 것이라 할 수 있다.

그러나 위에서 말한 '大同'은 理想일 뿐이다. 이러한 이상은 마음만으로는 실현되지 않는다. 이의 실현을 위해서는 어떤 수단 즉 제도적 장치가 필요하다. 지금 法으로 질서를 유지하는 法治主義의 방법을 택하고 있지만 옛날에는 '禮治'의 방식이었다. 즉 禮를 통해 이상을 실현하고자 했다.

그러면 예는 어디에서부터 시작되었는가?

> 무릇 예의 시작은 음식으로부터 비롯되었다. 기장(黍서)과 찢은 고기를 돌 위에 얹어 익히고, 물웅덩이를 파서 손으로 떠먹으며, 흙으로 된 북채와 북을 사용했지만, 그러나 귀신을 공경할 줄 알았다. 사람이 죽으면 지붕에 올라가 길게 소리쳐 이름을 부르며 돌아오라 하였다. 그런 연후에 입에 쌀을 물리고, 익은 고기를 싸서 棺관에 넣어준다. 하늘을 보고 魂혼을 부르고 땅에 시신을 묻는 것은, 體魄체백은 내려가고 精氣정기는 위로 오르기 때문이었다. 죽은 자는 머리를 북쪽에 두게 하고(죽은 사람은 음으로 돌아가니 북쪽은 음의 방위이다), 산 사람은 집을 남향으로 하여 사는(살아 있는 사람은 양의 세계에 있으니 양의 방위인 남쪽을 향하는 것이다) 것은 모두 처음의 습속을 따르는 것이다.『禮記·禮運』

위는 孔子의 말이다. 태고적 돌에 음식을 익혀 먹을 때도 예는 있었으며, 이는 위에서 보듯 음식으로부터 비롯된 것이다. 죽은 사람의 입에 음식을 물리는 것은 예가 가장 원초적인 데서 시작하였음을 보여준다. 이것은 곧 '養生送死양생송사' 즉 살아 있는 사람이 먹는 일과, 죽은 사람을 음식으로 보내는 일 등에서 예가 시작되었다는 의미이다.

喪禮상례나 祭禮제례에 진설하는 음식들은 기본적으로 이러한 생각을 반영한 것이다. 음식에서 예가 시작되었다는 것은 사람의 가장 큰 본능에서 예가 출발했다는 것을 의미한다. 그런데 이러한 음식에 대한 본능 못지않은 본능이 또 있다. 바로 남녀 간의 본능이다. 그래서 이 둘은 함께 거론한다.

> 飮食 · 男女에는 사람의 가장 기본적인 大欲이 들어있다. 死亡 · 貧苦빈고에는 사람이 가장 싫어하는 것이 들어있다. 이 하고자 하는 것과 싫어하는 것이 곧 마음의 큰 端緖단서가 되는 것이다. 사람은 그 마음을 감추고 있으니 헤아릴 수가 없다. 좋아하는 것과 싫어하는 것이 모두 그 마음속에 있으나 겉으로는 드러나지 않는다. 사람들의 이러한 마음을 모두 살피려면 예가 아니고서 어찌 하겠는가? 『禮記 · 禮運』

음식 · 남녀에 가장 큰 욕망이 들어 있음은 자연의 이치이다. 이에 대해 사람은 규범의 틀을 만들어 욕망을 제어하는 것이다. 싫고 좋음이 이러한 규범으로 절제되어 드러나도록 한다면, 사회의 질서와 조화를 도모하기가 어렵지 않을 것이다.

『孟子』의 「告子章句 · 上」에는 人性에 대한 맹자와 고자의 토론이 보인다. 性善을 바탕으로 仁義를 주장하는 맹자에 대해, 고자는 '食 · 色'이 사람의 본성임을 말하고 있다(食 · 色, 性也.). 그러나 맹자는 인의예지가 곧 모든 사람이 본래 지니고 있는 심성임을 말하면서,

특히 '食 · 色'은 '禮'로서 다스려져야 함을 강조하고 있다.

> 예로 먹는다면 굶어 죽게 되고, 예를 떠나 먹는다면 먹을 것을 얻는데 꼭 예라야 하는가? (예를 갖추어)親迎친영을 한다면 아내를 못 얻고, (예를 떠나)맞아 들이면 아내를 얻는데 반드시 (예의)親迎을 해야 하는가? (中略) 맹자가 말하기를: (中略) 兄의 어깨를 비틀어 먹을 것을 탈취하면 먹을 것을 얻고, 비틀지 않으면 먹을 것을 못 얻는다면 (兄의 어깨를)비틀겠는가? 이웃집 담을 넘어 처자를 약취하면 아내를 얻고, 약취하지 않으면 아내를 못 얻는다면 그녀를 약취하겠는가?『孟子 · 告子章句下』

'食 · 色'과 '仁 · 義' 사이에서 일어나는 갈등은 인간을 참으로 어렵게 한다. '食 · 色'의 욕구가 설령 인간의 본성은 아니라 하더라도, 적어도 원초적인 본능이며 이의 최소한의 충족은 잠시라도 초연할 수 없는 문제이다. 그러나 다른 관점에서 보면 인간은 이의 포만을 추구하기보다는 오히려 이의 절제를 통하여 인간의 가치를 찾고자 노력을 기울여 왔다. 고자의 주장은 바로 인간도 금수와 다를 바가 없거나 또는 적어도 그러한 면이 있음을 드러내고 있다. 이에 비해 맹자의 관점은 인간은 금수와는 다른 본성을 지니고 있고, 따라서 그 사이에는 절대적인 차별성이 있음을 나타낸 것이라 할 수 있다. 예는 결국 이러한 욕망으로부터 시작되어 이의 적절한 충족을 사회적으로 이끌어가는 장치라고도 할 수 있을 것이다.

남녀는 구별되어야 한다는 것이 우리의 전통적인 사고방식이었다. 『管子관자』에서는 남녀 간에 구별이 없으면 사람들은 아예 부끄러움을 모르게 된다.[271]고 했다. 부끄럽다는 의식의 발단은 어디서부터 비롯되는가? 사람은 처음으로는 이를 異性에게서 느낀다. 마치 아담과 이브가 금단의 열매를 따먹고 서로 벗었음을 의식하여 무화과 잎으로 앞을 가리게 되었다[272]는 것과도 마찬가지이다. 어려서 이러한 부끄러움에 무감각해지면 결국 장성해서 다른 부끄러움도 모르지 않겠는가? 즉 도적질을 하고서도 부끄러운 줄을 모르게 될 수도 있다는 의미이다.

때문에 예는 남녀 간의 구별을 그 시작으로 하는 것이었으며, 이로부터 윤리의 바탕이라 할 수 있는 廉恥意識염치의식을 함양하는 것이었다. 남녀가 구별이 없게 되면 예의 기초가 무너지고 모든 윤리의식이 이와 함께 흔들릴 것이다. 孔子는 "남 · 녀 간에는 의사전달에도 반드시 媒人매인을 통해야 하며, 또한 납폐에 의한 定婚의 예식을 거치지 않고서는 서로 만날 수 없는 것이니, 이는 남녀의 구별이 없어질까 염려해서이다"라고 했다.[273]

예악은 오랜 역사를 통해 집적된 전통문화이다. 이는 우리의 생활 속에 깊이 스며 있지만 전통적으로 학교의 학문을 통해 더욱 연마되었다. 법률과 같은 타율적 구속 수단을 통해서 사회의 질서를 유지하자는 것이 아니고, 스스로의 편안한 심성으로 사물의 이치를 따라 개인과 사회의 안녕을 추구하고자 한 것이 전통 예의 의미라 할 수 있다.

남자는 직업이 있어 생계를 도모할 수 있고, 여자는 결혼을 하여 가정을 이루는 것, 이 두 가지는 곧 개인과 사회의 존재 방식이며 또한 존재 이유이기도 하다.

우리는 결혼을 반드시 해야 한다는 이유를 설득력 있게 설명하기는 어렵다. 그러나 결혼을 하지 않는 것이 불행일수도 있다는 통계는 있다. 즉 2010년 여성 미혼 사망자는 5,218명이었는데 그중 1,311명(25.1%)이 자살이 사망원인이었다. 남성은 미혼 사망자 12,372명 중 21.8%가 자살이었다. 배우자가 없는 사람의 자살 비율이 훨씬 높다는 통계이다.

미국의 워런 에드워드 버핏Warren Edward Buffett, 1930 ~ 은 우리 돈으로 약 50조가 넘는 재산을 갖고 있는 세계적 부호이다. 그는 특히 투자를 잘해 돈을 벌었다고 한다. 그런 그가 지금까지 가장 잘 한 투자로는 돈과 별 관련이 없는 세 가지를 꼽았다. 첫 번째와 두 번째는 결혼반지를 산 일이었고, 세 번째는 지금 50년 넘게 살고 있는 집을 산 일이었다. 두 번 결혼을 한 그는 자신의 결혼을 인생에서 가장 잘한 일로 꼽은 것이다. 버핏은 2남 1녀의 자녀를 두었다고 한다.

함께 살기 위해 배운다

최근 학교폭력 문제가 심각하다. 모두들 학교라는 곳에서 어떻게 이런 일이 일어나는지에 대해 의아해 한다. 純眞無垢순진무구하리라 여겼던 초등학교에서조차 적지 않은 폭력이 발생하는 것으로 보도된다. 언론은 피해자를 집중 조명하면서 가해자의 처벌에 초점을 맞추는 듯하다.

아직은 어린 학생들이지만 그 수법이 워낙 영악하여 동정의 여지가 없다는 식이다. 그러나 말도 하기 전부터 아이에게 스마트폰을 쥐어 준 사람은 누구인가? 집과 학교에서 컴퓨터에 거의 완전히 노출되어 있는 아이들의 환경은 누가 만들어 주었는가? 학교가 끝나면 아무도 없는 집에 가기 싫은 아이에 대해 우리 사회와 학교는 얼마나 자상한 배려를 해 주었는가?

그러나 이런 것보다 더 심각한 문제가 있다. 지금의 학교는 학생들에게 무엇인가 삶에 필요한 능력을 배양시켜주고, 사회에서 함께 살아갈 수 있는 공동체 의식을 키워 주는 곳이 아니다. 오히려 그 반대이다. 창의적인 능력보다는 학교의 성적으로 학생을 평가하고, 이러한 평가를 바탕으로 학생들을 줄 세워 차별화한다. 공동체 의식을 찾아보기 힘든 상황에서 멀리 밀려난 학생들은 자포자기의 심정으로 자구책을 찾아야 하는 것이다.

사회는 함께 사는 공동체인데 학교에서 함께 사는 것을 가르치지 않는 것이다. 우리나라에서 그나마 공동체 의식을 배우는 곳은 군대다. 대학생들이 군대를 갔다 오면 크게 변화한다. 자신의 미래에 대해 진지하고도 구체적인 설계를 시도하며, 사회생활에서도 주변에 보탬을 주면서 자신을 위할 줄도 안다. 우리나라 학교 교육이 잘못되어 있다는 지적은 많지만 막상 개선은 이루어지지 않는다. 이유는 배움의 목적이 단지 개인의 출세라고 믿기 때문이다.

2009년도 한 해 동안 우리나라는 10만 명 당 31명이 자살로 생을 마감했다고 한다. 이는 OECD국가 중 1위이며, 하루에 평균 42명이 스스로 죽음을 선택하는 셈이다.[274]

어려운 형편을 비관하면서 연탄불을 피워 가족 전체가 죽는 경우도 있다. 댓글에 시달리던 연예인도 있었다. 학교 성적으로 스트레스를 이기지 못한 학생도 있고, 학문의 늪에서 방황을 하던 교수도 있다. 모두가 막다른 골목에서 최후의 선택을 할 수밖에 없었던 이유가 있었을 것이다.

> 정부가 오는 9월부터 4대강 살리기 사업에 본격 나선다.
> 정부는 이를 통해 오는 2012년까지 12억 5천만t의 용수를 추가로 확보해 물부족 문제를 해결하고 4대강 본류의 수질을 생물학적산소요구량(BOD) 기준 2급수(3ppm 이하) 수준으로 개선한다는 방침이다.
> 정부는 27일 오후 청와대에서 이명박 대통령이 참석한 가운데 '4대강 살리기 합동보고대회'를 갖고 5월 말 마스터플랜을 공식 발표키로 하는 등 구

> 체적인 사업방향을 확정했다.
> 마스터플랜에는 충분한 수량 확보전략, 생태 및 수질개선 전략, 지역발전 및 문화전략 등이 종합적으로 담길 예정으로, 정부는 마스터플랜이 나오면 정부고시 및 주민보상, 환경영향평가 등의 절차를 거쳐 9월부터 가능한 구간부터 동시다발적으로 착공에 들어간다는 계획이다.[275]

물은 모든 생물에게 공기와 함께 생명의 의미가 있다. 그러나 홍수나 가뭄 등으로 재앙이 될 때도 있다. 중국에서는 治水의 공로로 임금이 되었다는 禹의 일화도 있다. 위는 정부가 홍수를 예방하고 가뭄을 대비하며 아울러 수질을 개선하는 등의 목적으로 4대강 사업을 착공한다는 기사다. 이제는 완공을 눈앞에 두고 있다고 한다.

치수란 물길을 열어주는 것이다. 아무리 큰 비가 와도 물길이 막히지 않으면 홍수의 문제가 생기지 않는다. 育林을 잘하고 하천을 정비하며 저수지를 만들어두면 가뭄도 어느 정도 해소할 수 있다. 강물을 오염시키는 행위를 막으면 수질도 개선될 수 있다.

이 모든 것이 다 필요하다. 그러나 우리나라는 자연환경이 다른 나라에 비해 비교적 좋은 편이어서 홍수로 몇 백 명 또는 몇 천 명이 쓸려나가는 일은 없었다. 가뭄으로 농토가 마르고 도시에서는 급수차가 돌아다녀야 될 때도 있었지만 사람들이 기아에 허덕일 정도는 아니었다.

1년에 15,000명이 넘는 사람들이 숨을 거두고 있는데 막상 정부는 이에 대한 아무런 대책을 보이지 않는다. 10대의 사망원인은 자살이 1위라 한다. 생기가 넘쳐야 할 청소년들이 하루 한 명은 죽음의 막다른 골목으로 내몰리는 사회이다. 하루 42명의 이웃들이 자살을 선택해야 하는 상황에 대해 과연 우리는 얼마나 알고 있는가?

우리는 4대강의 물 흐름을 좋게 하고 강변을 아름답게 조성한다고 수십조라는 막대한 예산을 퍼붓고 있다. 사람의 하루하루가 어떻게 흘러가는지에 대해서는 크게 관심을 두고 있는 것 같지 않다. 어찌 보면 나라에 이보다 더 중요한 일이 없을 것 같지만 신문에 한 번 오르는 것으로 끝난다.

경제적인 어려움으로 일가족이 자살하였다면 국가는 당연히 원인을 밝히고 남은 가족은 없는지 살피는 부서가 있어야 한다. 어려운 사람은 어디에나 있기 마련이지만 정부는 어려운 국민을 위해 우선적으로 조치를 해야 할 책무가 있다. 자살에까지 이르도록 악화된 사정은 꼭 개인만의 문제가 아니고 나라와 사회의 책임이 큰 것이다. 가령 '도가니'와 같은 범죄는 분명 국가의 책임이다. 국가에서 인허가를 해준 교육시설에 대해 관리감독이 부실하며 발생한 범죄라면 결국 국가가 범죄자들한테 그러한 기회와 편의를 제공한 셈이기 때문이다.

학생이 하나 둘도 아니고 걸핏하면 옥상에서 뛰어내리는데 이에 대해 정부에서 원인을 찾아 개선을 하겠다는 의지를 보인 적도 없는 듯하다. 학생을 성적으로 줄을 세우는 것은 교육이 아니다. 학생의 자살은 국가가 원인 제공을 하는 것이다. 정부는 적어도 이러한 불행한 학생들의 사고 원인을 살펴 개선 방안을 교육제도와 학교에 반영하는 태도를 보여야 한다. 4대강이 아무리 잘 흘러도 人事가 이처럼 막히면 전혀 의미가 없다고 해야 할 것이다.

고시원에서 혼자 아이를 낳았다가 잘못된 경우도 있었다. 미혼모가 아이를 키울 수가 없어서 아이를 버리는 일은 적지 않게 있었다. 심지어 부모가 아이의 생명을 거두기도 한다. 미혼모와 아이는 무조건 정부에서 양육을 한다 해도 그렇게 큰 예산이 필요하지는 않을 것이다. 전국의 강가에 산책로를 내고 자전거 길을 내는 것이 과연 그렇게 급한 일인가?

세상은 함께 사는 곳이다. 나라와 사회는 음지에서 소외된 사람들에게 함께 사는 구성원으로서의 관심을 가져야 한다. 그들에게 삶의 희망을 주지 못한다면 사회는 여전히 어두운 그늘로 덮일 것이며, 갈등과 분란은 결국 나라와 사회를 불안하게 할 것이다.

폐쇄된 교실에서 성적 제일주의로 학교를 졸업한 사람들이 공동체 의식을 갖기는 힘들다. 학교의 교육이 변해야 한다.

3. 학교는 예악을 닦는 곳이다

茶山다산 선생은 학교가 예악을 닦는 곳이라 했다.

> 옛날 학교라고 하는 곳에서는 예를 익히고 음악을 배웠는데, 지금은 예는 훼손되고 음악은 붕괴되었으니, 학교의 하는 일이 책을 읽는 것뿐이다.[276]

왜 학교에서 예악을 익혀야 하는가? 위의 글로 보아서는 예악을 익히는 것이 책을 읽는 것 이상의 중요한 의미가 있는 것으로 보인다. 孔子도 "詩 · 書 · 禮 · 樂으로 제자를 가르쳤다."[277] 했다. 예악이란 과연 어떤 의미를 갖는 것인가?

'禮' 字는 고대에서 매우 넓은 의미로 쓰였다. 즉 法令이나 제도, 次序나 儀禮節次의례절차 등이 모두 예에 속했다. 『禮記』의 「樂記」편은 음악을 설명하기 위한 것이지만 실제로는 음악을 예와 더불어 설명하고 있다. 예와 음악은 상대적이며 상호보완 관계에 있기 때문이다.

> 음악이란 서로 和同하도록 하는 것이며, 예는 서로 구별을 하는 것이다. 화동하면 서로 친하게 되고, 구별을 하면 서로 공경하게 된다. 음악이 지나치면 탐닉에 흐르게 되고, 예가 지나치면 소원해진다. 『禮記·樂記』

예악은 바로 이러한 상대적인 의미를 갖는다. 음악이 和同의 작용을 한다는 것은 서로가 좋아하고 싫어하는 것을 한 마음으로 맞춘다는 의미로,[278] 이는 親和를 바탕으로 하는 공감의 영역을 넓힌다는 의미로 볼 수 있다. 이에 비해 예는 서로 간의 구별을 전제로 하는 것이다. '夫婦有別'과 같이 서로의 구별을 바탕으로 하여 서로가 공경하도록 한다는 의미이다. 다만 친화를 구실로 하여 음악에 과도하게 몰입하게 되면 사람이 탐닉에 빠지게 된다. 여기에는 예에 의한 절제가 따라야 한다. 마찬가지로 예를 지나치게 강조하여 구별을 내세우면 사람들 사이가 소원해지고 삭막해질 것이다. 예악은 서로 다른 내용으로 사람의 내·외적인 조화를 돕는 것이다.

예악은 무엇 때문에 서로 다른가? 「樂記」편에서는 그 근원이 서로 다른 것임을 설명하고 있다.

> 음악이란 天地間의 조화이며, 예는 천지간의 질서이다. 조화를 이루기 때문에 만물이 생겨나며, 질서가 있기 때문에 만물이 모두 구별이 있는 것이다. 음악은 하늘의 이치를 근원으로 만들어지고, 예는 땅의 이치를 근원으로 하여 제정된 것이다. 예가 잘못 제정되면 질서가 어지러워지고, 음악이 잘못 만들어지면 文樂과 武樂이 뒤섞이게 된다. 천지간의 이치에 밝아야 예악을 일으킬 수 있는 것이다. 『禮記·樂記』

음악은 하늘의 이치를 따라 만들어진다. 하늘은 陽이며 때문에 음악은 陽의 성질을 갖는다. 하늘이 만물을 생겨나게 하는 양의 속성을 지니는 것이라면, 음악은 친화를 바탕으로 생동하게 하는 양의 힘을 갖는다. 이에 비해 예는 음에 속하는 땅의 이치를 따라 제정되는 것이니, 예는 음의 성질을 갖는다. 땅은 만물을 생장시킨다. 하늘은 높고 낮은 곳이 없지만, 땅은 高下가 서로 다르며 만물은 생장하면서 만에 하나도 같은 것이 없다. 때문에 예가 잘못 되면 이러한 고하나 구별이 어지러워지는 것이다. 예악은 천지의 이치를 근원으로 확립되었으니 천지의 이치에 밝지 않으면 예악을 일으킬 수가 없는 것이다.

하늘의 이치를 근원으로 하고 있다는 것은 음악은 생명의 元氣를 갖는다는 뜻으로 볼 수 있다. 즉 사람에게 생명의 활력을 주는 것이다. 이에 비해 예는 땅이 만물을 생장시키듯이 사람의 공동체를 유지해나가게 하는 질서의 규범이 되는 것이다. 이러한 천지의 이치에 밝으려면 학문을 해야 하는 것이며, 따라서 예악은 학교에서부터 振作진작될 수밖에 없는 것이다. 특히 음악은 횡적인 친화를 도모하고, 예는 종적인 상하관계를 분명히 한다는 사회적 의미를 지닌다. 학교에서 이를 소홀히 한다면 이는 나라와 사회 전반의 문제가 아닐 수 없는 것이다. 茶山 선생은 이러한 예악이 붕괴되어 공허한 책읽기에 빠지는 학교의 풍토를 걱정한 것이다.

> 음악이란 즐거움을 나타내는 것이며, 이는 어찌할 수 없는 사람의 상정이다. 음악은 반드시 소리(노래)로 부르며 동작(춤)으로 표현되는데 이는 사람의 자연스러운 常道이다. 소리와 동작은 곧 사람의 성정을 나타내는 방법의 변화이며 모두 이 두 가지를 넘지 않는다. 그러므로 사람은 음악이 없을 수 없으며, 음악은 표현이 없을 수 없고, 표현은 도리를 따르지 않는다면 淫亂음란에 빠지지 않을 수 없다.

> 先王은 음악의 혼란을 부끄럽게 여겨 「雅」·「頌」의 음악을 제정하여 사람들을 인도하였는데, 그 소리曲가 족히 즐거우면서 탐닉에 흐르지 않도록 했으며, 노래의 가사는 족히 다함이 없는 의미를 음미하도록 했다. 또한 곡조의 曲折곡절과 소리의 굵고 가늘기와, 그리고 節奏절주의 변화 등 모두가 사람의 善心을 움직이기에 족할 뿐으로, 放縱방종과 邪氣사기를 일으키지 않도록 하였다. 이것이 선왕이 음악을 제정한 宗旨종지이다.
>
> 그런고로 음악이 宗廟종묘에서 연주되어 君臣上下가 함께 들으면 서로 공경하지 않음이 없으며, 鄕黨향당의 마을에서 老少가 함께 들으면 和順하지 않음이 없으며, 집안에서 父子·兄弟가 함께 들으면 화친하지 않음이 없다. 그러므로 음악은 먼저 사람의 소리를 살펴서 적당한 樂調악조를 정하고, 다시 각종 악기로 節奏에 配合배합한다. 절주는 五聲에 맞추어 악곡을 이루니 父子와 君臣之間을 융합하게 하고 만민이 화순하여 가까이 하도록 한다. 이것이 선왕이 음악을 제정한 宗旨이다.『禮記·樂記』

음악은 우선 즐거워야 한다. 노래나 춤은 사람의 자연스러운 정감의 표현이다. 즉 노래란 喜悅희열과 같은 어떤 정감의 작용에 의해 표출된 언어의 한 형식이다. 이는 감성의 작용에 의한 몸의 언어와도 같다. 「樂記」에서는 이를 "즐거움이 있어 말을 하고자 하나 단순한 말로 부족하니 말의 억양을 늘여서 하게 된다. 말을 늘여서 하는 것으로 부족하면 탄성을 울리게 되고, 탄성으로도 부족하면, 자신도 모르게 손으로 춤을 추며 다리를 흔들게 된다."[279]라 했다.

음악이나 노래가 즐겁지 않으면 그 본래의 기능을 다하지 못하게 될 것이다. 위의 인용문은 사람에게는 性情이라는 것이 있고, 소리와 동작은 곧 이 성정을 나타내는 두 가지 방식임을 말한다. 이것을 음악의 표현이라 한 것이다. 그러나 성정의 표현은 자칫 과도하게 쾌락을 추구하면 균형을 잃고 오히려 人性을 해칠 수가 있다. 때문에 음악의 道가 필요한 것이다. 그래서 고대의 성인은 이러한 음악의 道로서 사람을 교화하였으니, 가사는 노래를 부를 때마다 새롭고 깊은 의미를 깨칠 수 있도록 하였고, 곡조는 사람의 소박하고 순수한 마음을 일깨워 삿된 기운에 접하지 않도록 한 것이다.

성인의 시대에는 그 음악이 달랐던 것처럼 음악은 바로 그 시대를 반영하는 것으로 보았다. 즉, "善政의 음악은 편안하고 즐거우면서 군왕의 治世는 온화하고, 난세의 음악은 원한으로 노기에 차있어 政事는 乖僻괴벽하며, 망국의 음악은 구슬프면서 애수를 나타내니 백성은 힘들고 어렵다."[280]라고 한 것이다. 현대에 유행하는 랩rap music은 흑인들의 불만에 가득 찬 욕설로부터 시작된 노래로 알려져 있다. 이는 백인들의 침략과 유린에 자신들의 정체성을 상실한 흑인들의 항거를 반영한 것이다. 우리나라에서도 그 유래와 상관없이 1992년 그룹 '서태지와 아이들'이 청소년들 사이에서 돌풍을 일으켰고 지금도 그 유행이 지나간 것 같지는 않다.

음악의 힘은 지대한 것이다. 그래서 성인은 음악을 통해 君臣上下, 老少, 그리고 父子 · 兄弟에 이르기까지 구별의 질서에 상관없이 서로 和親을 이루도록 하였다는 것이다.

이러한 연유로 예로부터 학교에서는 예악을 중시하게 되었다. 즉 음악에는 우선적으로 모두가 정서적 공감을 바탕으로 친목을 두터이 하는 것을 배운다는 의미가 있다. 이에 비해 예는 인륜의 질서의식을 함양시킨다. 이 두 가지는 사회인이 갖추어야 할 가장 중요한 덕목이라 할 수 있을 것이며, 정약용 선생은 바로 이것을 학교의 교육으로 강조하였다고 보인다.

4. 혼례의 의미는 무엇인가

신식 혼례

우리나라의 현대 결혼식은 참으로 해괴망측하다. 결혼의식은 서양을 따르고 있는 것 같고, 결혼식이 끝나고 나서 이어지는 폐백은 우리의 전통을 따르는 것 같기도 하다. 그러나 서양의 의식으로 본다면 가장 중요한 것이 빠져있고, 폐백도 본래의 의미와는 전혀 다르다.

서양의 결혼식이라면 神父나 목사가 執典집전을 해야 한다. 아무런 뜻도 없는 예식장이라고 하는 곳에서 역시 아무런 명분도 없는 '主禮'가 혼례를 주도하는 것은 이상한 풍속이라 할 수밖에 없다.

우리는 서양의 혼례를 모방하면서 종교적인 의미를 갖는 의식 절차를 모두 삭제 하였다. 다른 민족의 종교 의식을 흉내 내면서 가장 중요한 종교적인 내용과 의미를 뺀 것이다. 하나님의 대행자가 있어야 될 자리에 종교의 처지에서 전혀 의미를 찾을 수 없는 '主禮'가 서 있는 모습은 마치 神父가 있어야 될 자리에 허수아비를 세워 둔 모습이다.

결혼이란, 30년 가까이 서로 풍습이 다른 집안에서 자란 남남의 남녀 둘이서 한 가정이라는 단위를 이루어 서로의 다른 문화를 절충하면서 함께 살아가는 것이다. 이것이 그리 쉬운 일이 아니다. 그러한 결혼의식은 우선 당사자들의 마음을 가라앉혀 차분하고 조용한 가운데 마음의 각오를 새길 수 있도록 도와주어야 할 것이다.

그러나 우리는 그와 반대로 친구들의 장난 속에서 당사자들을 오히려 들뜨도록 부추기고 있다. 신혼여행에서 이미 갈라져 돌아오는 사례가 빈번한 것은 이러한 결혼 문화와도 관련이 있을 것이다. 서로가 각오보다는 상대방에 대한 기대에만 부풀어 한 끼의 식사도 편하게 넘어가지 못하는 것이다. 일 년에 10만 쌍이 넘는 사람들이 이혼하는 현실에 대해 우리는 별 느낌이 없다.

모든 전통문화가 배척되고 일본이나 서양을 흉내 내는 풍조는 결혼 의식도 바꾸어 놓았다. 서양의 결혼식을 모방한 새로운 의식이 자리 잡았다. 그러나 어설픈 모방으로 이상한 결혼식이 되어 버렸다.

서양은 우리와 다르게 철저한 종교적 전통을 유지해왔다. 결혼은 원칙적으로 예배당 안에서 神父나 목사의 執典으로 이루어진다. 가장 중요한 절차는 아마도 성서에 손을 얹고 하나님의 뜻으로 만났으니 하나님의 뜻이 아니면 헤어질 수 없다는 것을 확인하는 것이라고 여겨진다. 이 모두는 하나님 앞에서 진행되는 의식으로 간주되기 때문에 매우 엄숙한 것이다. 물론 이혼은 허락될 수도 없다.

이들의 결혼식은 사실상 하나의 종교 의식이기 때문에 아직도 상당히 보수적인 측면이 있다. 우리나라도 천주교에서 하는 의식은 서양과 완전히 동일하다고 할 것이다.

우선 여자는 면사포를 쓴다. 지금은 면사포가 신부를 아름답게 보이기 위한 의상용으로 변질된 것 같지만 본래는 그렇지 않았다.

'면사포'는 'veil'의 譯語로 쓰인 것이며, 이는 본래 머리를 가리는 용도로 쓰인 것이다. 이것은 소위 성경이라고 하는 '바이블Bible'의 아래와 같은 기록에서 유래되었다.

> 3 나는 너희가 알기를 원하노니 각 남자의 머리는 그리스도요 여자의 머리는 남자요 그리스도의 머리는 하나님이시라
> 4 무릇 남자로서 머리에 무엇을 쓰고 기도나 예언을 하는 자는 그 머리를

욕되게 하는 것이요.

5 무릇 여자로서 머리에 쓴 것을 벗고 기도나 예언을 하는 자는 그 머리를 욕되게 하는 것이니 이는 머리 민 것과 다름이 없음이니라

6 만일 여자가 머리에 쓰지 않거든 깍을 것이요 만일 깍거나 미는 것이 여자에게 부끄러움이 되거든 쓸찌니라

7 남자는 하나님의 형상과 영광이니 그 머리에 마땅히 쓰지 않거니와 여자는 남자의 영광이니라[281]

여인은 남자에게 예속되어 남자의 영광을 드러내는 역할을 한다. 이것은 「創世記」에서 "이는 지금 나의 뼈 중의 뼈요 나의 살 중의 살이라. 그녀는 '여자(Woman)'라 불리리라. 왜냐면 그녀는 '남자(Man)'로부터 취해졌기 때문이다."[282]라 한 아담의 말과 같은 맥락의 내용이다. 남자에게 속한 여자로서 하나님 앞에 마주 설 수가 없기 때문에 면사포로 머리를 가리는 것이다.

남자를 위해 여자를 창조하였기 때문에 결혼은 필수적이라 할 수 있다. 결혼을 하지 않으면 '뼈 중의 뼈'와 '살 중의 살'이 결여되는 것이다.

종교는 쉽게 변하지 않는다. 따라서 이러한 의식은 앞으로도 크게 바뀌지는 않을 것이다. 다만 현대에 와서 본래의 의미가 많이 퇴색되고 편한 쪽으로 바뀌고 있을 뿐이다. 서양의 결혼의식은 그야말로 지금도 누천년의 역사적 전통을 유지하면서 그만큼 엄숙하고 장엄한 의식으로 거행된다.

각 민족은 그 역사적 문화적 배경에 따라 서로 다른 풍습이나 의식주의 전통이 있는 것이다. 이는 상대적인 비교가 불가능하고 또한 그럴 필요도 없다. 서로의 문화는 그 자체로 절대 가치를 지니는 것이며, 피차 존중할 뿐 억지로 흉내 낼 일이 아닐 것이다.

越王 勾踐이 廉稽염계를 시켜 楚王에게 포로를 데려가 바치도록 했다. 초왕의 使者가 초왕에게 말했다. "越은 異族의 나라입니다. 제가 시험해 보고자 합니다." 초왕이 이르기를; "월왕은 현인이다. 그 신하 역시 현명할 것이니 그대는 신중해야 할 것이다." 사자가 나가서 염계에게 일렀다. "관을 쓰면 예로써 王을 만날 수 있지만 관을 쓰지 않으면 만날 수 없습니다." 이에 염계가 말하기를; "越나라도 周나라의 제후국입니다. 내륙 중심에 있지 못하고 강과 바다의 주위에서 물고기나 거북이 등과 함께 지내게 되니, 文身과 삭발을 하고서야 적응할 수 있었습니다. 지금 귀국에 오니 관을 쓰면 만나주고 관을 쓰지 않으면 만날 수 없다고 합니다. 그러면 귀국의 사자가 越에 오면, 코를 베고 이마에는 먹물로 글자를 넣으며, 文身과 삭발을 해야 우리 王을 만날 수 있다 한다면 괜찮겠습니까?" 하니 초왕이 듣고 옷을 입고 나와 사죄하였다.『韓詩外傳卷八』

모자를 쓰는 것과 삭발을 하는 것은 자연환경으로부터 비롯된 습관에 불과한 것이다. 越은 남쪽 長江 유역과 해안가에 자리 잡은 나라였다. 내륙 쪽의 사람들과 생활 풍속이 크게 다를 수밖에 없다. 우리가 다른 민족의 종교로부터 유래된 면사포를 쓰는 것은 마치 삭발을 한 머리에 冠을 쓰는 것과도 같다.

혼례는 봄에 올린다

'媒氏매씨'는 만민의 결혼을 관장하는데, 무릇 남녀가 태어나 이름을 갖게 되면 그 생년월일과 이름을 기록한다. 남자는 30세에 아내를 맞이하고 여자는 20세에 출가하도록 하는 나라의 令을 시행한다. 무릇 신부와 신부에 딸린 여자(媵妾잉첩으로 딸려온 자매나 시녀)는 모두 기록을 한다. 2월 봄이면 남녀가 결혼을 하도록 하는데, 이 때에는 私奔사분(正禮를 거치지 않은 남녀의 결합)도 禁하지 않았다. 오히려 이유(喪禍之變상화지변) 없이 令에 따르지 않는 자는 벌하였다. 또한 지아비가 없는 과부와 가정이 없는 홀

> 아비들도 혼인을 하도록 하였다. 무릇 시집가고 아내를 맞이하는 일에 쓰이는 폐백은 다섯 兩[283]을 넘지 못한다. 生時의 부부가 아닌 사람과 19세가 되기 전에 죽은 미혼여자는 合葬합장을 금한다. 모든 남녀의 淫事는 亡國의 社壇사단에서 다루고 형벌을 주어야 하면 바로 刑吏형리에게 보낸다(再議하지 않는다).[284]

위는 『周禮』에 기록된 「地官 · 媒氏」라는 관직의 주된 직무 내용이다. 『周禮』는 十三經의 『儀禮』 · 『禮記』와 함께 '三禮'로 불린다. 『周禮』는 본래 『周官』으로 불렸다. 이 책은 바로 周公이 周나라의 官制를 만들어 그 관직과 업무 분장의 내용을 서술한 것으로 전해졌기 때문이다. 예로, 위의 '媒氏'라는 관직은 '地官'에 소속된 77개 관직 중의 하나이다. 다시 地官은 天 · 地 · 春 · 夏 · 秋 · 冬으로 나뉜 '六官'의 하나이다. 이러한 官制의 명칭은 행정기구의 조직을 자연의 이치에 따라 편제함으로써 인사와 자연을 하나의 이치 속에서 조화를 꾀하고자 한 것으로 보인다.

매씨는 그 주된 업무가 국민의 결혼과 그에 관련된 일을 관장한다는 것으로, 현대의 정부에서는 찾아볼 수 없는 매우 독특한 관직이었다. 생후 3개월이면 아비는 아이의 이름을 지어 부르는데, 이 때 아이의 생년월일과 함께 신고를 한다. 매씨는 그 아이가 적정 연령이 되었을 때 아이의 결혼 여부를 살피게 된다. 이는 일반 국민의 결혼을 개인의 사사로운 영역으로만 맡기지 않고, 나라의 중요한 국사로 인식하고 있었음을 나타내는 것이다.

한 해 중에서 봄은 혼인의 계절이었다. 위의 글에서 鄭玄정현의 注는 "二月은 음양이 교차하니 혼례를 이루어 天時를 따르는 것이다."라 했다. 또한 賈公彦가공언의 疏에서는 『詩經』을 인용하면서 봄이야말로 남녀 청춘이 만나 결혼하는 때라 하였다.

봄을 타는 여인이 있으니,
善男이 유혹하네.

有女懷春유녀회춘, 吉士誘之길사유지. 「國風 · 召南 · 野有死麕야유사균」

봄날 느릿느릿, ……
여인의 마음은 아프다.

春日遲遲춘일지지, ……女心傷悲여심상비. 「國風 · 豳風빈풍 · 七月」

『詩經』에서 보이는 詩句이다. 봄날 여인의 정서가 들뜨는 것은 단지 자연의 이치일 뿐이다. 이에 남자가 유혹하는 것도 마찬가지이다. 봄날 해가 아직 그렇게 길어지지 않았을 때임에도 해가 더디 간다. 아마도 정해진 公子를 따라갈 날을 기다리는 마음이 나타난 듯하다. 봄은 溫煦온후한 中和의 기운이 모여 만물이 소생하니 '陽中'이라 하며, 가을은 만물이 이루어지는 때로 '陰中'이라 한다. 혼인에 있어서 生育은 귀한 일이니 仲春이야말로 남녀가 혼인의 예를 이루어 福祿大吉복록대길하는 것이다. 때문에 이때에는 스스로 해결하지 못하는 남녀는 매씨가 이를 도와 결혼을 하도록 한 것으로 보인다. 또한 사정이 있어서 正禮를 올리지 못한 남녀의 私奔도 이때 만큼은 묵인하였다 한다.

그러나 사정이 있는 경우는 仲春之節을 비켜가게 된다. 가령 喪禍상화를 당하면 그에 따르는 기일을 채우고 나서 혼인을 할 수 있었으며 따라서 이러한 경우는 중춘이 아니더라도 상관없었다. 또한 때를 놓친 사람들이나 淫奔음분의 여인들에게는 이듬해를 기다릴 수 없으니 가을에 맞이하는 것도 허용되었다.

이러한 혼례 외에 남녀 간에 벌어지는 불륜도 媒氏의 직무에 속하였다. 이러한 소송이 있으면 인가로부터 멀리 떨어지고 위가 가려진 채 사다리를 타고 내려가야 하는 곳에 설치된 亡國(자신들이 점령하여 망한 나라)의 사직단에서 이를 다루었다. 이는 밖에 알려지지 않게 하기 위한 배려였다.

특히 형벌을 가해야 하는 죄가 있으면 이를 바로 집행하도록 하여 다시 재의하는 일이 없도록 하였다. 즉 이러한 죄는 매우 엄하게 다스린 것이다. 아울러 生前의 부부가 아니면 사후에 합장 하는 것을 금하였으니, 혼인에 대한 국법이 매우 구체적이고 명확하였다고 보인다.[285]

매씨의 중요한 임무는 결국 모든 남녀로 하여금 결혼을 하게 하는 것이다. 그리고 그것은 때에 맞추어 해야 한다. 즉 연령은 남녀 각각 30과 20세 이전으로 규정되어 있었으며, 또한 원칙적으로는 仲春 2월에 한다. 이유 없이 이를 어기면 벌을 내린다는 단서도 포함되어 있다.

이러한 연령의 기준과 결혼의 시기는 우선은 자연의 이치에 근거하였다. 즉 신체의 생리적 조건을 근거로 하는 것이며, 남자가 여자에 비해 나이가 많은 것도 마찬가지이다. 중국의 가장 오랜 醫書의서인 『黃帝內經』에는 남녀의 성장 과정을 8과 7이라는 週期에 의한 단계별로 설명하고 있다.

> 여자는 七세가 되면 腎氣신기가 盛성해지고 乳齒유치를 갈며 毛髮모발이 무성해진다. 二七열넷에 天癸천계[286]가 생산되고 任脈임맥과 太衝脈태충맥이 通盛통성하여 月事가 있음으로 해서 아이를 가질 수 있게 된다. 三七에는 腎氣가 충족되고 사랑니가 자라면서 치아가 완전해진다. 四七에는 筋骨근골이 견실해 지고 모발은 가장 무성해지면서 몸은 최고로 장성해진다. 五七에는 陽明의 脈이 쇠약해지면서 얼굴이 마르기 시작하고 모발도 빠지기 시작한다. 六七에는 三陽脈이 위에서부터 쇠약해지면서 얼굴은 모두 마르고 모발이 하얗기 시작한다. 七七에는 임맥이 허약해지고 태충맥은 쇠미해져서 천계는 마르고 월사가 없어지니 몸은 노쇠하고 아이를 가질 수 없게 된

다.

남자는 八세가 되면 腎氣가 실해지고, 모발이 무성해지며 유치를 간다. 二八에는 신기가 성해져 천계가 생산되니 精氣가 充溢충일하여 음양이 합하면 아이를 갖게 할 수 있게 된다. 三八에는 신기는 충만해지고 근골이 강건해지면서 사랑니가 자라나와 치아가 완전하다. 四八에는 근골이 장대해지고 근육은 장성한다. 五八에는 신기가 쇠약해지고 모발이 빠지며 치아가 쇠락한다. 六八에는 양기가 위로부터 마르고 안색은 초췌해지고 두발은 頒白반백이 된다. 七八에는 肝氣간기가 쇠약해지고 근육을 쓸 수 없고 천계가 마르며 精氣정기는 적어지니 신장이 쇠약해지며 몸은 모두 소진된다. 八八에는 치아와 두발이 빠진다.『黃帝內經素問 · 古天眞論一』

이로 보면 여자는 14세에, 그리고 남자는 16세가 되면 이미 신체적인 성인이 되어 아이를 가질 수 있게 된다. 따라서 결혼연령은 신체적인 성장에 비해 다소 늦게 잡혀져 있다. 특히 남자는 성인이 되고서도 10년 이상을 기다리는 셈이 된다. 이에 대해 賈公彦은 위『周禮 · 媒氏』의 疏에서『孔子家語』를 인용하여 이를 설명하였다.

魯나라의 哀公이 孔子에게 물었다. "남자는 열여섯이면 精氣가 통하고 여자는 열넷이면 經血이 있게 되니 이는 바로 아이를 가질 수 있다는 것입니다. 듣건대 예에서는 남자가 서른에 아내를 맞아들이고, 여자는 스물에야 지아비가 있게 된다니 이는 늦지 않습니까?"

孔子가 대답하였다. "무릇 예란 그 한계를 말하는 것이지 늦도록 넘긴 것이 아닙니다. 남자는 스물에 관례를 하니 아버지가 될 수 있고, 여자는 열다섯이면 許婚을 하여 아내가 될 수 있는 것이니 이로부터는 스스로 혼인을 할 수 있는 것입니다.

이로 보면 결혼은 여자와 남자가 관례를 행하는 15세와 20세라는 나이부터 할 수 있음을 의미하며,[287] 위에서 20과 30이라 한 것은 넘어서는 안 되는 상한선을 뜻하는 것이라고 할 수 있다. 그리고 그 10년이라는 나이의 차를 두는 이유는 "陽道는 느리고 陰道는 빠르다"라는 『黃帝內經』의 이론에서 우선 단서를 찾아볼 수도 있다.[288]

이상에서와 같이 당시 결혼의 시기는 자연의 이치에 따라 정해진 것이었다. 즉 때가 되면 결혼한다는 것이다. 국가적으로는 만물이 태동 소생하는 2월 봄을 그 시기로 하여 자연과의 조화를 꾀하였고, 개인적으로는 인생의 봄을 놓치지 않는 청춘의 시기에 결혼을 하도록 맞추어져 있었다. 다만 남자는 여자에 비해 성장이 느린 반면 늙는 주기도 느리다는 점이 고려되어 결혼연령이 비교적 늦게까지 잡힌 것으로 추측된다.

사람에게 있어서 '飮食 · 男女'는 때가 되면 밥을 먹고, 때가 되면 결혼을 하는 매우 단순 명료한 것이다.

婚禮는 축하하지 않는다

위에서 孔子가 혼례를 중시했다고 했을 때 이미 혼례의 의식 절차가 확립된 것으로 보인다. 冠 · 婚 · 喪 · 祭의 儀禮는 그 자체가 사실 하나의 완성된 학문 체계이다. 학문의 목적은 인생에 있는 것이며 종국적으로는 절대 가치를 찾아 실현하면서 행복한 삶을 사는데 기여하자는 것이다. 때문에 학문은 우리의 가장 가까운데서 시작한 것이다. 그것이 곧 冠 · 婚 · 喪 · 祭禮이며 그중에서 살아있는 사람을 위한 가장 중요한 의례는 혼례이다.

특히 음식과 남녀는 인간의 본능적인 大欲으로 이는 어떤 인위적인 규범에 의해 절제될 수 있어야 하는데, 이것이 곧 예가 필요한 이유이기도 했다.[289] 鄭玄에 의하면 혼인은 반드시 媒人에 의한 소개를 거쳐야 하는데, 이는 이를 통해 廉恥意識염치의식을 기르기 위함이라 했다.[290] 예는 인간의 대욕을 다스리면서 아울러 그 의미를 드러내는 규범으로 확립된 것이다.

혼례의 의식을 규정한 가장 초기의 문헌으로는 『儀禮』의 「士昏禮」편을 들 수 있다. 고대 중국에서 결혼은 冠 · 喪 · 祭禮와 더불어 막중한 인륜대사로 여겼으며, 이에 대한 구체적인 儀式節次가 『儀禮』에 상세히 명시되어져 있고, 또한 『禮記』에서도 이러한 예의 의미가 명료하게 기록되어 있다.

우선, '昏禮'라는 명칭은 이 예가 행해지는 시각에서 연유된 것이다. 鄭玄에 의하면, 昏禮는 '昏時'를 기준으로 하여 이루어지기 때문에 그렇게 불려진 이름이며, 昏時라 함은 陰陽이 들고 나는 때로, 해가 지고서 三商(三刻)인 때를 뜻한다고 되어 있다.[291] 즉 日沒 후 한 시간이 채 못 되는 때라 볼 수 있다. 이는 육례 중에서 '親迎'의 시각을 기준으로 한 것이다.[292]

우리가 보통 육례를 갖춘다고 할 때의 육례는 『儀禮』에서 유래된 것이다. 즉 결혼 당사자의 양가 사이를 오가면서 행해지는 의례가 바로 여섯 가지로 구분된다. 이는 곧 '納采납채' · '問名문명' · '納吉납길' · '納徵납징' · '請期청기' · '親迎친영'인데, 참으로 오랜 세월 동안 지속되어온 전통이라 할 수 있다.

이러한 의례는 신랑이 직접 가는 '親迎'을 제외하면 다섯 가지 모두는 신랑 집안의 家臣이 家長의 위임을 받아 '昕時흔시; 해뜰 무렵으로 黎明과 같음'에 행한다. 그리고 각 과정마다 살아있는 기러기를 贄見지현의 예물로 사용하는데, 다만 '納徵'에는 幣帛폐백의 예물이 있으므로 따로 지현의 예물을 쓰지 않는다.[293]

「士昏禮」에서 규정하는 육례는 이렇듯 男家의 '納采'로 시작이 되

면서 男家의 주도로 진행 된다.[294]

'納采'는 남가에서 보낸 使者와 女家의 家長 사이에서 이루어지는데, 사자가 女家에 당도하면 먼저 '納采'의 일로 왔음을 고하여,[295] 주인의 인도로 사당에 안내되며,[296] 기러기를 전하는 '授受之禮수수지례'를 행한다. 주인은 자신과 동등한 신분으로 使者를 대하며,[297] 기러기를 받아 집안의 나이 많은 家臣에게 전하는 것으로 '納采' 의식은 종료된다.[298]

'問名'[299]은 지금으로 말하면 男家에서 閨秀규수의 四柱를 받아 조상의 뜻을 묻고자 하는 것이며, 이에 문제가 없으면 '納吉'[300]禮를 행한다. 이로써 양가의 혼인에 대한 議婚의 형식이 갖추어진다.

이어지는 순서의 '納徵'은 납폐에 의한 혼약인데, 이는 음양을 뜻하는 검은색과 붉은색의 비단 다섯 필과 사슴가죽 두 장을 하는 것으로 되어 있다.[301] 이로써 변경할 수 없는 혼약이 성립하는 것이며, 다음으로는 날을 잡는 '請期'를 거쳐 신부를 맞이하는 '親迎'을 하게 된다.

위에서 '納采', '納吉', '納徵'에서의 '納'이라 함은, 이러한 예가 男家의 통고나 전달이 아니라 이를 받아들여 달라는 뜻으로 쓰인 것이며, 따라서 女家에서 그 가부에 대한 선택의 여지가 남아 있음을 의미하는 것이다. 아울러 위의 三禮는 女家에서 번복할 수도 있음을 전제로 하는 것이다. 일단 '納徵'이 받아들여지면 이 후로는 女家에서 번복할 수 없음을 뜻하며 따라서 '請期'와 '親迎'에는 '納'을 쓰지 않은 것이다.[302]

'親迎'이란 신랑이 신부를 맞이해 오라는 父의 命을 받아,[303] 昏時에 女家에 이르러 奠雁전안의 예를 행하고, 신부를 맞이해 돌아오는 예이다.

신랑은 從者와 함께 세 대의 수레에 나눠 타고, 그리고 신부와 신부의 女從者[304]를 위한 별도의 수레 세 대를 준비하여 女家에 당도하면, 대문에서 女家主人의 인도로 사당에 오르게 된다.[305] 사당에서 '奠雁之禮전안지례'를 행하고 신랑이 내려서게 되면 이때 신부가 그 뒤를 따르게 되는데, 신부의 부모는 사당을 내려서지 않는다.[306]

신부는 이로써 배웅 없이 신랑을 따라 대문밖에 나와서, 신랑이 준비해간 수레에 오르게 된다. 다만 保姆보모가 함께 나와서 신부가 수레에 오르는 것을 도와주고, 다시 신부에게 明衣와 같은 겉옷(景)을 씌워 준다. 이는 가는 길에 먼지로 옷이 더러워지는 것을 막기 위함이다. 이어서 신랑이 수레에 올라 세 바퀴를 몰고서 從者에게 넘겨주고, 신랑은 자신의 수레를 타고 먼저 돌아와 자신의 집 대문 밖에서 신부를 기다려 맞이한다. 鄭玄에 의하면 이로부터 남자는 인도하고 여자는 따르는 부부간의 剛柔之義강유지의가 시작된다고 했다.[307]

이상으로 '親迎'禮가 끝나고 아울러 六禮가 완성되어, 兩家의 혼사는 이로써 종료된다고 볼 수 있다.[308]

> 천문을 살펴 때時의 변화를 깨닫고, 인문을 살펴 천하의 조화를 이룩한다.
>
> 觀乎天文以察時變, 觀乎人文以化成天下.『周易·賁卦·彖辭』

우리가 흔히 天文地理를 살핀다고 하는 것은 시간과 공간의 조건을 헤아려 본다는 의미이다. 天文은 곧 시간의 조건이다. 모든 생물은 이 시간의 조건에 의해 生長收藏수장의 과정을 지난다. 때의 변화를 살피는 것은 바로 이러한 생장수장의 이치를 파악하자는 것이다. 인문은 이와 조화를 이룰 때에 비로소 자연스럽게 된다.

昏禮의 '昏'은 天文을 살펴 결정한 시간적 조건이다. 남녀의 연령이 그러하며 친영의 예가 이루어지는 시각 또한 그러하다. 여인을 맞아들이는 친영의 예가 대낮에 이루어지는 것은 자연스럽지 않으며, 따라서 분위기도 잡히지 않는 일이다. 조용하고 그윽해야 하는 것이다. 때문에 昏禮에서는 음악을 사용하지 않는다. 昏禮란 陰의 기운을 맞이하여 장차 자녀의 생산을 예비하는 것이다. 때문에 陽에 속하는 음악으로 그러한 의미를 희석시킬 수 없는 것이다.

또한 昏禮는 嘉禮가례에 속하는 의례이긴 하지만 축하하지 않는다. 昏禮는 세대의 교체를 뜻하는 것이기 때문이다.[309] 결혼을 한다는 것은 곧 '위로 종묘를 받들고 아래로 후세를 이어가게[310] 하는 것이니, 지금 내가 결혼하는 것은 곧 이 내 생명도 머지않아 나의 자식에게 승계될 것이기 때문에 차마 축하할 수 없는 것이다.

고대 중국에서 인간을 지배하거나 인간의 세상에 관여하는 절대 神格에 관한 기록은 보이지 않는다.[311] 오히려 인간이야말로 天地間의 性 중에서 가장 고귀한 존재(人, 天地之性, 最貴者也)[312]이며, 또한 天地 중에서 가장 중심을 이루는 존재이다.[313] 때문에 사람은 자연(天地)의 주체이며, 생명의 승계란 곧 이러한 주체의 승계라 할 수 있다. 따라서 부모는 이러한 생명의 근원이며 이는 다시 자녀를 통해 이어져 나가는 것이다.

孔子는 昏禮를 특히 중시하였다. 이를 예의 근본이면서 동시에 인륜의 근간으로 보았다. 昏禮는 우선은 형식 요건이지만 사랑과 공경하는 마음으로 부부가 되어 인륜의 도리를 다 할 것을 강조한다. 때문에 孔子는 昏禮가 군왕의 경우에 있어서는 곧 爲政의 근본이라 규정했다.

> 옛날의 위정에 있어서는 사람을 사랑하는 것을 크게 여겼습니다. 사람을 사랑할 수 있도록 하는 데에는 예를 크게 여겼습니다. 예를 갖출 수 있도록 하는 데에는 공경을 중요시 했습니다. 공경을 다 하는 것은 大昏君王의

昏禮를 크게 여겼습니다. 大昏은 매우 지대한 일이니, 혼인을 함에는 大禮服을 갖추어 친영을 해야 하며, 이는 신부를 친하는 것입니다. 신부를 친한다는 것은 바로 신부를 친애하는 것입니다. 이로써 군자는 공경하는 마음으로 친애할 수 있는 것이며, 만일 이러한 공경의 마음을 버리면 곧 친애할 수 없는 것입니다. 애모하는 마음이 없으면 친애할 수 없고, (친애하나)공경하는 마음이 없으면 (혼인은) 올바르지 않습니다. (자신의 아내를)사랑하고 공경하는 것은 곧 위정의 근본입니다. (中略) 천지가 서로 交合되지 않으면 만물이 생겨나지 못합니다. 大昏은 만세를 잇는 것입니다.[314]

이와 같이 군왕이라 하더라도 몸소 공경과 사랑으로 '親迎'의 禮를 갖추어야 하며, 아울러 이것이 곧 위정의 근본이 됨을 일깨운 것이라 할 수 있다. 즉 위정은 인애로써 이루어지고, 인애는 예의 확립으로부터 형성되어지며, 이러한 예는 군왕의 올바른 결혼과, 그리고 부인에 대한 사랑과 공경에서 그 근본이 찾아진다는 논리이다.

이러한 시각에서 본다면 결혼이 우리의 선택 대상이 될 수 없음이 명백하다. 생명을 이어가는 것은 자연의 이치이며 내 스스로가 이러한 이치에 의해 태어난 것처럼 결혼 또한 이러한 이치를 따르는 것뿐이 아닌가? 아이를 몇이나 낳을 것인가? 어떻게 키울 것인가? 우리가 勞心焦思노심초사하는 문제들도 사실상 하늘이 무너질까 두려워하는 杞憂기우에 불과하다.

閨怨 규원

규중의 새색시 시름을 모르다가,
봄날 짙은 화장으로 취루에 올랐어라.
홀연 푸른 논둑의 버들 색이 보이니,
남편 벼슬 찾아 보낸 것을 후회하네.

閨中少婦不知愁규중소부부지수, 春日凝妝上翠樓춘일응장상취루.
忽見陌頭楊柳色홀견맥두양류색, 悔教夫壻覓封侯회교부서멱봉후.

唐나라 王昌齡왕창령: 698-765의 詩이다. 시집온 지 얼마 되지 않은 새색시가 아직은 인생의 시름을 겪어보지 못했다. 봄날의 유혹에 끌려 짙은 화장으로 가까운 누대에 올랐는데 멀지 않은 논둑에 버들이 어느새 가득 물이 올라 봄빛이 완연하니 눈에 들어온다. 지난번 보았을 때만 해도 시커먼 마른 가지에 불과했다. 단지 봄이라는 이유만으로 이렇게 생기가 돌면서 새잎은 햇빛에 찬란하다.

버들은 해마다 똑같은 모습으로 생기와 빛깔을 되찾는다. 그러나 사람은 다르다. 해마다 꽃은 같게 피어나지만 사람은 한해 한해가 다르다. 내년의 내 모습은 지금과 또 다르지 않겠는가? 그런데 지금 남편이 곁에 없으니 지금의 젊음을 누구와 함께 해야 하는가? 벼슬을 하면 무엇 하나? 한 겨울 마른 버드나무에 비단으로 치장을 할 것인가?

---

261. 조선일보, 2011.7.18. A6면
262. 김현경 저, 「한국여성의 제왕절개술 영향요인에 관한 생태학적 접근」, 『여성건강간호학회지 · 제17권』, 2011년 6월. 109면
263. 신명직 지음, 『모던쌘이京城을거닐다.』, 현실문화연구, 서울, 2003, 187면에서 재인용.
264. 상게서, 184-185면에서 재인용.
265. 상게서, 11면.
266. Henry's second marriage had raised hopes for a male heir, Anne Boleyn, however, produced another daughter, Princess Elizabeth, and failed to produce a male child. Henry got rid of Anne on charges of treason(presided over by Thomas Cromwell) which were almost certainly false, and she was executed in 1536. THE OFFICIAL WEB SITE OF THE BRITISH MONARCHY. (www.royal.gov.uk)
267. "Since last Sunday's dreadful news we have seen, throughout Britain and around

the world, an overwhelming expression of sadness at Diana's death." 上同.

268. 上同.

269. "Elizabeth chose never to marry. If she had chosen a foreign prince, he would have drawn England into foreign policies for his own advantages (as in her sister Mary's marriage to Philip of Spain); marrying a fellow countryman could have drawn the Queen into factional infighting. Elizabeth used her marriage prospects as a political tool in foreign and domestic policies. However, the 'Virgin Queen' was presented as a selfless woman who sacrificed personal happiness for the good of the nation, to which she was, in essence, 'married.'" 上同.

270. 大道之行也, 天下為公. 選賢與能, 講信修睦, 故人不獨親其親, 不獨子其子, 使老有所終, 壯有所用, 幼有所長, 矜寡孤獨廢疾者, 皆有所養. 男有分, 女有歸. 貨惡其棄於地也, 不必藏於己; 力惡其不出於身也, 不必為己. 是故謀閉而不興, 盜竊亂賊而不作, 故外戶而不閉, 是謂大同.『禮記 · 禮運』

271. "男女無別, 則民無廉恥."『管子 · 權修』.

272. "And the eyes of them both were opened, and they knew that they were naked; and they sewed fig leaves together, and made themselves aprons."『THE COMPANION BIBLE-Genesis 3』, ZONDERVAN BIBLE PUBLISHERS, MICHIGAN. 7면.

273. "子云; 男女無媒不交, 無幣不相見, 恐男女之無別也."『禮記 · 坊記』.

274. 부산일보 2011.6.8. 25면 기사 참조

275. 2009-04-27 Busan.com

276. 丁若鏞 著,『牧民心書 · 권7興學 · 禮典第四條』,.

277. "孔子以詩 · 書 · 禮 · 樂, 教弟子."『史記 · 孔子世家』.

278. 鄭玄 注; 同, 謂協好惡也.

279. "說之, 故言之; 言之不足, 故長言之; 長言之不足, 故嗟歎之; 嗟歎之不足, 故不知手之舞之, 足之蹈之也."『禮記 · 樂記』. 이와 거의 같은 내용의 글이『詩經』의「詩序」에서도 보인다. "情動於中, 而形於言, 言之不足, 故嗟歎之, 嗟歎之不足, 故永歌之, 永歌之不足, 不知手之舞之, 足之蹈之也."『詩經』.

280. "是故治世之音, 安以樂, 其政和. 亂世之音, 怨以怒, 其政乖. 亡國之音, 哀以思, 其民困."『禮記 · 樂記』.

281.『투데이 성경 · 고린도전서 · 11장』, 아가페출판사, 서울, 2002. 276면. 번역의 이해를 돕기 위해 영문판을 병기함. "3) But I would have you know that the head of every man is Christ; and the head of the woman is the man; and the head of Christ is God. 4) Every man praying or prophesying, having his head covered, dishonoureth his head. 5) But every woman that prayeth or prophesieth with her head uncovered dishonoureth her head: for that is even all one as if she were shaven. 6) For if the woman be not covered, let her also be shorn:

but if it be a shame for a woman to be shorn or shaven, let her be covered. 7) For a man indeed ought not to cover his head, forasmuch as he is the image and glory of God: but the woman is the glory of the man." 『Companion BIBLE · Ⅰ Corinthians. 11』, 1714면.

282. "And Adam said, This is now bone of my bones, and flesh of my flesh: she shall be called Woman, because she was taken out of Man." 상게서, 「Zenesis.2」6면.

283. 鄭玄의 注에 의하면, 一兩은 十端이며, 一端은 二丈이다. 賈公彦의 疏에 의하면 5兩은 200자尺이다. 이는 대체로 5필 정도로 추산된다.

284. 『周禮 · 地官 · 媒氏』.

285. 참고, 『周禮 · 地官 · 媒氏』 인용문의 注疏.

286. 先天的 精氣라고도 하며, 사람의 생식 기능을 촉진시키는 물질의 일종. 郭靄春 主編, 『黃帝內經詞典』, 天津科學技術出版社, 天津, 1991. 104-105면.

287. 疏에는 『春秋外傳』으로부터 '越王 勾踐이 인구를 늘려 빨리 吳나라에 보복하고자 해서, 남자는 이십에 장가를 들이고 여자는 십칠 세에 시집을 가도록 하였다(男二十而娶, 女子十七而嫁' 하였음을 인용하여 正禮에서 남자는 이십을 넘지 않으면 장가들지 않고, 여자는 십칠을 넘지 않으면 시집가지 않았음을 알 수 있다 했다. 이는 당시 결혼 연령의 하한선이 남자 20, 여자 17세였음을 의미한다고 볼 수 있다.

288. 鄭玄은 이십과 삼십에 대해서 『周易』의 '參天兩地'를 인용하여 이를 근거로 한 숫자인 것으로 설명하였다(위 『周禮 · 地官 · 媒氏』 인용문의 注). '參天兩地'는 河圖하도에서 비롯된 것이며, 이는 우주 만물이 1에서 10까지의 10수 안에서 존재하고 있음을 나타낸 것이라 할 수 있다. 즉 우주 안의 수는 1에서 10까지인데 河圖 안에 있는 1에서 5까지의 수를 生數라 하고 6에서 10까지의 수를 成數라고 한다. 본체가 되는 生數 중에서 홀수 1 · 3 · 5는 陽의 數로서 하늘의 수이며, 짝수 2 · 4는 陰의 수로서 땅의 수이다. 하늘을 나타내는 양의 수는 세 개가 있고, 땅을 나타내는 음의 수는 두 개가 있으니 이를 '參天兩地'라 하는 것이다. 周易은 바로 이 參天兩地를 기본의 수로 하여 만물의 변화 이치를 窮究하는 것인데 결국 만물은 이를 바탕으로 하여 이루어졌다는 것을 의미한다. 따라서 결혼의 연령을 20과 30을 기준으로 설정한 것은 혼인은 곧 生育을 나타내는 것이기 때문에 이러한 사상을 근거로 하였다고 볼 수도 있다.

289. 『禮記』의 「禮運」에서는 사람의 七情(喜, 怒, 哀, 懼, 愛, 惡, 欲)을 다스리고 十義(父慈, 子孝, 兄良, 弟弟, 夫義, 婦聽, 長惠, 幼順, 君仁, 臣忠)를 닦아, '人利'를 도모하고 '人患'을 없애는 데에는 禮가 가장 우선임을 설명하고 있다. 아울러 음식과 남녀로 야기되는 사람의 原初的인 욕망이나 死亡, 그리고 貧苦에 대한 '大惡' 역시 禮에 의해 다스려져야 함을 설명하고 있다.

290. "詩云; 取妻如之何, 匪媒不得, 昏必由媒, 交接設紹介, 皆所以養廉恥.", 『儀禮 · 士昏禮』.

291. "鄭目錄云; 士娶妻之禮, 以昏爲期, 因而名焉. 必以昏者, 陽往而陰來, 日入三商爲昏" 『儀禮 · 士昏禮』.

292. '昏禮'라는 명칭은 이렇듯 禮가 행해지는 시각에서 연유한 것이다. 이와는 달리 여자가 혼례를 거쳐 시집으로 가는 것을 '嫁'라 하고, 남자가 여자를 맞이해 오는 것을 '娶'라 하는데, 이러한 '嫁娶'에 의해 서로가 맺어지는 것을 의미할 때는 '婚姻'이라 했다. 嫁娶와 婚姻은 같은 의미이지만, 결혼의식을 말할 때는 '昏禮'라 하고, 남녀가 혼례에 의해 맺어지는 것은 '婚姻'이라 하였다. 참고, 『詩經 · 國風 · 鄭 · 丰』 注疏.

293. "昏禮有六, 五禮用雁, 納采, 問名, 納吉, 請期, 親迎, 是也. 唯納徵不用雁, 以其自有幣帛可執故也." 『儀禮 · 士昏禮』, 賈公彦 疏.

294. 여기에서 男家란 구체적으로는 그 家長(父)을 의미하며, 媒人을 시켜 혼사의 진행을 주도한다. 남녀관계를 陰陽의 관계로 조화시켜 陽의 唱導에 陰이 따르는 의미에서 男家의 청혼을 '下達'이라 했다. "下達者, 謂未行納采已前, 男父先遣媒氏女氏之家, 通辭往來, 女氏許之, 乃遣使者, 行納采之禮也. 言下達者, 男爲上, 女爲下, 取陽倡陰和之義, 故云, 下達, 謂以言辭, 下通於女氏也." 상게서, 賈公彦 疏.

295. "使者玄端至, 擯者出請事, 入告." 「士昏禮」. 使者가 '玄端'이라는 禮服을 입고 女家에 이르면, 女家에서는 禮를 보좌하는 擯者(有司佐禮者; 鄭玄 注)가 용무를 물어 이를 주인에게 고하는 절차를 거친다. 이때 고하는 대화의 내용은 「士昏禮 · 記」에 있는 昏辭(吾子有惠, 貺室某也. 某有先人之禮, 使某也請納采.)가 될 것이다.

296. 士昏禮의 의식절차는 조상을 모신 사당에서 거행된다(士昏禮, 凡行事, …受諸禰廟: 「士昏禮」).

297. 기러기를 전하는 의식은 楹間에서 행해지는데(授于楹間), 이것은 주인과 使者가 신분상으로 동등하다는 것을 의미한다(疏; 凡賓主, 敵者, 授於楹間. 不敵者, 不於楹間). 이는 使者의 실제 신분은 비록 家臣에 불과하지만, 주인으로부터 婚事에 관련된 全權을 위임받아 왔기 때문에, 그 주인과 같은 신분으로 예우한다는 뜻이 된다.

298. 使者는 기러기를 전하고 밖으로 나옴으로써 납채 의식을 끝내고, 주인은 기러기를 받아 사당으로부터 내려서서 비교적 나이가 많은 家臣에게 이를 전한다. '賓降, 出. 主人降, 授老雁.' 「士昏禮」, 2072면.

299. "問名, 問女子之名. …如初禮者, 亦如納采. …此一使兼行二禮, 旣采須卜, 其事相因故也." 『儀禮 · 士昏禮』 鄭玄注.

300. "納吉, 用雁, 如納采禮." 「士昏禮」.

301. "納徵, 玄纁束帛, 儷皮, 如納吉禮. 「士昏禮」.

302. "納采, 言納者, 以其始相采擇, 恐女家不許, 故言納. 問名, 不言納者, 女氏已許, 故不言納也. 納吉言納者, 男家卜吉, 往與女氏, 復恐女家翻悔不受, 故更言納也. 納徵, 言納者, 納幣帛則昏禮成, 復恐女家不受, 故更云納也. 請期, 親迎, 不言納者, 納幣則昏禮已成, 女家不得移改, 故皆不言納也." 「士昏禮」 賈公彦疏.
303. "父醮子, 命之, 辭曰, 往迎爾相, 承我宗事." 「士昏禮」.
304. 鄭玄은 신부의 조카녀나 여동생이라 했다.
305. "主人(壻)……乘墨車, 從車二乘, 執燭前馬, 婦車亦如之, 有裧, 至于門外, ……主人(女家)玄端, 迎于門外." 「士昏禮」.
306. "賓(壻)……降, 出, 婦從, 降自西階, 主人不降送." 「士昏禮」.
307. "婦乘以几, 姆加景, 乃驅, 御者代, 壻乘其車, 先, 俟于門外." 鄭玄 注; 景之制, 蓋如明衣, 加之, 以爲行道禦塵, 令衣鮮明也. 驅, 行也, 行車輪三周, 御者乃代壻. 壻車在大門外乘之, 先者, 道之也. 男率女, 女從男, 夫婦剛柔之義, 自此始也. 俟, 待也. 門外, 壻家大門也. 「士昏禮」.
308. 「士昏禮」에는 이어서 신랑과 신부 사이에는 첫날 '婦至成禮'의 禮가 있고, 이튿날 아침 시부모와 '婦見舅姑', '贊醴婦', '婦饋舅姑' 등의 의례가 계속되지만, 兩家 사이에 이루어지는 六禮는 이로써 종료된 것이다.
309. "昏禮不用樂, 有陰之義也. 樂, 陽氣也. 昏禮不賀, 人之序也." 『禮記 · 郊特牲卷第二十六』.
310. "昏禮者, 將合二姓之好, 上以事宗廟, 而下以繼後世也." 『禮記 · 昏義』.
311. 淸末의 대학자인 熊十力은 中國민족의 특성을 종교적인 사상이 없었다는 데서 찾으면서, 이의 근거로 『詩經』의 가장 앞에 놓인 二南(周南, 召南)을 들었다. 즉 이들 시가에서 노래되어진 것은 모두가 인생의 일상적인 것들로, 남녀의 成家와, 누에치기, 노동 등이 소재가 되어 모두가 和樂하면서 담박하고 한적한 정경이나, 또는 관대하고 시원스런 정감들이 표현되고 있음을 들었다. 그는 특히 中國人들이 일상생활 자체를 진리의 구현으로 여겼을 뿐 달리 天國을 구하지 않았음을 서술하면서, 『論語』에서 孔子도 바로 이러한 詩를 가장 많이 거론했음을 상기시켰다. 熊十力 著: 『十力語要』, 洪氏出版社, 臺北, 1975, 212-213면.
312. 『說文解字注』「第八篇.上」.
313. `淸代의 段玉裁(1735-1815)는 許愼이 규정한 '人'의 의미에 대해 『禮記 · 禮運』을 인용하여 아래와 같이 더욱 상세한 註釋을 하였다. "禮運曰, 人者, 其天地之德, 陰陽之交, 鬼神之會, 五行之秀氣也. 又曰, 人者, 天地之心也, 五行之端也, 食味別聲被色而生者也. 按, 禽獸草木, 皆天地所生, 而不得爲天地之心, 惟人爲天地之心, 故天地之生, 此爲極貴. 天地之心謂之人, 能與天地合德."상게서.
314. "古之爲政, 愛人爲大. 所以治愛人, 禮爲大. 所以治禮, 敬爲大. 敬之至矣,

大昏爲大. 大昏至矣! 大昏旣至, 冕而親迎, 親之也. 親之也者, 親之也. 是故, 君子興敬爲親; 舍敬, 是遺親也. 弗愛不親; 弗敬不正. 愛與敬, 其政之本與? 中略) 天地不合, 萬物不生. 大昏, 萬世之嗣也" 『禮記 · 哀公問』. 哀公이 爲政을 어찌 하는가 하는 질문을 하자 孔子는 '夫婦別, 父子親, 君臣嚴'이라는 세 가지로 대답을 하였다. 이에 哀公이 다시 이 세 가지를 실현할 수 있는 방법을 묻자 孔子는 이와 같은 대답을 한 것이다.

김세환

한국외국어대학교 중국어과 학사
臺灣 輔仁大學中文硏究所 석사
한국외국어대학교 대학원 중국어과 박사
부산대학교 중문과 교수

저서

『끝나지 않는 식민지 학문 100년』(2004. 박이정)
『천자문으로 중국 읽기』(2012. 이담북스)
『맹자 읽기』(2013. 세창)

논문

『周易의 文學的 硏究』 외 다수

서울대와 인문학

초판 1쇄 발행 _ 2013년 8월 30일

저　자 · 김 세 환
발행인 · 정 현 걸
발　행 · 신 아 사
인　쇄 · 예지인쇄
주　소 · 서울특별시 은평구 녹번동 28-36 2층(122-826)
전　화 · (02) 382-6411　팩　스 · (02) 382-6401
홈페이지 · www.shinasa.co.kr
E-mail · shinasa@daum.net
출판등록 · 1956년 1월 5일(제9-52호)

ISBN: 978-89-8396-824-1(03130)

정가 *13,000* 원